Jürgen Heidenreich

**Mini-, Midi-,
Aushilfsjobs**

Jürgen Heidenreich ist gelernter Sozialversicherungskaufmann und hat Pädagogik und Psychologie studiert.

Er verantwortet die Bereiche Firmenkundenservice und Firmenberatung bei einer großen gesetzlichen Krankenkasse. Seine Schwerpunkte bilden die Themen Arbeitsunfähigkeitsanalyse und Gesundheitsmanagement.

Jürgen Heidenreich

Mini-, Midi-, Aushilfsjobs

*Ein rechtlicher Leitfaden
für Unternehmen*

WILEY-VCH Verlag GmbH & Co. KGaA

1. Auflage 2006

Alle Bücher von Wiley-VCH werden sorgfältig erarbeitet. Dennoch übernehmen Autoren, Herausgeber und Verlag in keinem Fall, einschließlich des vorliegenden Werkes, für die Richtigkeit von Angaben, Hinweisen und Ratschlägen sowie für eventuelle Druckfehler irgendeine Haftung.

Bibliografische Information der Deutschen Nationalbibliothek
Die Deutsche Nationalbibliothek verzeichnet diese Publikation in der Deutschen Nationalbibliografie; detaillierte bibliografische Daten sind im Internet über http://dnb.d-nb.de abrufbar.

© 2006 WILEY-VCH Verlag GmbH & Co. KGaA, Weinheim

Alle Rechte, insbesondere die der Übersetzung in andere Sprachen, vorbehalten. Kein Teil dieses Buches darf ohne schriftliche Genehmigung des Verlages in irgendeiner Form – durch Photokopie, Mikroverfilmung oder irgendein anderes Verfahren – reproduziert oder in eine von Maschinen, insbesondere von Datenverarbeitungsmaschinen, verwendbare Sprache übertragen oder übersetzt werden. Die Wiedergabe von Warenbezeichnungen, Handelsnamen oder sonstigen Kennzeichen in diesem Buch berechtigt nicht zu der Annahme, dass diese von jedermann frei benutzt werden dürfen. Vielmehr kann es sich auch dann um eingetragene Warenzeichen oder sonstige gesetzlich geschützte Kennzeichen handeln, wenn sie nicht eigens als solche markiert sind.

Printed in the Federal Republic of Germany

Gedruckt auf säurefreiem Papier.

Satz Hagedorn Kommunikation GmbH, Viernheim
Druck und Bindung Ebner & Spiegel GmbH, Ulm
Umschlaggestaltung Christian Kalkert, Birken-Honigsessen

ISBN-13: 978-3-527-50242-4
ISBN-10: 3-527-50242-4

Inhalt

Vorwort 11

Einleitung 13

Teil A – Minijobs 17
Schritt 1 – Der Arbeitsvertrag 19
1 Form und Inhalt der Vereinbarung 21
2 Arbeitszeit 24
3 Überstunden 24
4 Entgelt 25
5 Urlaub 26
6 Kündigung 27
7 Nebentätigkeiten 28
8 Hinweise 28

2. Schritt – Die sozialversicherungsrechtliche Beurteilung 29
1 Grundsätze 31
2 Ermittlung der Entgeltgrenze 33
3 Ermittlung des Arbeitsentgelts 34
4 Zusammenrechnung mehrerer Beschäftigungsverhältnisse 42
5 Überschreiten der Entgeltgrenze 50
6 So geht es weiter 52

3. Schritt – Die Grundlagen für die Beiträge 53
1 Zutreffende Beitragssätze ermitteln 55
2 Richtigen Steuersatz anwenden 56
3 Beitragspflichtiges Entgelt ermitteln 61
4 Steuerpflichtiges Entgelt feststellen 61
5 Besonderheiten in der Krankenversicherung beachten 62
6 Besonderheiten in der Rentenversicherung beachten 66
7 Verzicht auf die Rentenversicherungsfreiheit berücksichtigen 67

	8	Zugehörigkeit zur Entgeltfortzahlungsversicherung feststellen	71
	9	Umlagebeträge ermitteln	74
	10	Kosten feststellen (Beispiele)	75

4. Schritt – Prüfung, ob der Beschäftigte zu einem besonderen Personenkreis gehört 77

	1	Arbeitslose	79
	2	Beamte	80
	3	Beschäftigte in Privathaushalten	83
	4	Elternzeit	85
	5	Krankenversicherungsfreie Beschäftigte	85
	6	Mitglieder berufsständischer Versorgungseinrichtungen	89
	7	Pensionäre	91
	8	Rentner	92
	9	Studenten	95
	10	Übergangsfälle 1.4.2003	100
	11	Übungsleiter	102
	12	Wehr- und Zivildienstleistende	103

5. Schritt – Die monatliche Abrechnung 105

	1	Einzugsstelle ermitteln	107
	2	Beitragsnachweis erstellen	109
	3	Zahlung der Beiträge	113
	4	So geht es weiter	116

6. Schritt – Die Anmeldung zur Sozialversicherung 117

	1	Anmeldung erstellen	118
	2	Datenübermittlung nutzen	118
	3	Abgabegrund feststellen	119
	4	Personengruppenschlüssel ermitteln	119
	5	Beitragsgruppenschlüssel festlegen	120
	6	Meldefrist beachten	121
	7	Einzugsstelle auswählen	121

7. Schritt – Die Dokumentation der Gehalts- und Abrechnungsunterlagen 123

	1	Lohnunterlagen	124
	2	Beitragsabrechnung	127
	3	Betriebsprüfung	128

**8. Schritt – Arbeitsrechtliche Bestimmungen
während der Beschäftigung beachten** *131*
1 Arbeitszeitregelungen beachten *132*
2 Feiertage berücksichtigen *133*
3 Bezahlte Freistellung gewähren *135*
4 Kündigungsschutz einhalten *135*
5 Entgeltfortzahlung im Krankheitsfall leisten *135*

**9. Schritt – Notwendige Arbeiten
während der laufenden Beschäftigung** *139*
1 Wiederholungsbefragung veranlassen *140*
2 Meldearten / Meldegründe beachten *143*
3 Anzugebendes beitragspflichtiges Entgelt ermitteln *147*
4 Personengruppen- und Beitragsgruppenschlüssel feststellen *148*
5 Abgabe der Meldungen *148*
6 Erstattungen aus der Entgeltfortzahlungsversicherung *149*

Teil B – Midijobs (Gleitzone) *151*
**1. Schritt – Feststellung, ob es sich um eine
Gleitzonenbeschäftigung handelt** *153*
1 Gleitzone beachten *154*
2 Berechnung bei Teilmonaten vornehmen *156*
3 Einmalzahlungen berücksichtigen *156*
4 Schwankendes Entgelt *160*
5 Steuerfreie Bezüge *161*
6 Ausnahmen von der Gleitzonenberechnung *162*
7 Mehrere Beschäftigungen *162*
8 So geht es weiter *164*

2. Schritt – Die Beitragsberechnung *165*
1 Berechnung des beitragspflichtigen Entgelts *166*
2 Berechnung bei Teilzeiträumen *169*
3 Entgelt außerhalb der Gleitzone *170*
4 Einmalzahlungen berücksichtigen *171*
5 Verteilung der Beitragslast *174*
6 Berechnung bei Mehrfachbeschäftigten *178*
7 Besonderheiten in der knappschaftlichen Rentenversicherung *181*
8 Berechnung bei Nettolohnvereinbarungen *182*
9 Beiträge zur Entgeltfortzahlungsversicherung *183*
10 So geht es weiter *183*

3. Schritt – Verzicht auf die Entgeltminderung in der Rentenversicherung *185*
1 Information des Beschäftigten *186*
2 Abgabe der Verzichtserklärung *187*
3 Wirkung der Erklärung *187*

4. Schritt – Besonderheiten im Meldeverfahren und in der Dokumentation berücksichtigen *189*
1 Angaben im Feld »Gleitzone« *190*
2 Einzutragendes Entgelt ermitteln *191*
3 Dokumentation in den Lohnunterlagen *191*

Teil C – Kurzfristige Beschäftigungen *193*
1. Schritt – Der Arbeitsvertrag *195*
1 Form und Inhalt der Vereinbarung *196*
2 Befristung/Grund der Befristung *197*
3 Benachteiligungsverbot *198*
4 Entgeltfortzahlungsanspruch *198*
5 Urlaubsanspruch *198*
6 Musterarbeitsvertrag *199*

2. Schritt – Sozialversicherungsrechtliche Beurteilung *201*
1 Welche Grundsätze gelten? *203*
2 Ermittlung der zutreffenden Zeitgrenze *203*
3 Berücksichtigung des Kalenderjahres *204*
4 Zusammenrechnung mit parallel ausgeübten Beschäftigungen *205*
5 Beginn der Versicherungspflicht bei Überschreiten der Zeitgrenze *205*
6 Besonderheiten *206*
7 So geht es weiter *207*

3. Schritt – Prüfung der Berufsmäßigkeit *209*
1 Wann handelt es sich um eine berufsmäßige Beschäftigung? *210*
2 Bezieher von Arbeitslosengeld *212*
3 Ausscheiden aus dem Erwerbsleben *212*
4 So geht es weiter *213*

4. Schritt – Prüfung, ob Sonderregelungen zu beachten sind (besondere Personenkreise) 215
1 Beschäftigung von Rentnern 216
2 Beschäftigung von Studenten 217
3 Beschäftigung von Schülern/Schulentlassenen 218
4 Ausländische Saisonarbeitskräfte 219
5 So geht es weiter 221

5. Schritt – Die monatliche Abrechnung 223
1 Steuern 224
2 Sozialversicherung 226
3 Entgeltfortzahlungsversicherung – U1 227
4 Entgeltfortzahlungsversicherung – U2 227
5 Unfallversicherung 228

6. Schritt – Meldungen zur Sozialversicherung 229
1 Grundsatz 230
2 Abweichungen 230

7. Schritt – Die Dokumentation in den Gehaltsunterlagen 233
1 Lohnunterlagen 234
2 Betriebsprüfung 234

Anhang 235
Anhang 1
Rechtsvorschriften – Auszüge 237

Anhang 2
Vordrucke 265

Auf der Internetseite zum Buch finden Sie einen Link zu den jeweils aktuellen Fassungen der Gesetze und zu weiteren Gesetzen (zum Beispiel dem Sozialgesetzbuch) (s. a. S. 10).

Internet
Auf der Internetseite zum Buch finden Sie ergänzende Informationen und alle Vordrucke als praktischen Download (im PDF-Format). Diese Informationen werden regelmäßig aktualisiert und bei Bedarf erweitert. Das Passwort lautet *Buch2006*.

www.minijob-buch.de

- Geringfügigkeitsrichtlinien
- Verlautbarung zum Haushaltsscheckverfahren
- Verlautbarung zur Beitragsberechnung in der Gleitzone
- Verlautbarung zum Aufwendungsausgleichsgesetz (Entgeltfortzahlungsversicherung)

- Vordrucke

- Gleitzonenrechner

- Informationen zum Autor (mit Kontaktadresse)

- relevante Gesetzestexte (Auszüge)

Vorwort

Die meisten Arbeitgeber kennen sich in der Regel mit den »Standardfällen« hinsichtlich der arbeits-, steuer- und sozialversicherungsrechtlichen Regelungen gut aus. Schwieriger wird es bei besonderen Personenkreisen, zu denen wegen der zu beachtenden Besonderheiten auch die Minijobs und die Beschäftigungsverhältnisse in der Gleitzone (so genannte Midijobs) gehören. Obgleich es rund sieben Millionen Minijobs in Deutschland gibt, werden gerade in diesem Bereich immer wieder – häufig sehr teure – Fehler gemacht. Das geschieht weniger in den Branchen, in denen schwerpunktmäßig mit Minijobs gearbeitet wird, als vielmehr dann, wenn der Arbeitgeber nur gelegentlich mit solchen Arbeitskräften zu tun hat. So halten sich auch hartnäckig einige Vorurteile, etwa, dass für Minijobs keine Entgeltfortzahlung im Krankheitsfall zu leisten ist, dass Minijobber generell zweimal im Jahr die Entgeltgrenze überschreiten dürfen und einige andere teure Irrtümer mehr.

Das besondere an diesem Buch: Es führt den Leser Schritt für Schritt durch die Klippen der Mini- und Midijobs und der kurzfristigen Beschäftigungen. Dabei werden nicht nur die steuer- und sozialversicherungsrechtlichen Besonderheiten aufgezeigt, sondern auch die im Arbeitsrecht relevanten Bestimmungen behandelt. Die einzelnen Schritte sind so konzipiert, dass sie aufeinander aufbauen, aber auch einzeln nutzbar sind. Schließlich liegt im Unternehmen nicht immer alles in einer Hand.

Etwas Besonderes ist auch der unmittelbare praktische Nutzen: Im Internet gibt es eine extra Seite für dieses Buch (www.minijob-buch.de), auf der Sie zahlreiche Mustervordrucke, Berechnungshilfen und Gesetzestexte, die hier im Buch im Anhang abgedruckt sind, als praktischen Download (PDF-Dateien) finden. Außerdem sind dort die einschlägigen Verlautbarungen der Spitzenverbände der Sozialversicherungsträger als ergänzende Hintergrundinformation eingestellt und Sie finden auch noch einen kleinen Rechner, mit dem das tatsächliche Entgelt bei Gleitzonenfällen in das beitragspflichtige Entgelt umgerechnet werden kann.

Das Buch ist also rundum und umfassend nutzbar für alle Praktiker. Dabei werden sich »Anfänger« ebenso gut zurechtfinden wie der versierte Praktiker, der vielleicht nur die bereits gefundene Lösung absichern möchte. Hinweise zur Nutzung des Buches finden Sie auf den folgenden Seiten.

Sollten Sie etwas in diesem Buch vermissen oder einen Fehler entdecken, wäre ich für eine entsprechende Mitteilung dankbar. Meine E-Mail-Adresse finden Sie auf der Internetseite.

Ich wünsche Ihnen viel Erfolg bei der Arbeit mit diesem Buch.

Reinbek, im August 2006 *Jürgen Heidenreich*

Einleitung

Grundsätzlich sind Beschäftigungsverhältnisse, die gegen Arbeitsentgelt ausgeübt werden, sozialversicherungspflichtig. Begründet ist das in der angenommenen Schutzbedürftigkeit der Arbeitnehmer, da deren eigentliches Kapital ihre Arbeitskraft ist; entfällt diese wegen Krankheit oder Erwerbsminderung, sollen sie vor dem finanziellen Absturz bewahrt werden.

Soweit ein Beschäftigungsverhältnis allerdings von untergeordneter (wirtschaftlicher) Bedeutung für den Arbeitnehmer ist, hält der Gesetzgeber Ausnahmen von der Versicherungspflicht für vertretbar. Deshalb sind zwei Arten von Beschäftigungsverhältnissen grundsätzlich sozialversicherungsfrei, nämlich

- geringfügig entlohnte Beschäftigungen mit einem regelmäßigen monatlichen Entgelt von nicht mehr als 400 EUR (Minijobs) und
- kurzfristige Beschäftigungen (Aushilfen).

Das gilt allerdings nicht, wenn die Beschäftigung berufsmäßig ausgeübt wird, also doch den wirtschaftlichen Mittelpunkt oder zumindest einen erheblichen Teil des Lebensunterhalts ausmacht.

Für die Minijobs muss der Arbeitgeber einen pauschalen Beitrag zur Kranken- und Rentenversicherung sowie eine Pauschalsteuer entrichten. Damit soll verhindert werden, dass die Minijobs im Verhältnis zu sozialversicherungspflichtigen Arbeitsverhältnissen zu billig werden.

Eine weitere Besonderheit stellen Beschäftigungsverhältnisse in der Gleitzone (auch Niedriglohnsektor genannt) dar. Dabei handelt es sich um Beschäftigungen mit einem regelmäßigen monatlichen Entgelt zwischen 400 EUR und 800 EUR. Diese sind zwar sozialversicherungspflichtig, da das Entgelt ja oberhalb der Minijobgrenze liegt, die Arbeitnehmer sollen aber nicht sofort mit den vollen Abzügen belastet werden. Daher ist innerhalb der Gleitzone nicht das tatsächlich erzielte Arbeitsentgelt der Beitragsberechnung unterworfen, sondern ein künstlich verringertes Entgelt. So soll die Bereitschaft der Beschäftigten gefördert werden, auch niedrig bezahlte

Geringfügige Beschäftigungen

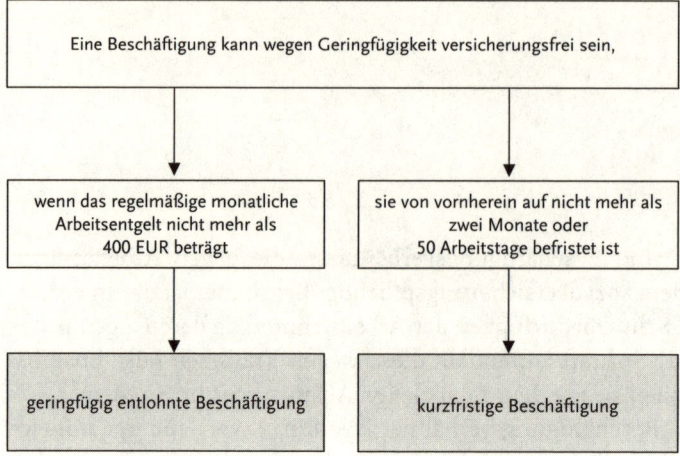

Jobs anzunehmen, da in diesen Fällen ein vergleichsweise höheres Nettoentgelt verbleibt.

Zum 1. Juli 2006 hat der Gesetzgeber die pauschalen Abgaben für die Minijobs von 25 % auf 30 % erhöht. Dadurch ergibt sich auch eine Änderung in der Berechnung des beitragspflichtigen Entgelts bei Beschäftigungen in der Gleitzone.

Neu ab 1. Juli 2006

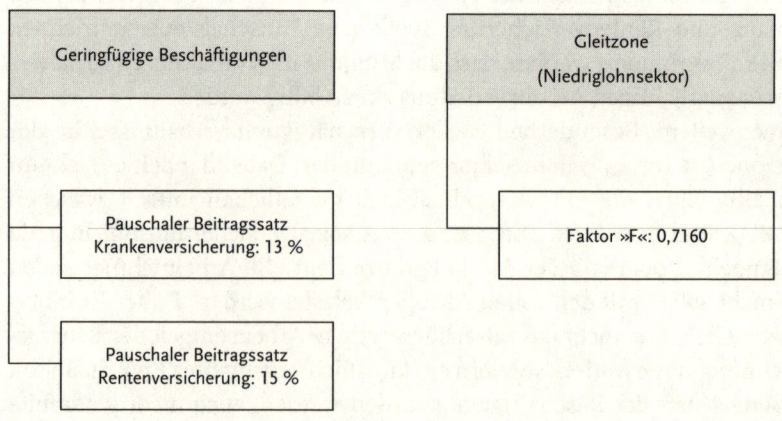

Für die Minijobs und die kurzfristigen, versicherungsfreien Aushilfsbeschäftigungen ist die Minijobzentrale bei der Deutschen Rentenversicherung als Einzugsstelle und Prüfinstanz zuständig. Über die dort geführte Datenbank der Minijobber sollen Überschneidungen erkannt werden, die dann zur Versicherungspflicht führen können, wenn mehrere Minijobs nebeneinander ausgeübt werden.

Die Mini- und Midijobs sind ebenso wie die Aushilfen ein besonders beliebtes Ziel bei der Beitragsüberwachung durch die Betriebsprüfer der Rentenversicherung. So können doch bei einer fehlerhaften Beurteilung sehr schnell höhere Nachforderungsbeträge zusammenkommen. Gerade bei diesen Beschäftigungen ist also doppelte Sorgfalt bei der Beurteilung der Versicherungsfreiheit und bei der Dokumentation der entsprechenden Unterlagen (Nachweise, Schätzungen, Berechnungen) erforderlich. Nur so können sich die Arbeitgeber vor Nachforderungen der Betriebsprüfer schützen. Detaillierte Hinweise zur notwendigen Dokumentation finden Sie in den einzelnen Arbeitsschritten.

So nutzen Sie das Buch

Das Buch ist in vier Teile gegliedert:
- Teil A – Minijobs
- Teil B – Midijobs (Gleitzone)
- Teil C – Aushilfen
- Anhang

In den Teilen A bis C ist das Vorgehen bei der Einstellung und während des laufenden Beschäftigungsverhältnisses in einzelne Schritte gegliedert. Diese Schritte können durchaus von unterschiedlichen Personen innerhalb des Unternehmens vorgenommen werden.

Jeder Schritt beginnt mit einigen Fragen zum Thema – so erkennen Sie auf einen Blick, ob sich die gesuchte Information in diesem Schritt befindet. Es folgen einige Schlagworte, die Ihnen ebenfalls bei der Orientierung und bei der Suche helfen sollen.

Danach wird in einem kurzen Text die praktische Situation beschrieben, also zum Beispiel was zuvor bereits geschehen ist und welche Arbeit jetzt zu verrichten ist. Einige kurze Definitionen wichtiger Begriffe für diesen Schritt helfen beim Verständnis des Textes. Außerdem werden die wichtigsten Rechtsgrundlagen benannt. Einige davon finden Sie im Anhang abgedruckt.

Die folgende Checkliste stellt das Inhaltsverzeichnis des jeweiligen Schrittes dar. Danach folgt – in der Struktur der Checkliste – der eigentliche Text. Dabei werden Sie viele Beispiele und praktische Handlungstipps finden. Bei vielen Beispielen finden Sie Hinweise auf die zutreffende Verschlüsselung von Personen- und Beitragsgruppen im Meldeverfahren der Sozialversicherung. Diese Übersicht hat folgende Bedeutung:

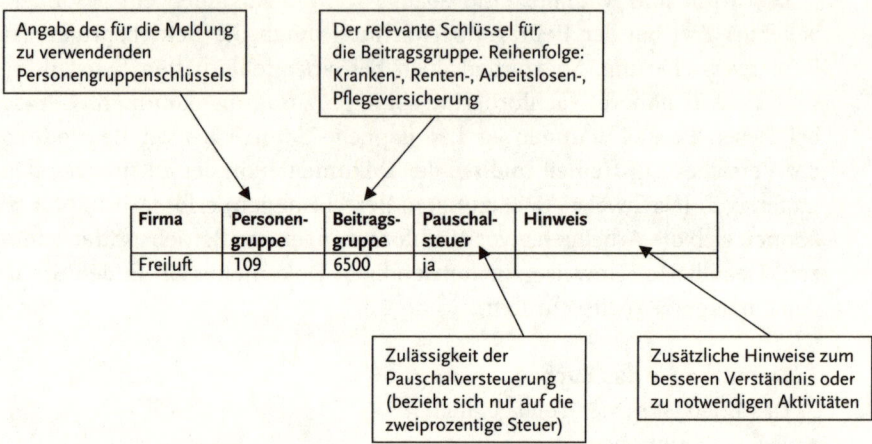

Zahlreiche Grafiken machen den Inhalt anschaulicher und helfen beim Verständnis. Am Ende eines Schrittes erfahren Sie dann, welche Aufgabe als nächste in Angriff genommen werden muss, oder welchen Teil Sie gegebenenfalls überspringen können.

Im Anhang sind neben einer Reihe von Rechtsvorschriften die Arbeitshilfen (Vordrucke, Mustertexte usw.) abgedruckt. Sie finden die Arbeitshilfen zusätzlich als praktischen Download (PDF-Datei) im Internet. Außerdem stehen dort die ergänzenden Grundlagen wie die Geringfügigkeitsrichtlinien und andere Verlautbarungen der Spitzenverbände der Sozialversicherungsträger zur Verfügung.

Die Internetseite erreichen Sie unter www.minijob-buch.de. Das Passwort lautet *Buch2006*.

Teil A – Minijobs

Schritt 1 – Der Arbeitsvertrag

Muss zur Anstellung geringfügig Beschäftigter ein Vertrag geschlossen werden? Welche vereinbarten Inhalte müssen schriftlich niedergelegt werden?

Schlagworte
- Vertragsgestaltung
- Arbeitsvertrag
- Vertrag
- Anstellungsvertrag
- (Schriftliche) Niederlegung
- Dokumentation
- Vereinbarung
- Urlaub
- Urlaubsentgelt
- Urlaubsgeld
- Entgelt
- Nebentätigkeit
- Kündigung
- Nachweisgesetz
- Arbeitszeit
- Überstunden
- Jugendliche

Situation
Nachdem die Vorstellungsgespräche gelaufen und die Entscheidung für einen der Bewerber getroffen worden ist, muss nun der rechtliche Rahmen für die Zusammenarbeit niedergelegt werden. Für den Personaler, der mit der Gestaltung des Arbeitsvertrags oder der Niederlegung der Vereinbarung betraut ist, stellt sich bei der Einstellung eines geringfügig Beschäftigten die Frage, ob und welcher Inhalt schriftlich zu dokumentieren ist. Insbesondere ist für ihn dabei von Interesse,

- ob es eines schriftlichen Arbeitsvertrags bedarf
- wie die Arbeitszeit festgelegt werden kann
- wie viel Urlaub dem geringfügig Beschäftigten zusteht
- welche Kündigungsfristen vertraglich vereinbart werden können
- inwieweit dem geringfügig Beschäftigten Nebentätigkeiten untersagt werden können
- welche Hinweise für den Arbeitnehmer schriftlich niedergelegt werden müssen
- ob eine bestimmte Form und Fristen einzuhalten sind.

Die folgende Darstellung führt den Personalreferenten Schritt für Schritt durch sämtliche Problemkreise zur Ausarbeitung des rechtssicheren Rahmens für die Zusammenarbeit mit dem geringfügig Beschäftigten.

Definitionen

▶	Nachweisgesetz	Das Nachweisgesetz regelt, welche Mindestinhalte eines Arbeitsvertrages schriftlich fixiert werden müssen, für wen das gilt und bis wann dies zu geschehen hat
▶	Arbeitszeitgesetz	Das Arbeitszeitgesetz ist ein Schutzgesetz, dass die zeitlichen Arbeitsbedingungen und die damit verbundene maximale zeitliche Belastung von Arbeitnehmern regelt.
▶	Überstunden	Mehrarbeit die über die vereinbarte Arbeitszeit hinaus geleistet wird.

Rechtsgrundlagen:
▶ Arbeitszeitgesetz
▶ Bundesurlaubsgesetz
▶ Entgeltfortzahlungsgesetz
▶ Jugendarbeitsschutzgesetz
▶ Nachweisgesetz
▶ Teilzeit- und Befristungsgesetz
▶ § 622 BGB

Die Rechtsgrundlagen finden Sie vollständig oder in relevanten Auszügen im Anhang.

Checkliste:
1. Form und Inhalt der Vereinbarung
2. Arbeitszeit
3. Überstunden
4. Entgelt
5. Urlaub
6. Kündigung
7. Nebentätigkeiten
8. Hinweise

1 Form und Inhalt der Vereinbarung

Ein Arbeitsvertrag muss nicht zwingend schriftlich geschlossen werden, auch mündliche Vereinbarungen sind natürlich gültig. Um Arbeitnehmer aber vor den Folgen nicht beweisbarer Absprachen zu schützen, schreibt das Nachweisgesetz eine schriftliche Dokumentation der Vereinbarung zwischen Arbeitgeber und Arbeitnehmer mit einigen Mindestanforderungen vor.

In der Personalabteilung muss also entweder

- ein schriftlicher Vertrag entworfen werden oder
- eine schriftliche Dokumentation der mündlichen Vertragsabrede verfasst werden, die vom Arbeitgeber zu unterzeichnen und dem Beschäftigten auszuhändigen ist.

Damit soll sichergestellt werden, dass der Arbeitnehmer über alle notwendigen Informationen über sein Arbeitsverhältnis verfügt. Zugleich soll er in die Lage versetzt werden, seine Rechte nachweisen und durchsetzen zu können.

Die Bestimmungen des Nachweisgesetzes gelten auch für Teilzeitbeschäftigte und sind für diese sogar besonders wichtig.

Ausnahme Für vorübergehende Aushilfen von höchstens einem Monat gelten diese Vorschriften nicht. Aber beachten Sie eine wichtige Einschränkung: Bei befristeten Beschäftigungen ist in jedem Fall ein schriftlicher Vertrag erforderlich, der zumindest die Befristung regelt (siehe Teil C, Schritt 1).

Vorgeschrieben ist die schriftliche Niederlegung der wesentlichen Vertragsinhalte des Arbeitsverhältnisses. Den Nachweis in elektronischer Form vorzunehmen ist ausgeschlossen. Sind die notwendigen Hinweise in einem Arbeitsvertrag festgelegt, ist ein zusätzlicher Nachweis nicht erforderlich. Welche Inhalte vorgeschrieben sind erläutert die nachfolgende Übersicht:

Angabe	Bemerkung
Name und Anschrift des Arbeitgebers	
Name und Anschrift des Arbeitnehmers	
Beginn des Arbeitsverhältnisses	
Die vorgesehene Dauer des Arbeitsverhältnisses	nur bei befristeten Arbeitsverhältnissen
Arbeitsort	Soll der Arbeitnehmer nicht nur an einem bestimmten Ort tätig sein, ist ein Hinweis aufzunehmen, das er an verschiedenen Orten beschäftigt werden kann.
Beschreibung der vom Arbeitnehmer zu leistenden Tätigkeit	Eine Charakterisierung der Tätigkeit (beispielsweise Verkauf von Fleisch- und Wurstwaren) ist ausreichend.
Zusammensetzung, Höhe und Fälligkeit des Arbeitsentgelts *)	Dazu gehören auch Zuschläge, Zulagen, Prämien, Sonderzahlungen und andere Bestandteile des Arbeitsentgelts.
vereinbarte Arbeitszeit *)	Sind bestimmte (Wochen-)Tage für die Tätigkeit vereinbart worden, sollten auch diese aufgenommen werden.
Dauer des jährlichen Erholungsurlaubs *) **)	Wird bei Teilzeitbeschäftigten anteilig festgelegt (siehe Punkt 5)
Fristen für die Kündigung des Arbeitsverhältnisses *) **)	
Hinweis auf Tarifverträge, Betriebs- oder Dienstvereinbarungen, die auf das Arbeitsverhältnis anzuwenden sind	Ein allgemein gehaltener Hinweis ist ausreichend.
Hinweis auf die Möglichkeit zum Verzicht auf die Rentenversicherungsfreiheit	nur bei Minijobs

*) Diese Angaben können durch einen Verweis auf die einschlägigen Tarifverträge, Betriebs- oder Dienstvereinbarungen ersetzt werden.

**) Sind die gesetzlichen Bestimmungen maßgebend, so kann darauf verwiesen werden.

Wichtig Die Niederschrift muss spätestens einen Monat nach dem vereinbarten Beginn des Arbeitsverhältnisses erstellt und ausgehändigt werden.

Praxistipp Ein Arbeitsvertragsmuster für geringfügig Beschäftigte, das die Erfordernisse des Nachweisgesetzes erfüllt, finden Sie im Anhang und auf der Internetseite zum Buch. Wenn Sie diesen Vertrag mit dem – ebenfalls dort befindlichen – Fragebogen für 400-EUR-Kräfte kombinieren, sind alle Voraussetzungen des Nachweisgesetzes und für die versicherungs- und beitragsrechtliche Beurteilung erfüllt.

In welchen Fällen ist eine Niederschrift nach dem Nachweisgesetz erforderlich?

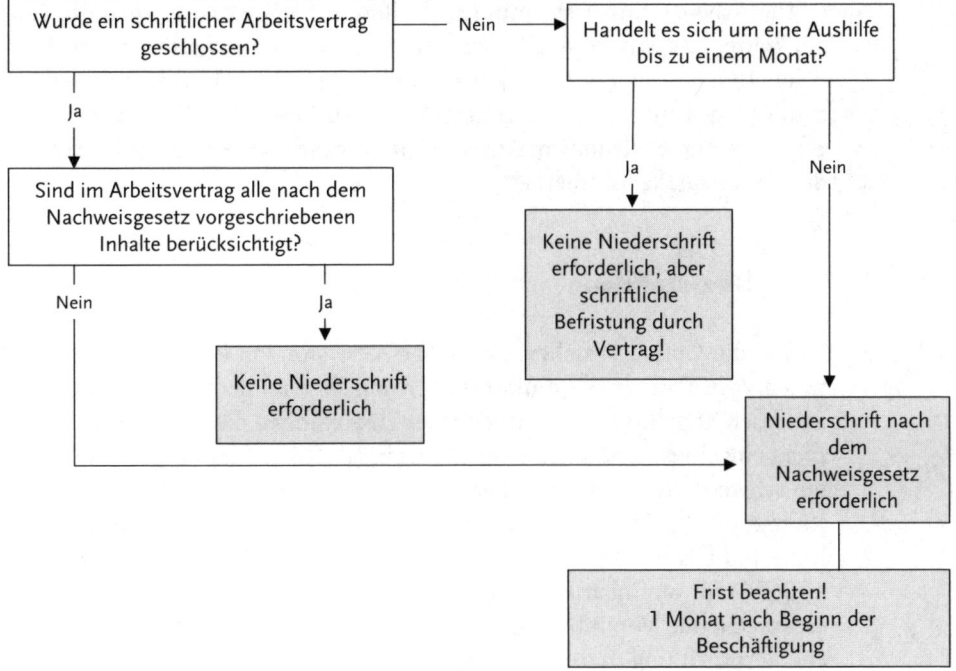

2 Arbeitszeit

Im Vertrag muss angegeben werden, wie hoch die wöchentliche/monatliche/jährliche Arbeitszeit sein soll und an wie vielen und welchen Tagen in der Woche gearbeitet werden soll. Dabei sind die im Arbeitszeitgesetz geregelten Grenzen zu beachten. Das Arbeitszeitgesetz regelt die maximale zeitliche Beanspruchung des Beschäftigten. Bei Teilzeitbeschäftigten spielt das naturgemäß meist keine Rolle. Wichtig sind die Regelungen aber immer dann, wenn die Teilzeitarbeit nicht zu festen Zeiten, sondern in sehr flexibler Form oder konzentriert an einzelnen Tagen abgeleistet wird.

Zu beachten ist zum Beispiel die Begrenzung der werktäglichen Arbeitszeit auf höchstens acht Stunden. Eine Verlängerung auf zehn Stunden ist möglich, wenn ein entsprechender Zeitausgleich in den folgenden sechs Monaten geleistet wird.

Die Arbeitsschutzbestimmungen gelten uneingeschränkt auch für Teilzeitkräfte. Das Arbeitszeitgesetz ist im Anhang auszugsweise abgedruckt.

Bei Jugendlichen unter 18 Jahren sind zusätzlich die besonderen Bestimmungen des Jugendarbeitsschutzgesetzes zu beachten. Die einschlägigen Bestimmungen zur maximalen Beschäftigungsdauer von Jugendlichen finden Sie ebenfalls im Internet.

3 Überstunden

Soll die Option bestehen, bei Bedarf Überstunden vom Teilzeitbeschäftigten zu verlangen, so muss dies vertraglich vereinbart werden. Bei Teilzeitbeschäftigten kann der Arbeitgeber Überstunden nämlich grundsätzlich nicht einseitig anordnen. Dies geht nur in Notfällen oder wenn dem Betrieb ein schwerer (finanzieller) Schaden droht – dann müssen Arbeitnehmer im Rahmen ihrer Treuepflicht Überstunden leisten. Ohne vertragliche Regelung sind Überstunden nur mit gegenseitiger Vereinbarung zulässig.

Sollen für vereinbarte Überstunden Zuschläge gezahlt werden, so ist eine entsprechende Vereinbarung in den Vertrag aufzunehmen. Eine gesetzliche Verpflichtung dazu besteht nicht. Auch die meisten Tarifverträge sehen Zuschläge erst dann vor, wenn die regelmäßige tarifliche (volle) Wochenarbeitszeit überschritten wird. In den meisten Fällen haben Teilzeitbeschäftigte daher ohne ausdrückliche Vereinbarung im Arbeitsvertrag keinen Anspruch auf Überstundenzuschläge.

4 Entgelt

Das vereinbarte Entgelt ist im Arbeitsvertrag zu dokumentieren. Dazu genügt auch der Verweis auf einen geltenden Tarifvertrag.

Praxistipp Gerade bei geringfügigen Beschäftigungen ist die Höhe des gesamten Entgelts für die Versicherungsfreiheit entscheidend. Bei der Vereinbarung sollten also alle zustehenden Zahlungen und Sozialleistungen berücksichtigt werden. Diese Angaben sind für die Prüfung notwendig, ob es sich tatsächlich um eine geringfügige Beschäftigung handelt. Insgesamt darf das jährliche Entgelt 4.800 EUR nicht übersteigen.

Zusätzliche Sozialleistungen des Arbeitgebers stehen auch den Teilzeitbeschäftigten zu. Einschränkungen in der Höhe der Leistung sind allerdings unter bestimmten Voraussetzungen zulässig. Das hängt davon ab, ob die Sozialleistungen einkommensbezogen gezahlt werden. So wird zum Beispiel eine Weihnachtsgratifikation dem Teilzeitbeschäftigten im Verhältnis seiner Arbeitszeit zur tariflichen oder betriebsüblichen vollen Arbeitszeit gezahlt (beträgt das Weihnachtsgeld ein Monatsgehalt ist die Teilzeit natürlich bereits dadurch berücksichtigt).

Beispiel Die Firma Adler zahlt ihren (Voll-)Beschäftigten ein einheitliches Weihnachtsgeld in Höhe von 500 EUR. Frau Söller arbeitet in Teilzeit 16 Stunden wöchentlich. Die betriebsübliche Arbeitszeit beläuft sich auf 39 Stunden. Frau Söller hat Anspruch auf ein Weihnachtsgeld in Höhe von 205,13 EUR (500 EUR : 39 Stunden × 16 Stunden).

Andere – nicht einkommensabhängige Sozialleistungen stehen den Teilzeitbeschäftigten in vollem Umfang zu. Das können zum Beispiel Zuschüsse zu betrieblichen Veranstaltungen sein oder die kostenlose Nutzung betrieblicher Freizeiteinrichtungen, Rabatte für Firmenprodukte usw.

Unter Umständen sind auch sogenannte fiktive Entgelte zu berücksichtigen, die tatsächlich gar nicht gezahlt werden (siehe Schritt 2). Stimmen Sie sich bei der Entgeltfestsetzung ggf. mit dem Gehaltsabrechner ab.

Wann können Sozialleistungen für Teilzeitkräfte gekürzt werden?

5 Urlaub

Teilzeitbeschäftigte haben denselben Anspruch auf Urlaub wie Vollbeschäftigte, aber natürlich anteilig. Die Mindestzeit nach dem BUrlG (vier Wochen) darf nicht unterschritten werden. Teilzeitbeschäftigte die an allen Wochentagen arbeiten erhalten dieselbe Anzahl Urlaubstage wie die Vollbeschäftigten. Bei Arbeitnehmern die nur an bestimmten Wochentagen beschäftigt sind, ist eine Verhältnisrechnung nach folgender Formel vorzunehmen:

$$\frac{\text{Urlaubstage (Vollzeit)} \times \text{vereinbarte wöchentliche Arbeitstage}}{\text{tarifliche Wochenarbeitstage}}$$

Beispiel Herr Hurtz arbeitet bei der Firma Knaus an zwei Wochentagen. Betriebsüblich wird an fünf Wochentagen gearbeitet. Der Urlaubsanspruch eines vergleichbaren Vollbeschäftigten beträgt 30 Arbeitstage. Herr Hurtz erhält zwölf Arbeitstage (30 Tage: 5 × 2). Damit hat er einen gleich hohen Urlaubsanspruch (sechs Wochen) wie ein Vollbeschäftigter.

Bei stark schwankenden Arbeitszeiten können andere Berechnungen notwendig sein. Entscheidend ist immer, dass Teilzeit- und Vollzeitbeschäftigte im Ergebnis gleich behandelt werden. Den vereinbarten Urlaubsanspruch sollten Sie unbedingt im Arbeitsvertrag fixieren, dies gilt auch, wenn Sie sich im Vertrag auf einen Tarifvertrag beziehen. So werden Streitigkeiten von vornherein vermieden.

Die Höhe des Urlaubsentgelts richtet sich nach Tarifvertrag, Einzelarbeitsvertrag oder – wenn keine solche Regelung besteht – nach dem BUrlG. Danach wird als Urlaubsentgelt das in den letzten 13 Wochen durchschnittlich erzielte Arbeitsentgelt weitergezahlt. Überstunden oder Kurzarbeit bleiben dabei unberücksichtigt. Eine arbeitsvertragliche Regelung müssen Sie nur aufnehmen, wenn keine tarifliche Regelung besteht und Sie zugunsten des Beschäftigten vom BUrlG abweichen wollen.

Wird den Beschäftigten ein zusätzliches Urlaubsgeld gezahlt – gleich auf welcher Rechtsgrundlage – haben auch Teilzeitkräfte einen solchen Anspruch, ggf. anteilig.

6 Kündigung

Das Arbeitsverhältnis eines Arbeitnehmers kann mit einer Frist von vier Wochen

- zum Fünfzehnten oder
- zum Ende eines Kalendermonats

gekündigt werden.

Bei längerer Betriebs- oder Unternehmenszugehörigkeit verlängern sich die Kündigungsfristen.

Die Beschäftigung hat bestanden	Die Kündigungsfrist zum Ende eines Kalendermonats beträgt
2 Jahre	einen Monat
5 Jahre	zwei Monate
8 Jahre	drei Monate
10 Jahre	vier Monate
12 Jahre	fünf Monate
15 Jahre	sechs Monate
20 Jahre	sieben Monate

Bei der Berechnung der Beschäftigungsdauer werden Zeiten, die vor der Vollendung des 25.Lebensjahres des Arbeitnehmers liegen, nicht berücksichtigt.

Während einer vereinbarten Probezeit, längstens für die Dauer von sechs Monaten, kann das Arbeitsverhältnis mit einer Frist von zwei Wochen gekündigt werden. Eine Verlängerung der Probezeit auf zwei Jahre ist geplant.

Durch Tarifvertrag können abweichende Regelungen vereinbart werden. In einzelvertraglichen Vereinbarungen kann nur zu Gunsten des Arbeitnehmers von diesen Regelungen abgewichen werden.

7 Nebentätigkeiten

Teilzeitbeschäftigten darf der Arbeitgeber eine Nebentätigkeit bzw. eine weitere Tätigkeit nicht untersagen. Gerade Teilzeitkräfte üben oftmals mehr als eine Beschäftigung aus. Allerdings darf der Beschäftigte in einem anderen Arbeitsverhältnis seinem Arbeitgeber nicht Konkurrenz machen. Außerdem muss der durch das Arbeitszeitgesetz vorgegebene zeitliche Rahmen insgesamt eingehalten werden.

Bei geringfügigen Beschäftigungen ist zudem wichtig, dass durch eine weitere Beschäftigung Sozialversicherungspflicht eintreten kann. Sie sollten daher im Arbeitsvertrag auf jeden Fall die Informationspflicht des Beschäftigten über die Aufnahme einer Nebentätigkeit aufnehmen. Weitere Hinweise zur Mehrfachbeschäftigung finden Sie unter Schritt 2.

8 Hinweise

Sie haben jetzt den Arbeitsvertrag mit allen notwendigen Inhalten abgeschlossen. Die erforderlichen arbeitsrechtlichen Vereinbarungen sind getroffen und die notwendigen Informationen eingeholt worden.

Vereinbaren Sie mit dem Beschäftigten auch, wie die Zahlung der Lohnsteuer gehandhabt werden soll, insbesondere, wenn Sie nicht die Pauschalsteuer übernehmen wollen, sondern eine individuelle Versteuerung nach Lohnsteuerkarte vornehmen möchten (siehe auch Schritt 3).

Sie können jetzt mit Schritt 2, der sozialversicherungsrechtlichen Beurteilung, fortfahren.

Arbeitsrechtliche Besonderheiten, die nicht im Arbeitsvertrag geregelt werden, sondern erst im Laufe des Beschäftigungsverhältnisses eine Rolle spielen, finden Sie unter Schritt 8.

2. Schritt –
Die sozialversicherungsrechtliche Beurteilung

In welchen Fällen handelt es sich um eine geringfügig entlohnte und versicherungsfreie Beschäftigung?

Schlagworte
- Versicherungsfreiheit
- Entgeltgrenze
- Entgelt
- Fiktives Entgelt
- Einmalzahlungen
- Regelmäßiges Entgelt
- Schwankendes Entgelt
- Mehrfachbeschäftigung
- Zusammenrechnung von Beschäftigungen
- Hauptbeschäftigung
- Besonderheiten in der Arbeitslosenversicherung
- Beginn der Versicherungspflicht bei Mehrfachbeschäftigung

Situation
Nach Abschluss des Arbeitsvertrages erhält der Gehaltsabrechner die Unterlagen, oft mit dem Hinweis, dass es sich um eine geringfügige Beschäftigung handelt. Der Abrechner hat jetzt als erstes zu prüfen, ob es sich tatsächlich um eine solche sozialversicherungsfreie Beschäftigung handelt.
Dabei sind zu berücksichtigen

- die Angaben aus dem Arbeitsvertrag, insbesondere die Entgelthöhe,
- zusätzliche Informationen des Beschäftigten über eventuelle weitere Beschäftigungen bei anderen Arbeitgebern
- externe Vereinbarungen wie zum Beispiel Tarifverträge.

Wichtigste Aufgabe ist die Feststellung des regelmäßigen monatlichen Entgelts des Beschäftigten. Dabei ist von Bedeutung

Minijobs. Jürgen Heidenreich
Copyright © 2006, WILEY-VCH Verlag GmbH & Co. KGaA, Weinheim
ISBN: 3-527-50242-4

- wieweit tatsächlich nicht gezahlte Entgelte berücksichtigt werden müssen,
- wie schwankende Entgelte umzurechnen sind,
- welche Bezüge unberücksichtigt bleiben können,
- wieweit Entgelt aus anderen Beschäftigungen berücksichtigt werden muss.

Die folgende Darstellung zeigt die Vorgehensweise bei dieser Prüfung und macht auf mögliche Fehlerquellen aufmerksam. Am Ende steht die Feststellung, ob es sich tatsächlich um eine versicherungsfreie geringfügige Beschäftigung handelt.

Definitionen

▶	Arbeitsentgelt	grundsätzlich jede Zuwendung aus dem Beschäftigungsverhältnis, gleich unter welcher Bezeichnung und von wem sie gezahlt wird
▶	fiktives Entgelt	Arbeitsentgelt, das dem Arbeitnehmer zusteht, aber nicht tatsächlich ausgezahlt wird. Wird bei der versicherungsrechtlichen Beurteilung und teilweise bei der Beitragsberechnung wie gezahltes Entgelt berücksichtigt.
▶	Einmalzahlungen	Arbeitsentgelt, dass nicht für einen bestimmten Lohnabrechnungszeitraum gezahlt wird, sondern für einen längeren Zeitraum bestimmt ist (z. B. Weihnachtsgeld, Tantiemen usw.)
▶	Hauptbeschäftigung	versicherungspflichtige Beschäftigung mit einem Entgelt von mehr als 400 EUR
▶	kurzfristige Beschäftigung	Beschäftigung, die von vornherein auf nicht mehr als zwei Monate oder 50 Arbeitstage befristet ist und deshalb versicherungsfrei ist.

Rechtsgrundlagen

Zentrale Vorschrift ist § 8 Abs. 1 SGB IV (auf diese Vorschrift beziehen sich die jeweiligen Regelungen für die einzelnen Versicherungszweige):

§ 8 Geringfügige Beschäftigung und geringfügige selbständige Tätigkeit
(1) Eine geringfügige Beschäftigung liegt vor, wenn
1. das Arbeitsentgelt aus dieser Beschäftigung regelmäßig im Monat 400 EUR nicht übersteigt,

2. die Beschäftigung innerhalb eines Kalenderjahres auf längstens zwei Monate oder 50 Arbeitstage nach ihrer Eigenart begrenzt zu sein pflegt oder im Voraus vertraglich begrenzt ist, es sei denn, dass die Beschäftigung berufsmäßig ausgeübt wird und ihr Entgelt 400 EUR im Monat übersteigt.

▶ Sozialgesetzbuch III, IV, V, VI, XI

Ergänzende Grundlagen:
▶ Geringfügigkeitsrichtlinien

Die ergänzenden Grundlagen finden Sie im vollständigen Wortlaut auf der Internetseite zum Buch.

Checkliste:
1. Welche Grundsätze gelten?
2. Ermittlung der Entgeltgrenze
3. Ermittlung des Arbeitsentgelts
4. Zusammenrechnung mehrerer Beschäftigungsverhältnisse
5. Überschreiten der Entgeltgrenze
6. Berücksichtigung besonderer Personenkreise
7. So geht es weiter

Hinweis:
In den Beispielen finden Sie die Angaben (Schlüsselzahlen) für die Abgabe der notwendigen Meldungen. Reihenfolge der Beitragsgruppen:

- Krankenversicherung
- Rentenversicherung
- Arbeitslosenversicherung
- Pflegeversicherung

1 Grundsätze

Die Sozialversicherungsfreiheit der Beschäftigung prüfen Sie in vier Teilschritten:
1. die Vereinbarungen zum Entgelt aus dem Arbeitsvertrag,
2. sonstige Ansprüche auf Entgeltzahlungen gegenüber dem Unternehmen (beispielsweise Einmalzahlungen),

3. die Angaben des Beschäftigten über eventuelle weitere Beschäftigungsverhältnisse,
4. die Zugehörigkeit zu einem besonderen Personenkreis.

Grundsätzlich ist jede Beschäftigung gegen Arbeitsentgelt versicherungspflichtig zur Kranken-, Pflege-, Renten- und Arbeitslosenversicherung. Grundgedanke dabei ist die Schutzbedürftigkeit von Arbeitnehmern, da deren Lebensgrundlage, nämlich das Arbeitsentgelt, bei Krankheit, Erwerbsunfähigkeit oder Arbeitslosigkeit wegfällt.

Ausgenommen hat der Gesetzgeber aber aus genau diesen Gründen Beschäftigungen, die nicht den wirtschaftlichen Schwerpunkt des Arbeitnehmers darstellen. Dazu gehören die geringfügig entlohnten Beschäftigungen.

Eine geringfügige Beschäftigung nach § 8 Absatz 1 Nr. 1 SGB IV (Text siehe unter Rechtsgrundlagen) ist sozialversicherungsfrei. Entscheidend für die Versicherungsfreiheit ist das regelmäßige monatliche Arbeitsentgelt. Die wöchentliche Arbeitszeit spielt keine Rolle.

Wofür ist die 400-EUR-Grenze entscheidend?

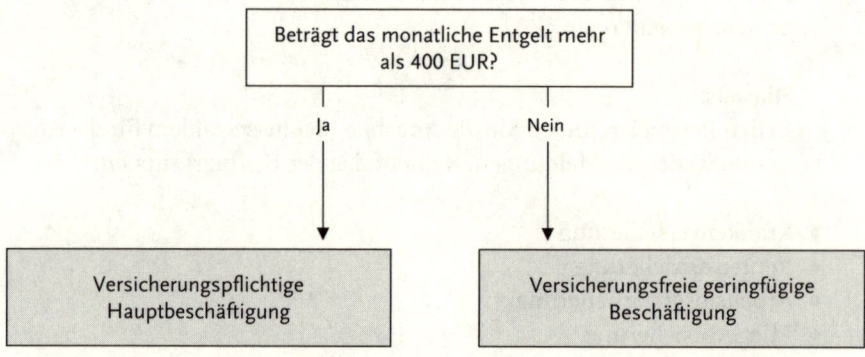

Beispiel Frau Flöck nimmt eine Beschäftigung bei der Firma Mauser auf. Das vereinbarte Entgelt beträgt monatlich 410 EUR, die wöchentliche Arbeitszeit zehn Stunden.

Beurteilung Die Beschäftigung ist versicherungspflichtig in der Kranken-, Pflege-, Renten- und Arbeitslosenversicherung, da das Entgelt die Geringfügigkeitsgrenze übersteigt.

Firma	Personen-gruppe	Beitrags-gruppe	Pauschal-steuer	Hinweis
Mauser	101	1111	----	

Beispiel Frau Sander arbeitet ebenfalls bei der Firma Mauser. Sie bekommt für 16 Wochenstunden ein Entgelt von 400 EUR.

Beurteilung Diese Beschäftigung ist versicherungsfrei, da die Entgeltgrenze von 400 EUR nicht überschritten wird. Die höhere wöchentliche Arbeitszeit ist für die versicherungsrechtliche Beurteilung unerheblich.

Firma	Personengruppe	Beitragsgruppe	Pauschal-steuer	Hinweis
Mauser	109	6500	ja	

2 Ermittlung der Entgeltgrenze

Die Entgeltgrenze von 400 EUR ist direkt im Gesetz festgelegt und wird nicht – wie andere Grenzwerte der Sozialversicherung – regelmäßig an die Einkommensentwicklung angepasst. Die 400 EUR sind der Monatswert. Wird eine Beschäftigung nur an einem Teil eines Kalendermonats ausgeübt, so ist der Betrag entsprechend umzurechnen. Dabei wird der Monatsbetrag mit der Zahl der tatsächlichen Kalendertage multipliziert und durch 30 geteilt.

Umrechnungsformel:
$$\frac{400 \text{ EUR} \times \text{tatsächliche Kalendertage}}{30}$$

Beispiel Frau Johannsen beginnt ihre Beschäftigung bei der Firma Hausservice am 18.5. Es ergibt sich folgende Berechnung:

$$\frac{400 \text{ EUR} \times 14 \text{ Kalendertage}}{30 \text{ Kalendertage}}$$

Für den (Rest-)Monat Mai beträgt die Geringfügigkeitsgrenze mithin 186,67 EUR

Den so ermittelten Wert vergleichen Sie mit dem für denselben Zeitraum vereinbarten Arbeitsentgelt.

3 Ermittlung des Arbeitsentgelts

Anhand des vorliegenden Arbeitsvertrages ermitteln Sie das zu berücksichtigende Arbeitsentgelt, dass Sie der Geringfügigkeitsgrenze gegenüber stellen.

3.1 Grundsatz

Grundsätzlich richtet sich die Frage, ob ein Entgeltbestandteil der Beitragspflicht unterliegt, nach dem Steuerrecht. Als Faustregel gilt: Was steuerpflichtig ist, ist auch sozialversicherungspflichtig. Umgekehrt gilt dies aber nicht in jedem Fall. Insbesondere bei pauschalierter Versteuerung muss sehr sorgfältig differenziert werden, auf welcher rechtlichen Basis die Pauschalsteuer erhoben wird. Leider gibt es von der eigentlich beabsichtigten Harmonisierung zwischen Steuer- und Beitragsrecht immer wieder Ausnahmen, die besonders beachtet werden müssen. Geregelt sind diese Ausnahmen in der Arbeitsentgeltverordnung (ArEV).

3.2 Begriff Arbeitsentgelt

Arbeitsentgelt sind alle laufenden oder einmaligen Einnahmen aus einer Beschäftigung, gleichgültig, ob ein Rechtsanspruch auf die Einnahmen besteht, unter welcher Bezeichnung oder in welcher Form sie geleistet werden und ob sie unmittelbar aus der Beschäftigung oder im Zusammenhang mit ihr erzielt werden (§ 14 Sozialgesetzbuch IV).

Nicht zum beitragspflichtigen Entgelt gehören

- einmalige Einnahmen
- laufende Zulagen
- Zuschläge
- Zuschüsse und ähnliche Einnahmen

wenn diese Einnahmen zusätzlich zu Löhnen und Gehältern gezahlt werden und lohnsteuerfrei sind. Welche Bezüge lohnsteuerfrei sind, ergibt sich aus dem Einkommenssteuergesetz (§ 3 Einkommensteuergesetz).

Darüber hinaus sind bestimmte Bezüge beitragsfrei, wenn sie pauschal versteuert werden.

Es bestehen hier grundsätzlich keine Besonderheiten bei geringfügig Beschäftigten im Vergleich zu Vollzeitarbeitnehmern. Bezüge, die bei Vollzeitbeschäftigten der Beitragspflicht unterliegen, müssen bei geringfügig Beschäftigten für die Feststellung des Entgelts und die Berechnung der Pauschalbeiträge berücksichtigt werden.

3.3 Regelmäßiges Entgelt

Zum regelmäßigen Entgelt gehören auch einmalige Zahlungen, wenn diese mit hinreichender Sicherheit mindestens einmal jährlich zu erwarten sind. Die hinreichende Sicherheit kann sich zum Beispiel ergeben aus

- einem rechtlichen Anspruch (etwa Tarif- oder Arbeitsvertrag)
- Gewohnheitsrecht (etwa wegen langjähriger betrieblicher Übung).

Solche Zahlungen werden bei der Beurteilung der Entgelthöhe mitberücksichtigt. Prüfen Sie also sorgfältig, ob Arbeits- oder Tarifvertrag solche Zuwendungen vorsehen. Sie müssen dann bei der Prüfung der Versicherungspflicht berücksichtigt werden.

Wann müssen Einmalzahlungen berücksichtigt werden?

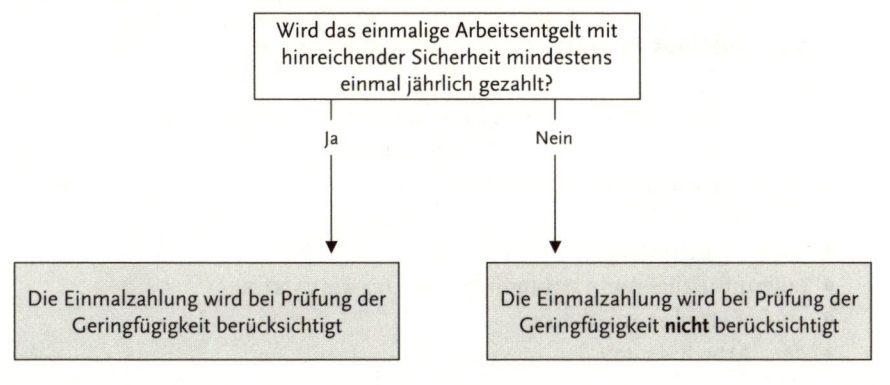

```
           ┌─────────────────────────────────┐
           │ Wird das einmalige Arbeitsentgelt mit │
           │ hinreichender Sicherheit mindestens   │
           │       einmal jährlich gezahlt?        │
           └─────────────────────────────────┘
                 Ja              Nein
                 │                │
                 ▼                ▼
┌──────────────────────────┐  ┌──────────────────────────┐
│ Die Einmalzahlung wird   │  │ Die Einmalzahlung wird   │
│ bei Prüfung der          │  │ bei Prüfung der          │
│ Geringfügigkeit          │  │ Geringfügigkeit **nicht**│
│ berücksichtigt           │  │ berücksichtigt           │
└──────────────────────────┘  └──────────────────────────┘
```

Beispiel Herr Scholz nimmt eine Beschäftigung bei der Firma Lauterbach auf. Sein monatliches Arbeitsentgelt beträgt 380 EUR. Laut Tarifvertrag steht ihm ein Weihnachtsgeld in Höhe von 300 EUR zu, das im November gezahlt wird.

Beurteilung Da die Zahlung des Weihnachtsgeldes mit hinreichender Sicherheit zu erwarten ist, muss es bei der Prüfung des regelmäßigen monatlichen Arbeitsentgelts mit berücksichtigt werden. Es ergibt sich folgende Berechnung:

monatliches Entgelt 380 EUR × 12	= 4.560 EUR
zzgl. Weihnachtsgeld	300 EUR
zusammen	4.860 EUR
ergibt monatlich (:12)	405 EUR

Die Beschäftigung von Herrn Scholz ist nicht geringfügig, da das regelmäßige Arbeitsentgelt die Grenze von 400 EUR übersteigt. Es besteht Versicherungspflicht in der Kranken-, Pflege-, Renten- und Arbeitslosenversicherung.

Firma	Personengruppe	Beitragsgruppe	Pauschalsteuer	Hinweis
Lauterbach	101	1111	----	

Wichtig! Beachten Sie zu erwartende einmalige Zahlungen bereits zu Beginn der Beschäftigung. Im Falle einer falschen Beurteilung der Versicherungsfreiheit kommen sonst Nachforderungen im Rahmen der Betriebsprüfung durch die Rentenversicherungsträger auf das Unternehmen zu.

3.4 Fiktives Entgelt

Bei der Prüfung der Geringfügigkeit wird mindestens das Entgelt zu Grunde gelegt, auf das der Arbeitnehmer einen Rechtsanspruch hat. Ein solcher Anspruch kann bestehen aus

- einem Tarifvertrag
- einem für allgemeinverbindlich erklärter Tarifvertrag
- einer Betriebsvereinbarung
- dem Arbeitsvertrag.

Anders als bei der Beitragsberechnung werden nicht nur Einmalzahlungen berücksichtigt, die tatsächlich gezahlt werden, sondern auch Beträge, die dem Beschäftigten zustehen, ihm aber tatsächlich nicht ausgezahlt werden. So rechnen die Betriebsprüfer der Rentenversicherung auch Zahlungen hinzu, die z. B. tarifvertraglich zustehen, auch wenn sie dem Beschäftigten tatsächlich nicht zufließen. Dies gilt sogar für Tarifverträge, die als allgemeinverbindlich erklärt worden sind! Hintergrund ist, das in der Sozialversicherung – anders als im Steuerrecht – die Beiträge bereits bei der Entstehung (dem Grunde nach) fällig werden. Steuern hingegen werden nur fällig, wenn die Beträge tatsächlich zugeflossen sind. Hier ist also größte Vorsicht geboten. Zwar werden für nicht zugeflossene Einmalzahlungen keine Beiträge erhoben, gleichwohl werden diese aber bei der Beurteilung der Versicherungspflicht berücksichtigt.

Nur wenn der Arbeitnehmer auf einen Teil seiner Bezüge wirksam verzichtet hat, wird dieser Entgeltteil bei der Prüfung der Versicherungspflicht ausnahmsweise nicht berücksichtigt. Bei laufendem Arbeitsentgelt entsteht die Beitragspflicht auch, wenn es nicht ausgezahlt wird, dem Arbeitnehmer aber zusteht.

Grundsätzlich kann ein Arbeitnehmer auf Teile seines Arbeitsentgelts wirksam verzichten. Im Verhältnis zu den Sozialversicherungsträgern ist das aber nicht rückwirkend möglich. Sonst würde er zu Lasten Dritter (nämlich der Sozialversicherung) auf Zahlungen (Beiträge) verzichten. Das ist rechtlich nicht möglich.

Ein wirksamer Verzicht auf Arbeitsentgelt setzt die Erfüllung mehrerer Bedingungen voraus:

- Arbeitsrechtliche Zulässigkeit
  Besteht ein geltender Tarifvertrag, so ist ein Verzicht arbeitsrechtlich nur zulässig, wenn dieser eine Öffnungsklausel enthält, den Verzicht also ausdrücklich für zulässig erklärt. Dies gilt nicht für Einmalzahlungen. Hier ist der Verzicht ohne Rücksicht auf die arbeitsrechtliche Zulässigkeit für die Sozialversicherung wirksam. Wird allerdings die Forderung später geltend gemacht (weil der Verzicht arbeitsrechtlich nicht zulässig war), müssen die Beiträge gegebenenfalls nachgezahlt werden.
- Schriftliche Niederlegung
  Der Verzicht muss ausdrücklich und schriftlich erklärt werden – eine mündliche oder stillschweigende Vereinbarung reicht nicht aus (Niederlegung in der Erklärung nach dem Nachweisgesetz – siehe Schritt 1).

- Verzicht nur für die Zukunft.
  Auf bereits entstandene Ansprüche kann der Arbeitnehmer zwar im Innenverhältnis zu seinem Arbeitgeber verzichten, auf die bereits entstandenen Ansprüche der Sozialversicherungsträger auf ihre Beiträge oder auf die versicherungsrechtliche Beurteilung hat dies aber keine Auswirkungen.

Wann kann rechtswirksam auf Arbeitsentgelt verzichtet werden?

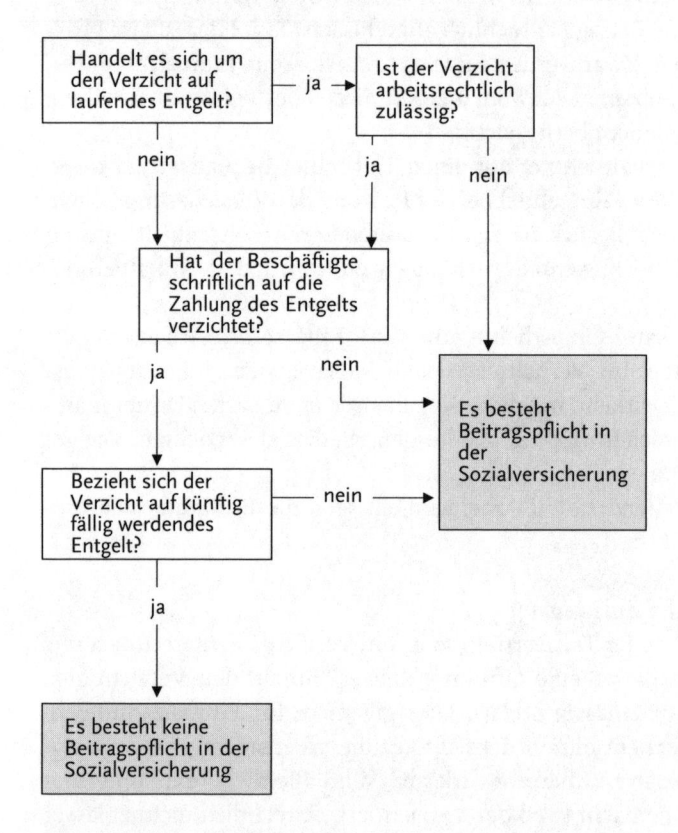

```
      Handelt es sich um           Ist der Verzicht
      den Verzicht auf      ja →   arbeitsrechtlich
      laufendes Entgelt?           zulässig?
            │                          │
           nein                   ja       nein
            ↓                     ↓         ↓
      Hat der Beschäftigte
      schriftlich auf die
      Zahlung des Entgelts
      verzichtet?
         ja        nein
         ↓          ↓
                    → Es besteht
                      Beitragspflicht in
                      der
                      Sozialversicherung
      Bezieht sich der
      Verzicht auf künftig   — nein →
      fällig werdendes
      Entgelt?
         │
         ja
         ↓
      Es besteht keine
      Beitragspflicht in der
      Sozialversicherung
```

Praxistipp! Prüfen Sie bereits bei der Festlegung der Vergütung, welche zusätzlichen Entgelte voraussichtlich auftreten werden:

- Ist eine regelmäßige Mehrarbeit durch Urlaubsvertretung vorgesehen oder wahrscheinlich?
- Wird eine Einmalzahlung gewährt (vertraglich zugesichert oder durch Gewohnheitsrecht)?

Auf welcher Grundlage kann ein Rechtsanspruch auf Entgelt bestehen?

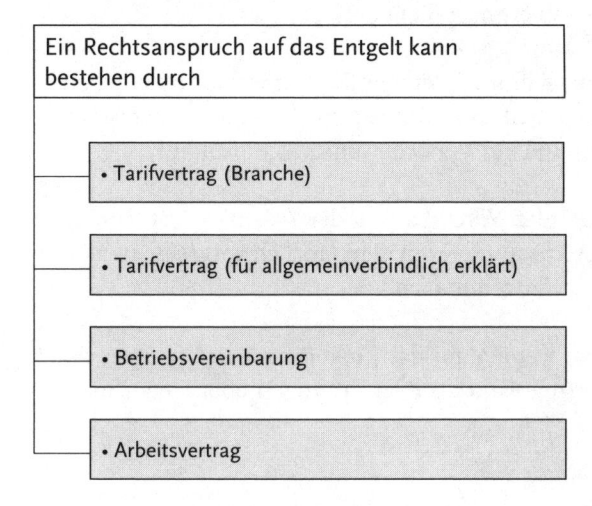

Ein Rechtsanspruch auf das Entgelt kann bestehen durch

- Tarifvertrag (Branche)
- Tarifvertrag (für allgemeinverbindlich erklärt)
- Betriebsvereinbarung
- Arbeitsvertrag

- Besteht für Ihr Unternehmen ein Tarifvertrag (auch allgemeinverbindlich), der weitere laufende Zahlungen vorsieht?
  Tipp: Eine Übersicht über die für allgemein verbindlich erklärten Tarifverträge gibt es im Internet auf den Seiten des Bundesministeriums für Arbeit und Soziales (www.bmas.bund.de).
- Berücksichtigen Sie solche Zahlungen bereits bei der Höhe der monatlichen Zahlung, damit der Jahreswert von 4.800 EUR nicht überschritten wird.

Beispiel Frau Troll ist Hausfrau und in der AOK familienversichert. Sie soll von der Firma Schlau als geringfügig Beschäftigte eingestellt werden. Jedes Jahr ist mit einer Urlaubsvertretung zu rechnen, für die 500 EUR zusätzliches Entgelt gezahlt werden. Außerdem zahlt der Betrieb seinen Beschäftigten ein Weihnachtsgeld, dass bei Frau Troll 120 EUR beträgt.

Die Firma Schlau nimmt folgende Berechnung vor:
Jahreshöchstbetrag für geringfügig entlohnte Beschäftigungen
(400 EUR × 12)   4.800 EUR
abzüglich Urlaubsvertretung   500 EUR
abzüglich Weihnachtsgeld   120 EUR
verbleibender Restbetrag   4.180 EUR

Dieser Betrag geteilt durch 12 Monate ergibt ein monatliches Entgelt in Höhe von 348,33 EUR. Diesen Betrag darf das Entgelt von Frau Troll nicht übersteigen, da sonst Versicherungspflicht eintritt.

Achtung! Bei dieser Berechnung müssen Sie immer abrunden! Bereits die Aufrundung um einen Cent kann von den Prüfern der Rentenversicherung beanstandet werden und zur Versicherungspflicht führen!

Wichtig! Achten Sie bei der Vereinbarung der Arbeitszeit auch auf die Stundenzahl. Diese muss zusammen mit dem tariflich vorgesehenen Stundenlohn zum monatlichen Entgelt passen!

Steuerfreie Einnahmen werden auf das Einkommen nicht angerechnet. Dies können z. B. steuerfreie Fahrkostenerstattungen oder steuerfreie Rabatte sein.

3.5 Schwankendes Entgelt

Schwankt die Höhe des Arbeitsentgelts, zum Beispiel bei saisonal unterschiedlicher Arbeitszeit, so ist das regelmäßige Arbeitsentgelt durch gewissenhafte Schätzung zu ermitteln. Dabei sind alle erkennbaren Entwicklungen zu berücksichtigen.

Beispiel Herr Sammer arbeitet bei der Gaststätte Freiluft als Kellner. In den Sommermonaten fällt durch den angegliederten Biergarten eine höhere Arbeitszeit an als in den übrigen Monaten. Das Entgelt wird daher in den Monaten Mai bis September monatlich 440 EUR betragen, in den übrigen Monaten 370 EUR. Herr Sammer ist in der AOK versichert.

Beurteilung Das durchschnittliche regelmäßige Entgelt berechnet sich wie folgt:

Januar bis April	370 EUR × 4	= 1.480 EUR
Mai bis September	440 EUR × 5	= 2.200 EUR
Oktober bis Dezember	370 EUR × 3	= 1.110 EUR
Zusammen		4.790 EUR

Geteilt durch 12 ergibt sich ein monatliches Entgelt von 399,17 EUR. Die Entgeltgrenze wird nicht überschritten, so dass die Beschäftigung geringfügig und damit versicherungsfrei ist. Es sind pauschalierte Beiträge zur Kranken- und Rentenversicherung zu zahlen.

Firma	Personen-gruppe	Beitrags-gruppe	Pauschal-steuer	Hinweis
Freiluft	109	6500	ja	

Die Beurteilung anhand der Schätzung bleibt auch dann für die Vergangenheit bestehen, wenn sich im Nachhinein herausstellt, dass die Entgeltgrenze doch überschritten wurde. Die Versicherungspflicht beginnt, sobald erkennbar wird, dass die Grenze nicht eingehalten wird.

Beispiel Die Firma Kern stellt Herrn Grün als geringfügig Beschäftigten ein. Er arbeitet als Kellner. Die Beschäftigung beginnt am 1.7., mitten in der Saison. Für Juli und August rechnet der Arbeitgeber mit einem Entgelt von 600 EUR, während in der Zeit danach lediglich 300 EUR erzielt werden sollen. Am 20. September kündigt jedoch unerwartet ein anderer Kellner. Herr Kern soll dessen Bereich mit übernehmen.

Beurteilung Die Beschäftigung ist vom Beginn an zunächst geringfügig entlohnt und damit versicherungsfrei, da insgesamt im Laufe eines Jahres die Entgeltgrenze nicht überschritten wird (600 EUR x 2 Monate zuzüglich 300 EUR x 10 Monate = 4.200 EUR). Am 20. September wird erkennbar, dass der Grenzwert aufgrund der verlängerten Arbeitszeit nicht mehr eingehalten werden kann. Vom 20. September an besteht Versicherungspflicht. Für die Vergangenheit bleibt es bei der Versicherungsfreiheit.

Tipp Halten Sie Ihre Schätzung schriftlich fest und nehmen Sie die Aufzeichnung zu den Lohnunterlagen. Scheidet der Beschäftigte nach drei Monaten mit höherem Entgelt aus dem Unternehmen aus (oder kommt es zu einer Konstellation wie im vorstehenden Beispiel), glaubt Ihnen sonst kein Prüfer, dass für die restlichen Monate ein geringeres Entgelt als Ausgleich vorgesehen war.

Einen von uns entwickelten Ermittlungsbogen finden Sie im Anhang und auf der Internetseite zum Buch.

4 Zusammenrechnung mehrerer Beschäftigungsverhältnisse

Ob der Beschäftigte weitere Beschäftigungsverhältnisse ausübt, müssen Sie in jedem Fall bei ihm erfragen. Verwenden Sie dafür zum Beispiel die Erklärung für 400-EUR-Kräfte, die Sie im Anhang und auf der Internetseite finden. Arbeiten Sie mit dem dort ebenfalls zu findenden Musterarbeitsvertrag, so ist die Erklärung Bestandteil des Arbeitsvertrages. Diese Erklärung benötigen Sie, um gegenüber den Betriebsprüfern zu dokumentieren, dass Sie Ihrer Sorgfaltspflicht bei der Prüfung der Sozialversicherungspflicht nachgekommen sind.

Nehmen Sie keine Pauschalversteuerung vor, sondern verlangen vom Beschäftigten die Vorlage der Lohnsteuerkarte, können Sie bei Vorlage der Steuerklasse VI davon ausgehen, dass weitere Beschäftigungen bestehen. In diesem Fall sollten Sie den Beschäftigten nochmals ausdrücklich befragen.

4.1 Mehrere geringfügig entlohnte Beschäftigungen

Übt ein Arbeitnehmer mehrere Beschäftigungen nebeneinander aus, die jede für sich betrachtet geringfügig entlohnt ist, so werden die Entgelte aller dieser Beschäftigungen zusammengerechnet. Wird dabei die Entgeltgrenze von 400 EUR überschritten, sind alle Beschäftigungen versicherungspflichtig.

Beispiel Herr Grün nimmt am 1.6. eine Beschäftigung bei der Firma Anton auf. Das monatliche Entgelt beträgt 250 EUR. Vom 1.7. an arbeitet er zusätzlich bei der Firma Beton. Dort erhält er im Monat 140 EUR. Eine weitere Beschäftigung bei Firma Ceton beginnt am 1.8. Hier erzielt Herr Grün ein Entgelt von 120 EUR monatlich.

Beurteilung ab 1.6. Jede der drei Beschäftigungen ist für sich allein betrachtet geringfügig entlohnt. Vom 1.6. bis 30.6. wird nur eine Beschäftigung ausgeübt, die Entgeltgrenze von 400 EUR wird nicht überschritten. Die Beschäftigung bei Firma Anton ist daher zunächst versicherungsfrei.

Firma	Personengruppe	Beitragsgruppe	Pauschalsteuer	Hinweis
Anton	109	6500	ja	

Beurteilung ab 1.7. Vom 1.7. an sind die Entgelte aus der Beschäftigung bei Anton und Beton zusammenzurechnen. Insgesamt erzielt Herr Grün jetzt 390 EUR. Da die Entgeltgrenze nicht überschritten wird, besteht weiterhin Versicherungsfreiheit.

Firma	Personen-gruppe	Beitrags-gruppe	Pauschal-steuer	Hinweis
Anton	109	6500	ja	
Beton	109	6500	ja	Feld Mehrfachbeschäftigung kennzeichnen

Beurteilung ab 1.8. Die Beschäftigung bei Ceton ab 1.8. wird mit den beiden anderen zusammengerechnet. Dadurch beträgt das monatliche Arbeitsentgelt 510 EUR. Da die Geringfügigkeitsgrenze überschritten wird, besteht ab 1.8. Versicherungspflicht in der Kranken-, Pflege-, Renten- und Arbeitslosenversicherung.

Firma	Personen-gruppe	Beitrags-gruppe	Pauschal-steuer	Hinweis
Anton	101	1111	nein	
Beton	101	1111	nein	Feld
Ceton	101	1111	nein	Mehrfachbeschäftigung kennzeichnen

Die Zusammenrechnung erfolgt auch dann, wenn bereits durch die Zusammenrechnung zweier geringfügiger Beschäftigungen Versicherungspflicht besteht und eine dritte geringfügige Beschäftigung hinzutritt.

Beispiel Frau Blau arbeitet bei der Firma Alpha für monatlich 200 EUR und bei der Firma Beta für monatlich 250 EUR.

Beurteilung Beide Beschäftigungen sind für sich allein betrachtet geringfügig. Durch die Zusammenrechnung der beiden Entgelte wird die Geringfügigkeitsgrenze von 400 EUR jedoch überschritten, so dass beide Beschäftigungen versicherungspflichtig in der Kranken-, Pflege-, Renten- und Arbeitslosenversicherung sind.

Firma	Personen-gruppe	Beitrags-gruppe	Pauschal-steuer	Hinweis
Alpha	101	1111	nein	
Beta	101	1111	nein	Feld Mehrfachbeschäftigung kennzeichnen

Beurteilung ab 1.8.   Ab 1.8. nimmt Frau Blau eine weitere für sich allein betrachtet geringfügige Beschäftigung bei der Firma Gamma auf. Hier beträgt das monatliche Entgelt 300 EUR. Da jetzt drei jeweils geringfügige Beschäftigungen ausgeübt werden, werden die Entgelte aller drei Beschäftigungen zusammengerechnet. Im Ergebnis werden alle drei geringfügigen Beschäftigungen versicherungspflichtig in der Kranken-, Pflege-, Renten- und Arbeitslosenversicherung.

Firma	Personen-gruppe	Beitrags-gruppe	Pauschal-steuer	Hinweis
Alpha	101	1111	nein	
Beta	101	1111	nein	Feld
Gamma	101	1111	nein	Mehrfachbeschäftigung kennzeichnen

Stellt der Betriebsprüfer oder die Minijobzentrale eine Überschneidung mit einer weiteren Beschäftigung fest und kommt es dadurch zu einem Überschreiten der Geringfügigkeitsgrenze, tritt die Versicherungspflicht erst mit Benachrichtigung der Arbeitgeber ein, also nicht rückwirkend. Mit dieser Regelung sollen die Arbeitgeber vor unvermuteten Beitragsnachforderungen geschützt werden.

Die Einschränkung gilt allerdings nur, wenn der Arbeitgeber seiner Sorgfaltspflicht Genüge getan hat. Er muss also unbedingt zu Beginn der Beschäftigung (und regelmäßig zwischendurch) den Beschäftigten nach weiteren Beschäftigungsverhältnissen befragen.

Eine rückwirkende Beitragsforderung ist nur ausgeschlossen, wenn die Versicherungspflicht durch die Zusammenrechnung mehrerer Beschäftigungen entsteht und der Arbeitgeber von der anderen Beschäftigung keine Kenntnis haben konnte. Der Ausschluss gilt nicht, wenn der Arbeitgeber in Kenntnis der tatsächlichen Verhältnisse eine falsche Entscheidung getroffen hat, also die Versicherungspflicht einfach falsch beurteilt hat. In diesen Fällen sind Nachforderungen im Rahmen der Verjährungsfrist (vier Jahre) möglich.

4.2 Geringfügig entlohnte Beschäftigungen und kurzfristige Beschäftigungen

Eine Zusammenrechnung einer geringfügig entlohnten mit einer versicherungsfreien kurzfristigen Beschäftigung (§ 8 Abs. 1 Nr. 2 SGB IV) erfolgt nicht (siehe Teil C).

Beispiel: Frau Bertram ist Hausfrau und arbeitet nebenher bei der Firma Schneider für ein monatliches Entgelt von 400 EUR. Sie ist durch ihren Ehemann familienversichert in der BEK. Für die Zeit vom 1.3. bis 30.4. nimmt sie eine befristete Aushilfsbeschäftigung bei der Firma Kappa auf.

Beurteilung: Die Beschäftigung bei Firma Schneider ist geringfügig entlohnt und daher versicherungsfrei. Es sind Pauschalbeiträge zur Kranken- und Rentenversicherung zu entrichten. In der Zeit vom 1.3. bis 30.4. ändert sich an dieser Beurteilung nichts. Die Aushilfstätigkeit ist von vornherein auf nicht mehr als zwei Monate befristet und daher als kurzfristige Beschäftigung ebenfalls versicherungsfrei. Eine Zusammenrechnung erfolgt nicht.

Firma	Personengruppe	Beitragsgruppe	Pauschalsteuer	Hinweis
Schneider	109	6500	ja	
Kappa	110	0000	nein	An- und Abmeldung

Weitere Hinweise zu kurzfristigen Beschäftigungen finden Sie im Teil C.

4.3 Geringfügig entlohnte Beschäftigungen und Hauptbeschäftigung

Hinweis Unter einer Hauptbeschäftigung ist stets eine mehr als geringfügige und damit für sich allein betrachtet versicherungspflichtige Beschäftigung zu verstehen. Die speziellen Regelungen für besondere Personenkreise sind im Schritt 4 dargestellt.

Werden neben einer Hauptbeschäftigung geringfügige Beschäftigungen ausgeübt, so werden diese in der Kranken-, Pflege- und Rentenversicherung mit der Hauptbeschäftigung zusammengerechnet. Allerdings bleibt dabei *eine* geringfügige Beschäftigung, und zwar die zuerst aufgenommene, außer Betracht.

Beispiel Herr Lehmann ist bei der Firma Stenzel als Angestellter versicherungspflichtig beschäftigt. Sein Entgelt beträgt 2.000 EUR monatlich.

Am 1.9. nimmt er zusätzlich eine Tätigkeit bei der Firma Apollo auf. Hier beträgt das monatliche Entgelt 400 EUR.

Beurteilung Die Hauptbeschäftigung bei der Firma Stenzel ist versicherungspflichtig in der Kranken-, Pflege-, Renten- und Arbeitslosenversicherung. Die Tätigkeit bei Firma Apollo ist geringfügig entlohnt. Da nur eine geringfügige Beschäftigung neben einer Hauptbeschäftigung ausgeübt wird, erfolgt keine Zusammenrechnung. Die Beschäftigung bei Firma Apollo bleibt versicherungsfrei. Es sind pauschalierte Beiträge zur Kranken- und Rentenversicherung zu zahlen.

Firma	Personengruppe	Beitragsgruppe	Pauschalsteuer	Hinweis
Stenzel	101	1111	----	
Apollo	109	6500	ja	Feld Mehrfachbeschäftigung kennzeichnen

Beispiel Frau Roller ist bei der Firma Salzmann gegen ein monatliches Entgelt von 2100 EUR versicherungspflichtig beschäftigt. Nebenher übt sie eine Beschäftigung bei der Zucker-GmbH aus. Das Entgelt beträgt monatlich 200 EUR.

Am 1.10. arbeitet Frau Roller zusätzlich für die Pfeffer-AG. Hier erhält sie ebenfalls monatlich 200 EUR.

Beurteilung bis 30.9. Die Hauptbeschäftigung bei der Firma Salzmann ist versicherungspflichtig in der Kranken-, Pflege-, Renten- und Arbeitslosenversicherung. Die Tätigkeit bei der Zucker-GmbH ist geringfügig entlohnt. Da nur eine geringfügige Beschäftigung neben einer Hauptbeschäftigung ausgeübt wird, erfolgt keine Zusammenrechnung. Die Beschäftigung bei der Zucker-GmbH bleibt versicherungsfrei. Es sind pauschalierte Beiträge zur Kranken- und Rentenversicherung zu zahlen.

Firma	Personen-gruppe	Beitrags-gruppe	Pauschal-steuer	Hinweis
Salzmann	101	1111	----	
Zucker-GmbH	109	6500	ja	Feld Mehrfachbeschäftigung kennzeichnen

Beurteilung ab 1.10. Für die Beschäftigungen bei Salzmann und der Zucker-GmbH ergibt sich keine Änderung. Die Beschäftigung bei der Pfeffer-AG ist zwar für sich allein betrachtet geringfügig entlohnt, sie wird jedoch mit der Hauptbeschäftigung zusammengerechnet, da bereits eine versicherungsfreie geringfügige Beschäftigung besteht. Für das Beschäftigungsverhältnis bei der Pfeffer-AG besteht Versicherungspflicht in der Kranken-, Pflege- und Rentenversicherung. In der Arbeitslosenversicherung erfolgt keine Zusammenrechnung.

Firma	Personen-gruppe	Beitrags-gruppe	Pauschal-steuer	Hinweis
Salzmann	101	1111	-----	
Zucker-GmbH	109	6500	ja	Feld Mehrfachbeschäftigung kennzeichnen
Pfeffer-AG	101	1101	nein	

Anmerkung Die beiden vorstehenden Beispiele unterscheiden sich nur dadurch, dass im ersten Fall das zusätzliche Entgelt von 400 EUR in einer Nebenbeschäftigung verdient wird, im zweiten Fall wird dasselbe Ergebnis mit zwei Beschäftigungen von je 200 EUR erzielt. Das im einen Fall keine Pflichtbeiträge, im anderen Fall Pflichtbeiträge aus 200 EUR zu zahlen sind, ist nicht unbedingt logisch, entspricht aber dem Wortlaut des Gesetzes.

Die von den Spitzenverbänden der Sozialversicherungsträger in den Geringfügigkeitsrichtlinien festgelegte Regelung, dass jeweils die zuerst aufgenommene geringfügige Beschäftigung in den Genuss der Versicherungsfreiheit kommt, ist hingegen nicht durch den Gesetzeswortlaut gedeckt. Hier wird meines Erachtens das Gestaltungsrecht der Arbeitgeber und der Beschäftigten in unzulässiger Weise eingeschränkt. Ob diese Regelung vor den Sozialgerichten Bestand haben wird, bleibt abzuwarten.

Endet die Hauptbeschäftigung, so ist für die nebenher ausgeübten geringfügigen Beschäftigungen eine neue Bewertung vorzunehmen.

Fortsetzung des vorherigen Beispiels Frau Roller heiratet und gibt zum 30.11. ihre Hauptbeschäftigung bei der Firma Stenzel auf. Ihre Nebentätigkeiten übt sie weiterhin aus. Sie ist bei der AOK familienversichert.

Beurteilung ab 1.12. Es liegt keine Hauptbeschäftigung mehr vor. Daher sind die beiden geringfügigen Beschäftigungen zusammenzurechnen. Insgesamt wird die Entgeltgrenze von 400 EUR nicht mehr überschritten, so dass beide Beschäftigungen versicherungsfrei sind. Es sind Pauschalbeiträge zur Kranken- und Rentenversicherung zu zahlen.

Firma	Personengruppe	Beitragsgruppe	Pauschalsteuer	Hinweis
Zucker-GmbH	109	6500	ja	Feld Mehrfachbeschäftigung kennzeichnen
Pfeffer-AG	109	6500	ja	

Die Zusammenrechnung erfolgt immer nur in den Versicherungszweigen, die in der Hauptbeschäftigung versicherungspflichtig sind. Die Ausnahmen sind in Schritt 4 (besondere Personenkreise) dargestellt.

Wie werden mehrere Beschäftigungen zusammengerechnet?

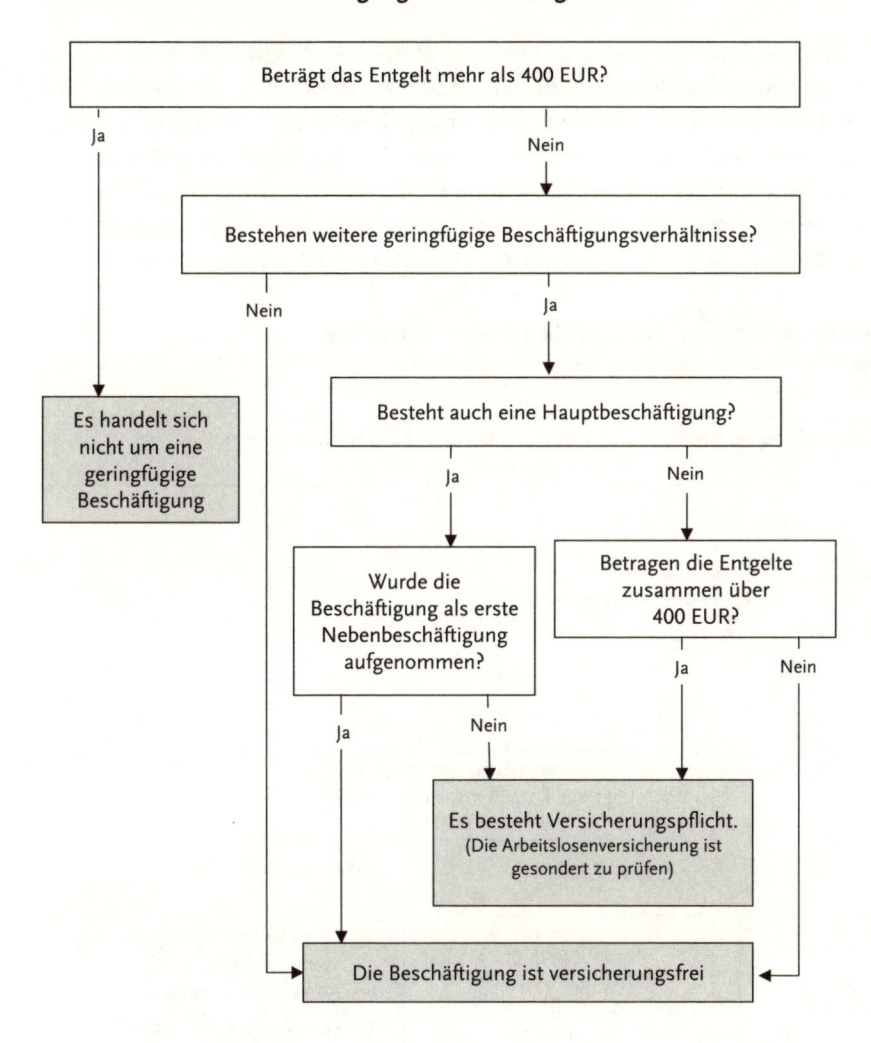

```
                    ┌─────────────────────────────────────┐
                    │  Beträgt das Entgelt mehr als 400 EUR? │
                    └─────────────────────────────────────┘
         Ja                             │ Nein
          │                             ▼
          │       ┌──────────────────────────────────────────────┐
          │       │ Bestehen weitere geringfügige Beschäftigungsverhältnisse? │
          │       └──────────────────────────────────────────────┘
          │              Nein                   Ja
          │               │                      │
          │               │                      ▼
          │               │    ┌─────────────────────────────┐
          │               │    │ Besteht auch eine Hauptbeschäftigung? │
          │               │    └─────────────────────────────┘
          │               │            Ja              Nein
          ▼               │             │                │
  ┌──────────────┐        │             ▼                ▼
  │ Es handelt sich│      │  ┌──────────────────┐  ┌──────────────────┐
  │ nicht um eine │       │  │ Wurde die        │  │ Betragen die      │
  │ geringfügige  │       │  │ Beschäftigung als│  │ Entgelte          │
  │ Beschäftigung │       │  │ erste Neben-     │  │ zusammen über     │
  └──────────────┘        │  │ beschäftigung    │  │ 400 EUR?          │
                          │  │ aufgenommen?     │  │                   │
                          │  └──────────────────┘  └──────────────────┘
                          │      Ja     Nein          Ja      Nein
                          │       │       │            │        │
                          │       │       ▼            ▼        │
                          │       │    ┌──────────────────────┐ │
                          │       │    │ Es besteht Versicherungspflicht. │
                          │       │    │ (Die Arbeitslosenversicherung ist │
                          │       │    │ gesondert zu prüfen) │ │
                          │       │    └──────────────────────┘ │
                          ▼       ▼                             ▼
                    ┌──────────────────────────────────────────┐
                    │ Die Beschäftigung ist versicherungsfrei  │
                    └──────────────────────────────────────────┘
```

4 Zusammenrechnung mehrerer Beschäftigungsverhältnisse

4.4 Besonderheiten in der Arbeitslosenversicherung

In der Arbeitslosenversicherung erfolgt keine Zusammenrechnung mit einer Hauptbeschäftigung. Besteht eine Hauptbeschäftigung, werden auch mehrere nebenher ausgeübte geringfügige Beschäftigungen für die Arbeitslosenversicherung nicht zusammengerechnet. Im Ergebnis bedeutet dies, das bei einer arbeitslosenversicherungspflichtigen Hauptbeschäftigung in einer nebenher ausgeübten – für sich allein betrachtet – geringfügigen Beschäftigung keine Arbeitslosenversicherungspflicht entstehen kann.

Wie werden mehrere Beschäftigungen bei der Arbeitslosenversicherung zusammengerechnet?

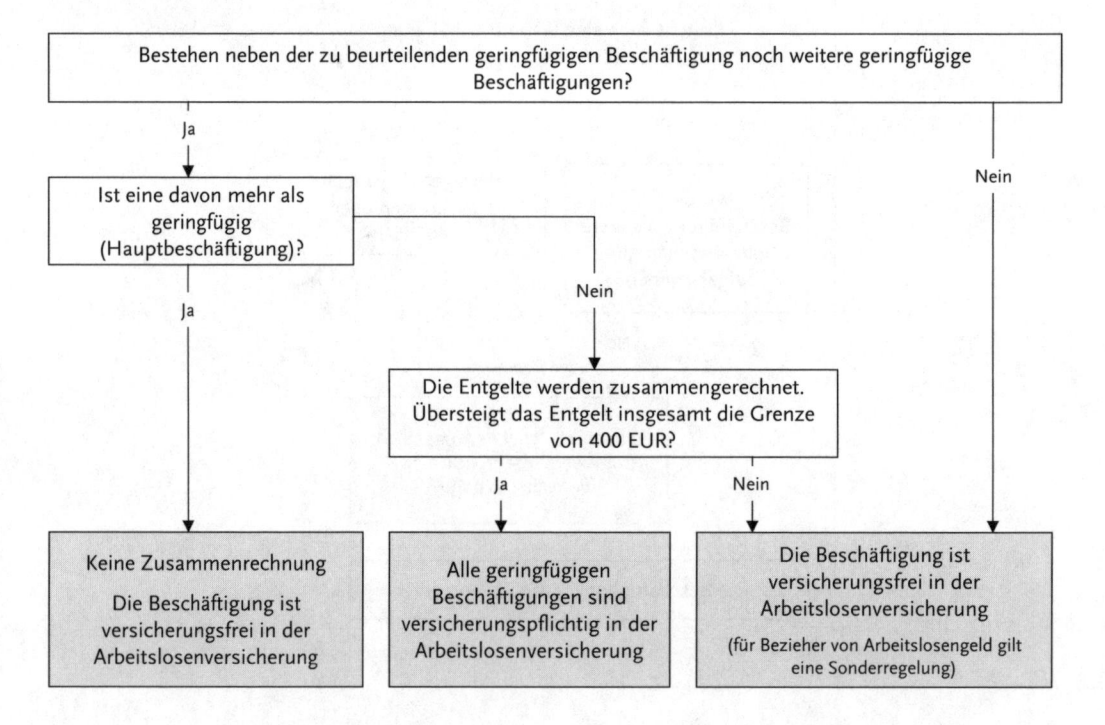

```
Bestehen neben der zu beurteilenden geringfügigen Beschäftigung noch weitere geringfügige
Beschäftigungen?
   │Ja                                                                    │Nein
   ▼                                                                      │
Ist eine davon mehr als                                                   │
geringfügig (Hauptbeschäftigung)?                                         │
   │Ja            │Nein                                                   │
   │              ▼                                                       │
   │       Die Entgelte werden zusammengerechnet.                         │
   │       Übersteigt das Entgelt insgesamt die Grenze von 400 EUR?       │
   │           │Ja              │Nein                                     │
   ▼           ▼                ▼                                         ▼
Keine         Alle geringfügigen    Die Beschäftigung ist
Zusammen-     Beschäftigungen sind  versicherungsfrei in der
rechnung      versicherungspflichtig Arbeitslosenversicherung
Die           in der Arbeitslosen-  (für Bezieher von Arbeitslosengeld gilt
Beschäftigung versicherung          eine Sonderregelung)
ist versicherungs-
frei in der
Arbeitslosen-
versicherung
```

5 Überschreiten der Entgeltgrenze

Wird die Entgeltgrenze überschritten, tritt grundsätzlich Versicherungspflicht ein. Die Versicherungspflicht beginnt mit dem Tag, an dem erkennbar wird, dass die Entgeltgrenze überschritten wird.

Beispiel Frau Sauber arbeitet bei der Firma Schneider für ein monatliches Entgelt von 400 EUR. Weitere Bezüge erhält sie nicht. Am 15.8. wird ein neuer Tarifvertrag abgeschlossen, der künftig auch für Teilzeitbeschäftigte ein Weihnachtsgeld in Höhe eines Monatsgehaltes vorsieht. An diesem Tag ist erkennbar, dass das Entgelt von Frau Sauber die Geringfügigkeitsgrenze überschreitet – auch wenn das Weihnachtsgeld erstmalig erst einige Monate später ausgezahlt wird. Vom 15.8. an besteht Versicherungspflicht in der Kranken-, Renten-, Arbeitslosen- und Pflegeversicherung.

Bis 14.8.

Firma	Personengruppe	Beitragsgruppe	Pauschalsteuer	Hinweis
Schneider	109	6500	ja	

Ab 15.8.

Firma	Personengruppe	Beitragsgruppe	Pauschalsteuer	Hinweis
Schneider	101	1111	nein	

Nicht jedes Überschreiten der Entgeltgrenze führt aber gleich zur Versicherungspflicht. Ein unvorhersehbares Überschreiten in höchstens zwei Monaten im Jahr ist für die Versicherungsfreiheit unschädlich. Wichtig dabei ist aber, dass die Überschreitung wirklich unvorhersehbar war. Ist etwa eine Urlaubsvertretung für einen Kollegen vereinbart oder grundsätzlich zu erwarten, kann bereits nicht mehr von einem unvorhersehbaren Überschreiten gesprochen werden. Solche zu erwartenden Entgelte müssen bei der Prüfung der Versicherungsfreiheit berücksichtigt werden (vergleichbar den Einmalzahlungen).

Beispiel Herr Schröder ist bei der Firma Sielmann geringfügig beschäftigt und versicherungsfrei. Sein monatliches Entgelt beträgt 400 EUR. Eine Urlaubsvertretung oder einmalige Zuwendungen sind nicht vorgesehen. Im Juli werden während des Urlaubs eines Kollegen auch noch dessen Vertreter und ein weiterer Mitarbeiter arbeitsunfähig. Herr Schröder wird gebeten in diesem Fall einzuspringen und ausnahmsweise die Vertretung für den Juli zu übernehmen. In diesem Monat erhält er ein Entgelt von 1.000 EUR.

Beurteilung Die Überschreitung der Entgeltgrenze beschränkt sich auf einen Kalendermonat und war nicht vorhersehbar. Die Versicherungsfreiheit bleibt auch für den Juli (und darüber hinaus) bestehen.

Firma	Personen-gruppe	Beitrags-gruppe	Pauschal-steuer	Hinweis
Sielmann	109	6500	ja	

Beispiel Frau Schill wird von der Firma Meisner ab 1.5. als geringfügig Beschäftigte eingestellt. Ihre monatliches Entgelt beträgt 400 EUR. Sie vereinbaren, dass Frau Schill im Falle eines Falles die Krankheitsvertretung ihrer Kollegin übernimmt. Hierfür erhält sie dann ein zusätzliches Entgelt.

Beurteilung Im vorliegenden Fall steht bereits zu Beginn der Beschäftigung fest, dass die Entgeltgrenze überschritten wird. Es ist abzusehen, dass die Kollegin irgendwann arbeitsunfähig werden wird und dann ein zusätzliches Entgelt fällig wird, dass auf die Entgeltgrenze anzurechnen ist. Ab 1.5. besteht daher Versicherungspflicht

6 So geht es weiter

Sie haben jetzt die versicherungsrechtliche Prüfung abgeschlossen. Sind Sie zu dem Ergebnis gekommen, dass es sich nicht um eine geringfügige Beschäftigung handelt, so besteht Versicherungspflicht und die Beschäftigung ist entsprechend anzumelden und abzurechnen.

Haben Sie hingegen festgestellt, dass grundsätzlich eine versicherungsfreie, geringfügige Beschäftigung vorliegt, so prüfen Sie bitte noch, ob der Beschäftigte zu einem besonderen Personenkreis gehört, für den spezielle Bedingungen gelten. Welche Personenkreise das sind, erfahren Sie bei Schritt 4. (Da in Schritt 4 alle Besonderheiten – auch die Regelungen zur Beitragspflicht und Beitragsberechnung dargestellt sind – werden in Schritt 3 zunächst die allgemeinen Grundsätze zur Beitragsabrechnung vorgestellt.)

3. Schritt –
Die Grundlagen für die Beiträge

Wie sind geringfügige Beschäftigungen bei Sozialversicherung und Steuer abzurechnen? Welche Beträge sind ggf. vom Arbeitnehmer einzubehalten, welche Zahlungen sind vom Arbeitgeber zu übernehmen? Wie viel kostet eine geringfügige Beschäftigung den Arbeitgeber?

Schlagworte
- Beitragssätze
- Beitragspflichtiges Entgelt
- Beitragsgruppen
- Verzicht auf die Rentenversicherungsfreiheit
- Beitragsverteilung
- Arbeitgeberanteil
- Arbeitnehmeranteil
- Mindestbeitragsbemessungsgrenze
- Pauschalbeiträge
- Pauschalsteuer
- pauschale Lohnsteuer
- Steuersätze
- Minijobzentrale
- Betriebsstättenfinanzamt
- Umlage
- Entgeltfortzahlungsversicherung

Situation
Nach dem der Gehaltsabrechner festgestellt hat, dass es sich um eine versicherungsfreie geringfügige Beschäftigung handelt, sind jetzt die Grundlagen für die Berechnung der Beiträge und der Steuern zu ermitteln und festzulegen. Dabei ist zu ermitteln

- für welche Versicherungszweige Beiträge gezahlt werden
- welche Beitragssätze heranzuziehen sind

Minijobs. Jürgen Heidenreich
Copyright © 2006, WILEY-VCH Verlag GmbH & Co. KGaA, Weinheim
ISBN: 3-527-50242-4

- wie hoch das beitragspflichtige Entgelt ist
- ob der Beschäftigte auf die Rentenversicherungsfreiheit verzichtet hat
- welche Versteuerung für das Unternehmen am günstigsten ist und
- ob und gegebenenfalls welche Beiträge zur Entgeltfortzahlungsversicherung zu entrichten sind.

Im folgenden werden die Grundlagen für die Beitrags- und Steuerabrechnung Schritt für Schritt beschrieben.

Definitionen

▶	Einzugsstelle	Empfänger von Beitragsnachweisen, Meldungen und Beitragszahlungen. Kann eine Krankenkasse oder die Minijobzentrale sein.
▶	Beitragsnachweis	Ergebnis der Gehaltsabrechnung. Wird für jede Einzugsstelle erstellt und stellt die Grundlage für die Beitragszahlung dar.
▶	Minijobzentrale	Zentrale Einzugsstelle für alle versicherungsfreien geringfügigen Beschäftigungen bei der deutschen Rentenversicherung Knappschaft-Bahn-See. Empfänger von Beitragsnachweisen, Meldungen und Beitragszahlungen für diesen Personenkreis
▶	pauschale Lohnsteuer	Steuer, die als sogenannte Abgeltungssteuer ohne Rücksicht auf individuelle Steuerklassen berechnet wird. Ist immer an bestimmte Voraussetzungen geknüpft. Wird meist vom Arbeitgeber übernommen.
▶	einheitliche Pauschalsteuer	Besondere Form der Pauschalsteuer für geringfügig entlohnte Beschäftigte. Wird zusammen mit den pauschalen Sozialversicherungsbeiträgen an die Minijobzentrale abgeführt.
▶	Kirchensteuer	Wird für Mitglieder einer kirchensteuerberechtigten Glaubensgemeinschaft zusammen mit der Lohnsteuer erhoben.

Rechtsgrundlagen
- Sozialgesetzbuch III, IV, V, VI, XI
- § 40a Einkommensteuergesetz (Die Vorschrift ist im Anhang abgedruckt.)
- Aufwendungsausgleichsgesetz (Das Gesetz regelt die Erstattung der Entgeltfortzahlung im Krankheitsfall und bei Mutterschaft. Ist im Anhang auszugsweise abgedruckt.)

Ergänzende Grundlagen:
- Geringfügigkeitsrichtlinien
- Verlautbarungen zum Aufwendungsausgleichsgesetz

Die ergänzenden Grundlagen finden Sie im vollständigen Wortlaut auf der Internetseite zum Buch.

Checkliste:
1. Zutreffende Beitragssätze ermitteln
2. Richtigen Steuersatz anwenden
3. Beitragspflichtiges Entgelt ermitteln
4. Steuerpflichtiges Entgelt feststellen
5. Besonderheiten in der Krankenversicherung beachten
6. Besonderheiten in der Rentenversicherung beachten
7. Verzicht auf die Rentenversicherungsfreiheit berücksichtigen
8. Zugehörigkeit zur Entgeltfortzahlungsversicherung feststellen
9. Umlagebeträge ermitteln
10. Kosten feststellen (Beispiele)

1 Zutreffende Beitragssätze ermitteln

Für geringfügig entlohnte und deshalb versicherungsfreie Beschäftigte muss der Arbeitgeber pauschale Beiträge zur Kranken- und Rentenversicherung zahlen.

Die Pauschalbeiträge sind vom Arbeitgeber zu tragen. Es ist nicht zulässig, sie auf den Arbeitnehmer abzuwälzen. Bei einem Verstoß gegen diese Bestimmungen drohen Bußgelder bis zu 5.000 EUR je Einzelfall. Entsprechende Vereinbarungen mit dem Arbeitnehmer sind nichtig. Diese können in solchen Fällen auch im Nachhinein die Auszahlung eventuell einbehaltener Pauschalbeiträge verlangen.

Die pauschalierten Beitragssätze betrugen bis 30.6.2006

- 11,0 v.H. zur Krankenversicherung
- 12,0 v.H. zur Rentenversicherung

Durch das Haushaltsbegleitgesetz 2006/2007 wurden die pauschalierten Beitragssätze erhöht. Sie betragen seit 1.7.2006

- 13,0 v.H. zur Krankenversicherung
- 15,0 v.H. zur Rentenversicherung

(Eine Sonderregelung gilt für Beschäftigte in Privathaushalten. Siehe hierzu Schritt 4.)

Pauschalbeiträge sind nicht für Beschäftigungen zu zahlen, die wegen ihrer Kurzfristigkeit versicherungsfrei sind. Das gilt auch, wenn eine Beschäftigung beide Tatbestände erfüllt.

Beispiel Frau Schiller ist Hausfrau und arbeitet bei der Firma Techno vom 1.4. bis 31.5. Die Beschäftigung war von vornherein befristet, das monatliche Entgelt beträgt 400 EUR.

Die Beschäftigung ist sowohl kurzfristig als auch geringfügig entlohnt. Da die Voraussetzungen für die Versicherungsfreiheit aufgrund der Kurzfristigkeit erfüllt sind, muss die Firma Techno für Frau Schiller keine pauschalen Beiträge zahlen.

Weitere Informationen zu kurzfristigen Beschäftigungen finden Sie im Teil C.

2 Richtigen Steuersatz anwenden

Natürlich sind auch geringfügige Beschäftigungen grundsätzlich steuerpflichtig. Für diesen Personenkreis bestehen unterschiedliche Möglichkeiten der Versteuerung.

Bei geringfügig Beschäftigten gibt es drei verschiedene Arten der Versteuerung und zwar

- die pauschale Versteuerung mit einem Steuersatz von 2 v.H.,
- die pauschale Versteuerung mit einem Steuersatz von 20 v.H. und die
- individuelle Versteuerung.

Standardmäßig ist die sogenannte einheitliche Pauschalsteuer von 2 v.H. zur Abgeltung der Steuerschuld vorgesehen.

Der Arbeitgeber kann entscheiden, ob er eine Pauschalversteuerung vornimmt (soweit die dafür erforderlichen Voraussetzungen gegeben sind), oder die individuelle Versteuerung über die Lohnsteuerkarte durchführt. Dabei kann die zweite Variante sogar die bessere sein, nämlich wenn auf

Grund des geringen Einkommens des Beschäftigten der individuelle Steuerfreibetrag nicht überschritten wird.

Kann und will der Arbeitgeber die Abrechnung mit pauschaler Lohnsteuer vornehmen, bestehen dazu zwei mögliche unterschiedliche Pauschallohnsteuersätze:

- Pauschalsteuersatz 2 v.H.
- Pauschalsteuersatz 20 v.H.

2.1 Pauschalsteuersatz 2 v.H.

Für geringfügig Beschäftigte kann der Arbeitgeber – unter Verzicht auf die Vorlage einer Lohnsteuerkarte – die Lohnsteuer einschließlich der Kirchensteuer und des Solidaritätszuschlags mit einem Pauschalsteuersatz von 2 v.H. entrichten.

Voraussetzungen:
- Es handelt sich um eine geringfügig entlohnte Beschäftigung (§ 8 Abs. 1 Nr. 1 oder 8a SGB IV) **und**
- es werden pauschalierte Rentenversicherungsbeiträge (oder bei Verzicht auf die Rentenversicherungsfreiheit durch den Arbeitnehmer volle Rentenversicherungsbeiträge) gezahlt.

Bei der einheitlichen Pauschalsteuer entfallen 90 v.H. des Betrages auf die Lohnsteuer, je 5 v.H. auf die Kirchensteuer und den Solidaritätszuschlag. Der Kirchensteueranteil ist im übrigen auch dann vom Arbeitgeber zu zahlen, wenn der Beschäftigte keiner kirchensteuerberechtigten Religionsgemeinschaft angehört.

Durch Vereinbarung mit dem Beschäftigten kann die Pauschalsteuer auf den Arbeitnehmer abgewälzt werden. Die zweiprozentige Steuer behält der Arbeitgeber dann vom Lohn ein und führt sie zusammen mit den pauschalen Sozialversicherungsbeiträgen an die Minijobzentrale ab. Das Abwälzen der Pauschalsteuer ist nach einer Entscheidung des Bundesarbeitsgerichts (Urteil vom 1.2.2006 – Aktenzeichen 5 AZR 628/04) zulässig. Ausgeschlossen ist der Abzug vom Lohn allerdings, wenn eine Nettolohnvereinbarung mit dem Beschäftigten besteht.

2.2 Pauschalsteuersatz 20 v.H.

Sind die Voraussetzung für die einheitliche Pauschalsteuer nicht gegeben, weil keine pauschalen Rentenversicherungsbeiträge (oder bei Verzicht auf die Rentenversicherungsfreiheit durch den Arbeitnehmer volle Rentenversicherungsbeiträge) gezahlt werden, besteht gleichwohl die Möglichkeit der pauschalen Steuerabgeltung. Dies ist zum Beispiel der Fall, wenn der Beschäftigte mehrere 400-EUR-Jobs nebeneinander ausübt und dadurch Sozialversicherungspflicht entsteht. Es muss sich aber – für sich allein betrachtet – um eine geringfügige Beschäftigung handeln. Bei dieser Form der Pauschalversteuerung wird allerdings ein Steuersatz von 20 v.H. erhoben. In diesem Steuersatz sind Kirchensteuer und Solidaritätszuschlag noch nicht enthalten. Es kommen daher hinzu:

- 5,5 v.H. der Lohnsteuer als Solidaritätszuschlag
- Kirchensteuer nach dem jeweiligen Landesrecht.

Bundesland	Pauschaler Kirchensteuersatz (v.H. der Lohnsteuer)	Allgemeiner Kirchensteuersatz (v.H. der Lohnsteuer)
Baden-Württemberg	6,5	8
Bayern	7	8
Berlin	5	9
Brandenburg	5	9
Bremen	7	9
Hamburg	4	9
Hessen	7	9
Mecklenburg-Vorpommern	5	9
Niedersachsen	6	9
Nordrhein-Westfalen	7	9
Rheinland-Pfalz	7	9
Saarland	7	9
Sachsen	5	9
Sachsen-Anhalt	5	9
Schleswig-Holstein	6	9
Thüringen	5	9

Führt der Arbeitgeber für alle Aushilfsbeschäftigten generell die pauschalierte Kirchensteuer ab, gilt der pauschale Kirchensteuersatz. Die Kirchensteuer ist dann allerdings ohne Rücksicht darauf zu zahlen, ob der einzelne Mitarbeiter Kirchenmitglied ist oder nicht.

Alternativ kann der Arbeitgeber für Beschäftigte, die nachweislich keiner kirchensteuerberechtigten Glaubensgemeinschaft angehören, die Abführung der Kirchensteuer unterlassen. In diesem Fall ist allerdings für die übrigen Beschäftigten der allgemeine Kirchensteuersatz heranzuziehen.

Beispiel Die Firma Lehbert beschäftigt folgende Aushilfen, für die die Pauschalsteuer von 20 v.H. abgeführt wird:

Name	monatliches Entgelt	Kirchenmitglied
Anette Ahrens	400 EUR	ja
Bettina Behrens	380 EUR	nein
Carla Crohm	400 EUR	nein
Gesamt	1.180 EUR	

Der Betrieb liegt im Land Hamburg (Kirchensteuersätze 4 v.H. / 9 v.H.).

Die Pauschalsteuer beträgt	236,00 EUR
Kirchensteuer (4 v.H. der Lohnsteuer)	9,44 EUR
Solidaritätszuschlag (5,5 v.H. der Lohnsteuer)	12,98 EUR
Gesamtaufwand	258,42 EUR

Bei Nachweis der Kirchensteuerfreiheit für Frau Behrens und Frau Crohm würden folgende Kosten entstehen:

Die Pauschalsteuer beträgt	236,00 EUR
Kirchensteuer (9 v.H. der Lohnsteuer von Frau Ahrens = 80,00 EUR)	7,20 EUR
Solidaritätszuschlag (5,5 v.H.)	12,98 EUR
Gesamtaufwand	256,18 EUR

Praxistipp Bei einer größeren Anzahl von Mitarbeitern, für die Pauschalsteuern mit 20 v.H. abgeführt werden, kann sich eine individuelle Ermittlung lohnen. Dabei muss allerdings der erhöhte Verwaltungsaufwand berücksichtigt werden.

Der Nachweis, dass der Arbeitnehmer keiner kirchensteuerberechtigten Glaubensgemeinschaft angehört, kann durch die Vorlage der Steuerkarte (trotz der pauschalen Versteuerung) oder durch eine schriftliche Bestätigung des Arbeitnehmers erfolgen.

Praxistipp Die Erklärung des Arbeitnehmers muss nach einem einheitlichen Muster vorgenommen werden. Einen entsprechenden Vordruck finden Sie im Anhang und auf der Internetseite.

Für die Abführung der pauschalierten Lohnsteuer ist das Betriebsstättenfinanzamt zuständig. Ist der Arbeitgeber ein Privathaushalt, ist dies das für den Wohnort des Arbeitgebers zuständige Finanzamt. Die Minijobzentrale nimmt nur die einheitliche Pauschalsteuer (2 v.H.) entgegen.

Art der Versteuerung
(geringfügige Beschäftigung nach § 8 Abs. 1 Nr. 1 oder § 8 a SGB IV)

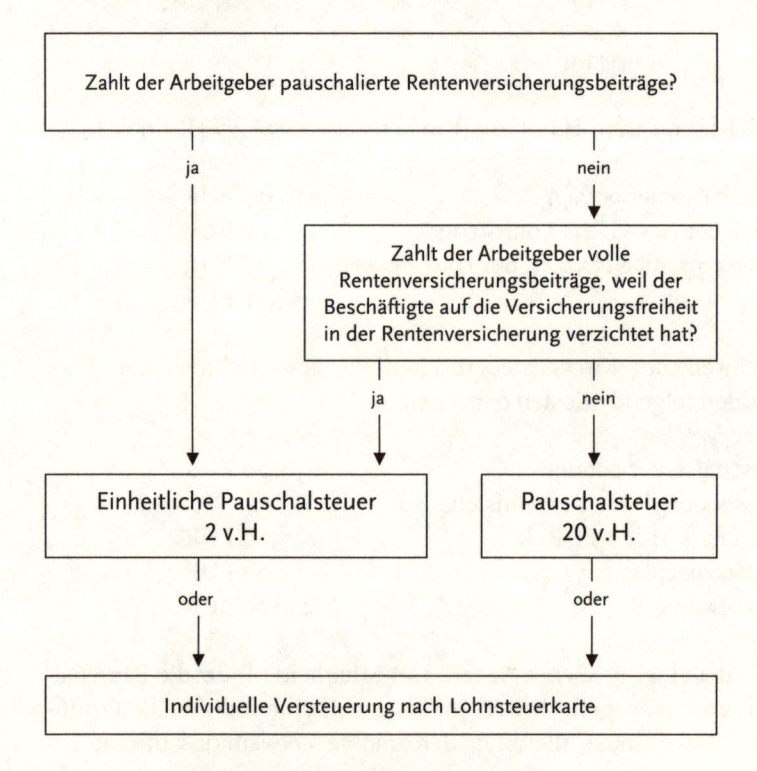

```
                Zahlt der Arbeitgeber pauschalierte Rentenversicherungsbeiträge?
                         │                                    │
                        ja                                   nein
                         │                                    ▼
                         │                   Zahlt der Arbeitgeber volle
                         │                   Rentenversicherungsbeiträge, weil der
                         │                   Beschäftigte auf die Versicherungsfreiheit
                         │                   in der Rentenversicherung verzichtet hat?
                         │                          │                   │
                         │                         ja                  nein
                         ▼                          ▼                   ▼
                Einheitliche Pauschalsteuer      Pauschalsteuer
                        2 v.H.                      20 v.H.
                         │                                              │
                        oder                                           oder
                         ▼                                              ▼
                Individuelle Versteuerung nach Lohnsteuerkarte
```

2.3 Individuelle Versteuerung

Will der Arbeitgeber keine pauschalierte Lohnsteuerabrechnung vornehmen, ist die Lohnsteuer nach der Lohnsteuerkarte einzubehalten und an das Betriebsstättenfinanzamt abzuführen. Die Höhe der Lohnsteuer richtete sich dann nach der auf der Steuerkarte angegeben Steuerklasse.

Praxistipp Bei geringfügig Beschäftigten fällt in den Steuerklassen I, II, III und IV keine Lohnsteuer an, da der Freibetrag nicht überschritten wird. Bevor der Arbeitgeber die Pauschalsteuer zusätzlich zum Lohn übernimmt, sollte er daher prüfen, ob die Abrechnung über die Lohnsteuerkarte nicht günstiger ist.

Soll die Lohnsteuer nicht pauschal abgegolten werden, legt der Arbeitnehmer aber keine Steuerkarte vor, so sind die Steuern nach der Steuerklasse VI zu erheben.

Praxistipp Achten Sie besonders darauf, wenn Ihnen der Beschäftigte eine Steuerkarte mit der Steuerklasse VI abgibt. In aller Regel handelt es sich dann um ein zweites (oder weiteres) Beschäftigungsverhältnis. Prüfen Sie in diesen Fällen besonders genau, ob Versicherungsfreiheit wegen der Geringfügigkeit der Beschäftigung besteht und lassen Sie in jedem Fall den entsprechenden Fragebogen ausfüllen (siehe auch Schritt 2).

3 Beitragspflichtiges Entgelt ermitteln

Beitragspflichtig ist das Arbeitsentgelt aus der geringfügigen Beschäftigung. Die Beiträge sind vom Arbeitgeber allein zu tragen. Entgeltbestandteile, bei denen es sich nicht um steuer- bzw. beitragspflichtiges Arbeitsentgelt handelt (zum Beispiel steuerfreie Fahrtkostenzuschüsse), bleiben unberücksichtigt.

Beispiel Frau Sill arbeitet in der Firma Mauser als Raumpflegerin. Neben dem vereinbarten Monatsentgelt von 350 EUR erhält sie einen steuerfreien Fahrtkostenzuschuss von 30 EUR.

Beurteilung Die Firma Mauser muss die pauschalen Beiträge zur Kranken- und Rentenversicherung aus 350 EUR berechnen.

4 Steuerpflichtiges Entgelt feststellen

Steuerpflichtig ist grundsätzlich das gesamte gezahlte Entgelt, so wie auch bei nicht geringfügig Beschäftigten. Für Zuwendungen, die nach den Vorschriften des EStG und der Lohnsteuer-Durchführungsverordnung steuerfrei sind, sind auch keine pauschalen Steuern zu entrichten.

5 Besonderheiten in der Krankenversicherung beachten

In der Krankenversicherung müssen die Pauschalbeiträge nur gezahlt werden, wenn der Beschäftigte als Mitglied oder Familienangehöriger in der gesetzlichen Krankenversicherung versichert ist. Ist dies nicht der Fall, zum Beispiel weil der Beschäftigte privat krankenversichert ist, entfällt der Beitrag zur Krankenversicherung von 13,0 v.H. Auf die Art der Versicherung in der gesetzlichen Krankenversicherung (ob pflichtversichert oder freiwilliges Mitglied) und die Grundlage der Versicherung (als Arbeitnehmer, Arbeitsloser, usw.) kommt es nicht an.

Besteht in einzelnen Versicherungszweigen Versicherungspflicht (zum Beispiel wegen der Zusammenrechnung mit einer Hauptbeschäftigung), so gelten die normalen Regelungen zur Beitragsberechnung und Zahlung. Pauschalbeiträge sind in diesen Fällen nicht zu zahlen.

Beispiel Herr Schiller ist bei der Auto-AG beschäftigt. In der Krankenversicherung ist er versicherungsfrei, da sein Entgelt die Jahresarbeitsentgeltgrenze übersteigt. Er ist privat krankenversichert. Nebenher übt er noch eine geringfügige Beschäftigung bei der Firma Service-GmbH als Hausmeister aus. Sein monatliches Entgelt in dieser Beschäftigung beträgt 380 EUR.

Beurteilung Die Beschäftigung als Hausmeister ist geringfügig entlohnt und versicherungsfrei. Da Herr Schiller nur eine solche Beschäftigung ausübt, erfolgt keine Zusammenrechnung mit der Hauptbeschäftigung.

Grundsätzlich sind pauschale Beiträge zu zahlen. Da Herr Schiller aber in der Krankenversicherung versicherungsfrei und nicht in einer gesetzlichen Krankenkasse versichert ist, sind keine Pauschalbeiträge zur Krankenversicherung zu zahlen.

Die Service-GmbH hat monatlich folgende Pauschalbeiträge abzuführen[1]:

- Krankenversicherung 0,00 EUR
- Rentenversicherung 57,00 EUR
  (380 EUR × 15%)

(Hinzu kommen noch die Umlagebeiträge zur U1 und U2)

	Personen-gruppe	Beitrags-gruppe	Pauschal-steuer	Hinweis
Auto-AG	101	0110	---	
Service-GmbH	109	0500	ja	

Es spielt bei der Berechnung der pauschalen Beiträge keine Rolle, in welcher Höhe bereits Beiträge aus einer Hauptbeschäftigung oder im Rahmen einer freiwilligen Versicherung gezahlt werden (Urteil des Bundessozialgerichts vom 25.1.2006 – Aktenzeichen B 12 KR 27/04). Die Beiträge werden also nicht grundsätzlich auf die Beitragsbemessungsgrenze begrenzt. Im vorstehenden Beispiel ist es unerheblich, ob Herr Schiller mit seinem Entgelt aus der Hauptbeschäftigung die Beitragsbemessungsgrenze in der Rentenversicherung bereits überschreitet.

Die Pauschalbeiträge sind ggf. auch aus einem Entgelt über 400 EUR zu berechnen, beispielsweise wenn es wegen schwankender Bezüge in einem Monat zu einem höheren Entgelt kommt.

Beispiel Frau Hoop arbeitet bei der Firma Hering-AG als geringfügig Beschäftigte. Ihr monatliches Entgelt schwankt, beträgt aber im Durchschnitt nicht mehr als 400 EUR. Im Monat Juli erzielt sie ein Entgelt von 500 EUR.

Die Hering-AG hat im Juli folgende Beiträge abzuführen:

- Krankenversicherung 65,00 EUR
  (500,00 EUR × 13%)
- Rentenversicherung 75,00 EUR
  (500 EUR × 15%)
  (Hinzu kommen noch die Umlagebeiträge zur U1 und U2)

	Personen-gruppe	Beitrags-gruppe	Pauschal-steuer	Hinweis
Hering-AG	109	6500	ja	

Wichtig Eine wesentliche Besonderheit gilt in der Krankenversicherung, wenn der Arbeitnehmer in seiner Hauptbeschäftigung die Versicherungspflichtgrenze übersteigt und deshalb freiwilliges Mitglied in der gesetzlichen Krankenversicherung ist.

Besteht nur eine geringfügige Nebenbeschäftigung sind in jedem Fall Pauschalbeiträge zur Krankenversicherung zu zahlen. Übt der Arbeitnehmer hingegen mehrere geringfügige Beschäftigungen neben der Hauptbeschäftigung aus, kommt es darauf an, ob das Entgelt der Nebenbeschäftigungen insgesamt die Grenze von 400 EUR übersteigt. Bleiben die Entgelte insgesamt unter dem Grenzwert sind pauschale Krankenversicherungsbeiträge zu entrichten. Andernfalls entfallen die Pauschalbeiträge, dafür muss der Arbeitgeber aber einen (anteiligen) Zuschuss zur freiwilligen Kranken- und Pflegeversicherung leisten.

Beispiel Herr Seiboldt ist bei der Firma Nautilus beschäftigt und wegen Überschreitens der Versicherungspflichtgrenze freiwilliges Mitglied der Techniker Krankenkasse. Am 1.6. nimmt er eine Nebenbeschäftigung bei der Firma Senner auf. Das monatliche Entgelt beträgt 300 EUR. Ab 1.8. arbeitet er zusätzlich noch für die Firma Behrens gegen ein Arbeitsentgelt von 200 EUR monatlich.

Beurteilung ab 1.6. Die Beschäftigung bei der Firma Senner ist ab 1.6. versicherungsfrei. Es sind Pauschalbeiträge zur Kranken- und Rentenversicherung zu entrichten.

	Personen-gruppe	Beitrags-gruppe	Pauschal-steuer	Hinweis
Nautilus	101	0111	nein	
Senner	109	6500	ja	Feld Mehrfachbeschäftigung kennzeichnen

Beurteilung ab 1.8. Durch die Aufnahme der zweiten Nebenbeschäftigung ab 1.8. ergibt sich folgendes Bild:

Rentenversicherung:
Die Beschäftigung bei Firma Senner bleibt weiterhin versicherungsfrei, da sie zuerst aufgenommen wurde und daher nicht mit der Hauptbeschäftigung zusammengerechnet wird.
Die Beschäftigung bei Firma Behrens hingegen wird mit der Hauptbeschäftigung zusammengerechnet. Daher besteht Rentenversicherungspflicht.

Arbeitslosenversicherung:
In der Arbeitslosenversicherung erfolgt generell keine Zusammenrechnung mit der Hauptbeschäftigung, so dass auch die Beschäftigung bei Firma Behrens in diesem Versicherungszweig versicherungsfrei bleibt.

Kranken- und Pflegeversicherung:
In der Krankenversicherung sind vom 1.8. an keine Pauschalbeiträge mehr zu zahlen, da das Entgelt aus beiden Nebenbeschäftigungen insgesamt die Geringfügigkeitsgrenze von 400 EUR überschreitet.

Weil wegen der Versicherungsfreiheit der Hauptbeschäftigung eine Zusammenrechnung mit dieser nicht möglich ist, werden bei der Krankenversicherung die beiden geringfügigen Beschäftigungen zusammengerechnet. Zusammen sind sie nicht mehr geringfügig, sondern grundsätzlich versicherungspflichtig, da die Entgeltgrenze von 400 EUR überschritten wird. Da aber schon die Hauptbeschäftigung wegen Überschreitens der Jahresarbeitsentgeltgrenze versicherungsfrei ist, kann es durch die zusätzlichen Beschäftigungen nicht zur Versicherungspflicht kommen. Weil die beiden Nebenbeschäftigungen hinsichtlich der Krankenversicherung nicht mehr geringfügig sind, fallen auch keine Pauschalbeiträge an. Insgesamt sind alle drei Beschäftigungen krankenversicherungsfrei, so dass der Beschäftigte jeweils Anspruch auf einen Beitragszuschuss (anteilig) zu seiner freiwilligen Kranken- und Pflegeversicherung hat.

	Personengruppe	Beitragsgruppe	Pauschalsteuer	Hinweis
Nautilus	101	0111	nein	
Senner	109	0500	ja	
Behrens	101	0101	nein	Feld Mehrfachbeschäftigung kennzeichnen

Weitere Hinweise finden Sie auch in Schritt 4 (Krankenversicherungsfreie Beschäftigte).

6 Besonderheiten in der Rentenversicherung beachten

Pauschalierte Rentenversicherungsbeiträge müssen auch dann gezahlt werden, wenn der geringfügig Beschäftigte (in seiner Hauptbeschäftigung) rentenversicherungsfrei ist (beispielsweise als Beamter, als Altersrentner oder Pensionär), oder von der Rentenversicherungspflicht befreit ist (siehe aber unter Schritt 4 – Beamte).

Wie hoch sind die Pauschalbeiträge?

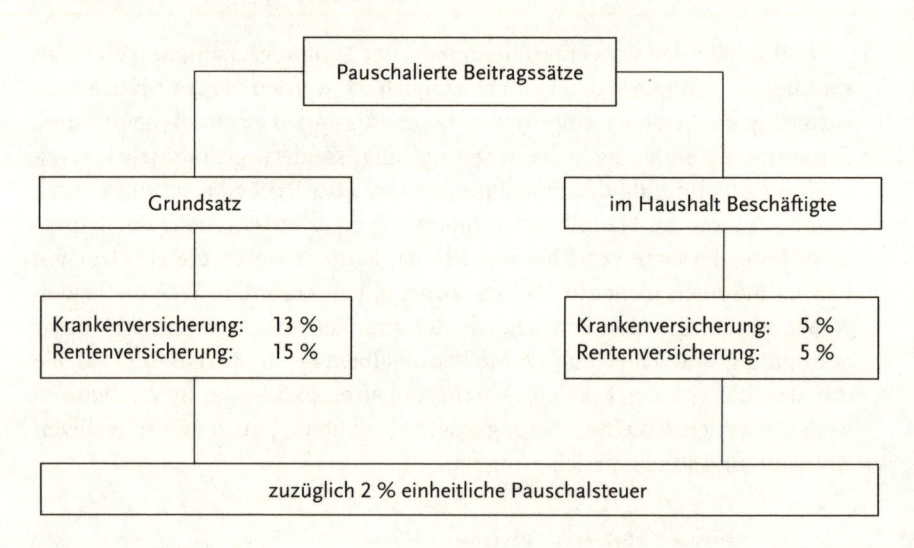

```
                    ┌─────────────────────────────┐
                    │ Pauschalierte Beitragssätze │
                    └──────────────┬──────────────┘
           ┌───────────────────────┴───────────────────────┐
  ┌────────┴────────┐                           ┌──────────┴──────────┐
  │    Grundsatz    │                           │ im Haushalt Beschäftigte │
  └────────┬────────┘                           └──────────┬──────────┘
  ┌────────┴─────────────────┐         ┌──────────────────┴──────────┐
  │ Krankenversicherung: 13% │         │ Krankenversicherung:   5 %  │
  │ Rentenversicherung:  15% │         │ Rentenversicherung:    5 %  │
  └────────┬─────────────────┘         └──────────────────┬──────────┘
           └───────────────────────┬───────────────────────┘
                    ┌──────────────┴──────────────────────┐
                    │ zuzüglich 2 % einheitliche Pauschalsteuer │
                    └─────────────────────────────────────┘
```

Wann ist der Pauschalbeitrag zur Rentenversicherung zu zahlen?

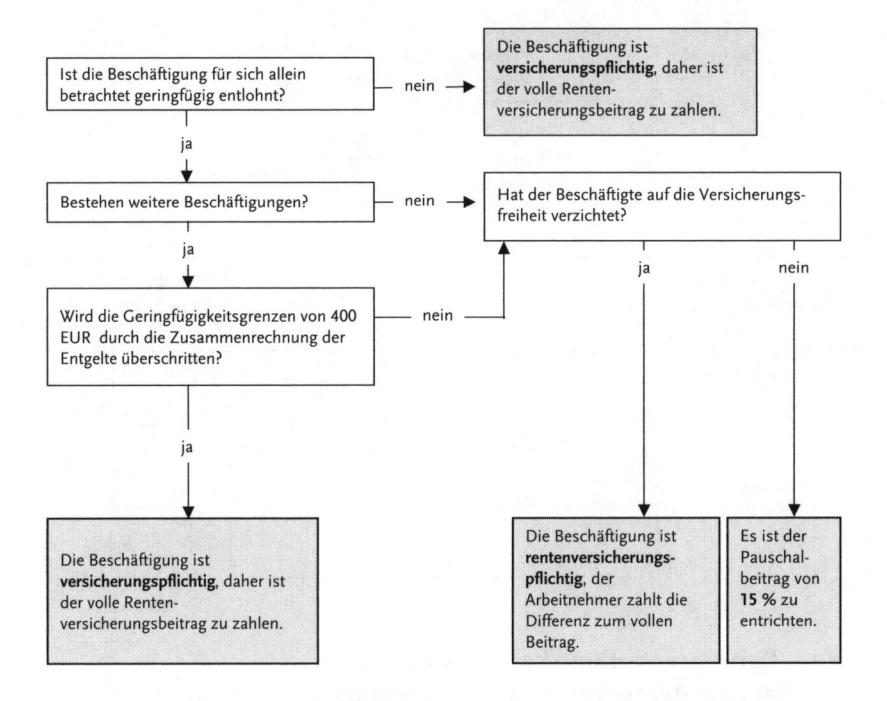

```
┌─────────────────────────────┐              ┌─────────────────────────────┐
│ Ist die Beschäftigung für   │              │ Die Beschäftigung ist       │
│ sich allein betrachtet      │─── nein ───▶ │ versicherungspflichtig,     │
│ geringfügig entlohnt?       │              │ daher ist der volle Renten- │
└─────────────────────────────┘              │ versicherungsbeitrag zu     │
              │                              │ zahlen.                     │
              ja                             └─────────────────────────────┘
              ▼
┌─────────────────────────────┐              ┌─────────────────────────────┐
│ Bestehen weitere            │─── nein ───▶ │ Hat der Beschäftigte auf    │
│ Beschäftigungen?            │              │ die Versicherungsfreiheit   │
└─────────────────────────────┘              │ verzichtet?                 │
              │                              └─────────────────────────────┘
              ja                                  │            │
              ▼                                   ja           nein
┌─────────────────────────────┐                   │            │
│ Wird die Geringfügigkeits-  │                   │            │
│ grenzen von 400 EUR durch   │─── nein ──────────┘            │
│ die Zusammenrechnung der    │                                │
│ Entgelte überschritten?     │                                │
└─────────────────────────────┘                                │
              │                                                │
              ja                                               │
              ▼                                                ▼
┌───────────────────┐   ┌─────────────────────┐   ┌─────────────────┐
│ Die Beschäftigung │   │ Die Beschäftigung   │   │ Es ist der      │
│ ist versicherungs-│   │ ist rentenver-      │   │ Pauschalbeitrag │
│ pflichtig, daher  │   │ sicherungspflichtig,│   │ von 15 % zu     │
│ ist der volle     │   │ der Arbeitnehmer    │   │ entrichten.     │
│ Rentenversiche-   │   │ zahlt die Differenz │   │                 │
│ rungsbeitrag zu   │   │ zum vollen Beitrag. │   │                 │
│ zahlen.           │   │                     │   │                 │
└───────────────────┘   └─────────────────────┘   └─────────────────┘
```

7 Verzicht auf die Rentenversicherungsfreiheit berücksichtigen

Durch die pauschalen Rentenversicherungsbeiträge steigern sich zwar die Rentenansprüche, neue Leistungsansprüche werden dadurch aber nicht erworben. Sie reichen auch nicht aus, um Ansprüche (beispielsweise auf Rente wegen Erwerbsminderung oder Rehabilitationsmaßnahmen) zu erhalten.

Deshalb wird den geringfügig Beschäftigten die Möglichkeit eingeräumt auf die Versicherungsfreiheit in der Rentenversicherung zu verzichten. Der Verzicht muss gegenüber dem Arbeitgeber schriftlich erklärt werden. Die Erklärung gilt für alle gegebenenfalls nebeneinander ausgeübten geringfügigen Beschäftigungen gleichermaßen und kann nicht zurückgenommen werden solange die Beschäftigung besteht.

Wie wirkt sich der Verzicht auf die Rentenversicherungsfreiheit aus?

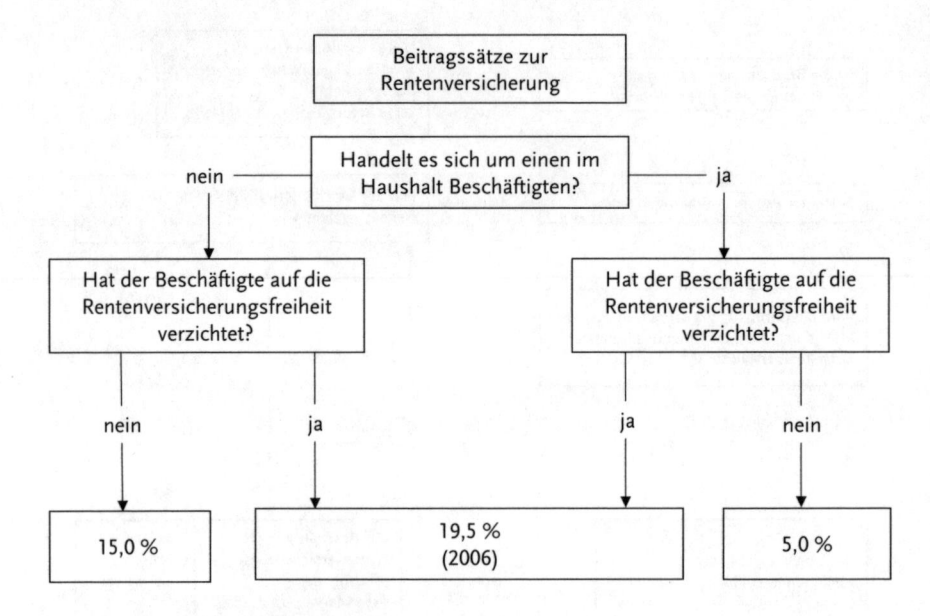

```
                    ┌─────────────────────┐
                    │ Beitragssätze zur   │
                    │ Rentenversicherung  │
                    └─────────────────────┘
                              │
                    ┌─────────────────────┐
         nein ──────│ Handelt es sich um  │────── ja
          │         │ einen im Haushalt   │          │
          │         │ Beschäftigten?      │          │
          │         └─────────────────────┘          │
          ▼                                          ▼
┌──────────────────────┐              ┌──────────────────────┐
│ Hat der Beschäftigte │              │ Hat der Beschäftigte │
│ auf die Rentenver-   │              │ auf die Rentenver-   │
│ sicherungsfreiheit   │              │ sicherungsfreiheit   │
│ verzichtet?          │              │ verzichtet?          │
└──────────────────────┘              └──────────────────────┘
      │         │                          │         │
    nein       ja                         ja       nein
      ▼         ▼                          ▼         ▼
   15,0 %    19,5 %                                5,0 %
             (2006)
```

7.1 Beitragsverteilung bei Verzicht auf die Rentenversicherungsfreiheit

Der Arbeitnehmer zahlt bei Erklärung des Verzichts den Differenzbetrag zwischen dem Pauschalbeitrag des Arbeitgebers und dem vollen Rentenversicherungsbeitrag. Die Beiträge müssen mindestens aus einem Betrag von 155 EUR berechnet werden, auch wenn das tatsächliche Entgelt niedriger ist.

Beispiel Frau Scholz ist als Raumpflegerin bei der Firma Sander geringfügig beschäftigt. Ihr monatliches Entgelt beträgt 380 EUR. Um ihre bereits erworbenen Rentenansprüche zu erhalten und zu erhöhen, verzichtet sie auf die Rentenversicherungsfreiheit.

Beurteilung Es sind folgende Beiträge zu zahlen:

Gesamtbeitrag	74,10 EUR	380 EUR × 19,5 : 100
Arbeitgeber	57,00 EUR	380 EUR × 15 : 100
Arbeitnehmer	17,10 EUR	74,10 EUR – 57,00 EUR

	Personen-gruppe	Beitrags-gruppe	Pauschal-steuer	Hinweis
Sander	109	6100	ja	

Beispiel Frau Brick ist als Raumpflegerin bei der Firma Scharf geringfügig beschäftigt. Ihr monatliches Entgelt beträgt lediglich 100 EUR. Auch sie hat auf die Rentenversicherungsfreiheit verzichtet.

Beurteilung Es sind folgende Beiträge zur Rentenversicherung zu zahlen:

Gesamtbeitrag	30,23 EUR	155 EUR 3 19,5 : 100 (Mindestbetrag)
Arbeitgeber	15,00 EUR	100 EUR × 15 : 100
Arbeitnehmer	15,23 EUR	30,23 EUR – 15,00 EUR

	Personen-gruppe	Beitrags-gruppe	Pauschal-steuer	Hinweis
Scharf	109	6100	ja	

Besteht die Beschäftigung nicht für den ganzen Kalendermonat, so ist die anteilige Mindestbemessungsgrundlage nach folgender Formel zu berechnen:

$$\frac{155\ EUR \times Kalendertage}{30} = \text{anteilige Mindestbeitragsbemessungsgrenze}$$

Von der Berechnung aus dem Mindestentgelt gibt es allerdings eine Ausnahme: Besteht eine rentenversicherungspflichtige Hauptbeschäftigung, so werden bereits daraus Beiträge zur Rentenversicherung aus einem Entgelt von mehr als 155 EUR entrichtet. Verzichtet der Arbeitnehmer dann in einer versicherungsfreien Nebenbeschäftigung auf die Rentenversicherungsfreiheit, wird der Beitrag hierfür lediglich aus dem tatsächlichen Entgelt berechnet.

Beispiel Frau Korn ist mit einem monatlichen Entgelt von 1.000 EUR versicherungspflichtig bei der Firma Neukauf beschäftigt. Nebenbei arbeitet sie noch als Raumpflegerin bei der Firma Grün als geringfügig Beschäftigte. Ihr monatliches Entgelt dort beträgt lediglich 100 EUR. Da dies die einzige geringfügige Beschäftigung neben einer Hauptbeschäftigung ist, besteht

7 Verzicht auf die Rentenversicherungsfreiheit berücksichtigen

Versicherungsfreiheit. Frau Korn hat aber auf die Rentenversicherungsfreiheit verzichtet.

Beurteilung Aus der geringfügigen Beschäftigung sind folgende Beiträge zur Rentenversicherung zu zahlen:

Gesamtbeitrag	19,50 EUR	100 EUR 3 19,5 : 100 (der Mindestbetrag gilt nicht!)
Arbeitgeber	15,00 EUR	100 EUR × 15 : 100
Arbeitnehmer	4,50 EUR	19,50 EUR – 15,00 EUR

	Personen-gruppe	Beitrags-gruppe	Pauschal-steuer	Hinweis
Neukauf	101	1111	nein	
Grün	109	6100	ja	

Der Verzicht auf die Rentenversicherungsfreiheit ist auch für Personen möglich, die in ihrer Hauptbeschäftigung versicherungsfrei sind (beispielsweise Beamte oder Selbstständige). Auch diese Personen können durch die Zahlung der Rentenversicherungsbeiträge einen vollwertigen Versicherungsschutz erhalten.

Der Eigenanteil des Beschäftigten wird vom gezahlten Entgelt einbehalten und vom Arbeitgeber mit abgeführt. Auch diese Beiträge zur Rentenversicherung sind an die Minijobzentrale abzuführen. An der eigentlichen Beurteilung der Tätigkeit als geringfügiger Beschäftigung ändert sich durch die Erklärung aber nichts.

Wichtig In der Krankenversicherung ist ein solcher Verzicht auf die Versicherungsfreiheit nicht möglich. Durch die Pauschalbeiträge zur Krankenversicherung entstehen keinerlei Leistungsansprüche.

8 Zugehörigkeit zur Entgeltfortzahlungsversicherung feststellen

8.1 Allgemeines

Die Verpflichtung des Arbeitgebers zur Fortzahlung des Entgelts bei Krankheit und Mutterschaft gilt auch gegenüber geringfügig Beschäftigten. Um gerade Kleinunternehmen und Haushalte von diesem Kostenrisiko zu entlasten, gibt es die Entgeltfortzahlungsversicherung. Sie gilt nicht nur für geringfügig Beschäftigte sondern für alle Arbeitnehmer.

Bei der Teilnahme an dieser Versicherung ist zu unterscheiden nach der

- U1 = Erstattung der Aufwendungen im Krankheitsfall und der
- U2 = Erstattung der Aufwendungen für Mutterschaft.

An der U2 nehmen seit 2006 grundsätzlich alle Unternehmen teil, ohne Rücksicht auf die Arbeitnehmerzahl. Die U1 ist nur für Betriebe vorgesehen, die regelmäßig nicht mehr als 30 Arbeitnehmer beschäftigen.

Sie müssen selbst feststellen, ob Ihr Unternehmen Beiträge zur U1 zu zahlen hat, damit Sie die monatliche Abrechnung ordnungsgemäß vornehmen können.

Für die geringfügig Beschäftigten ist generell die Minijobzentrale für die Durchführung der Entgeltfortzahlungsversicherung zuständig.

Ausnahme von der Zuständigkeit der Minijobzentrale: Bei geringfügig beschäftigten Arbeitnehmern, die aufgrund der Bestandsschutzregelung (vgl. Schritt 4) krankenversicherungspflichtig sind, führt die Krankenkasse des Arbeitnehmers die Versicherung durch.

Welche Einzugsstelle ist für die Entgeltfortzahlungsversicherung zuständig?

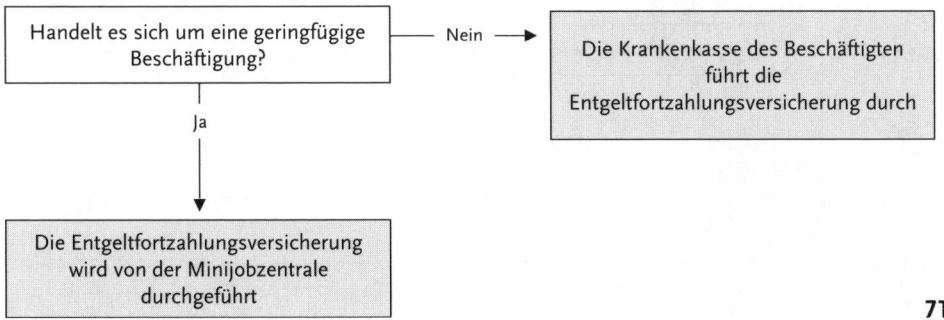

```
Handelt es sich um eine geringfügige Beschäftigung?  ── Nein ──▶  Die Krankenkasse des Beschäftigten führt die Entgeltfortzahlungsversicherung durch
            │
            Ja
            ▼
Die Entgeltfortzahlungsversicherung wird von der Minijobzentrale durchgeführt
```

8.2 Teilnahme an der Entgeltfortzahlungsversicherung

An der Entgeltfortzahlungsversicherung nehmen alle Arbeitgeber teil, die regelmäßig nicht mehr als 30 Arbeitnehmer beschäftigen. Bei der Feststellung der Arbeitnehmerzahl werden alle Beschäftigten mitgezählt, unabhängig davon, ob es sich um Arbeiter oder Angestellte handelt. Unberücksichtigt bleiben allerdings

- die zu ihrer Berufsausbildung Beschäftigten (Auszubildende, Praktikanten, Volontäre)
- Schwerbehinderte
- Heimarbeiter
- Hausgewerbetreibende
- Vorruheständler
- Wehr- und Zivildienstleistende

Teilzeitbeschäftigte Mitarbeiter werden entsprechend ihrer Arbeitszeit berücksichtigt. Bei Beschäftigten mit einer wöchentlichen Arbeitszeit von bis zu zehn Stunden beträgt der Faktor 0,25, bei mehr als zehn und bis zu zwanzig Stunden 0,5 und bei einer wöchentlichen Arbeitszeit von mehr als zwanzig und bis zu dreißig Stunden 0,75.

Wie werden die einzelnen Mitarbeitergruppen bei der Entgeltfortzahlungsversicherung angerechnet?

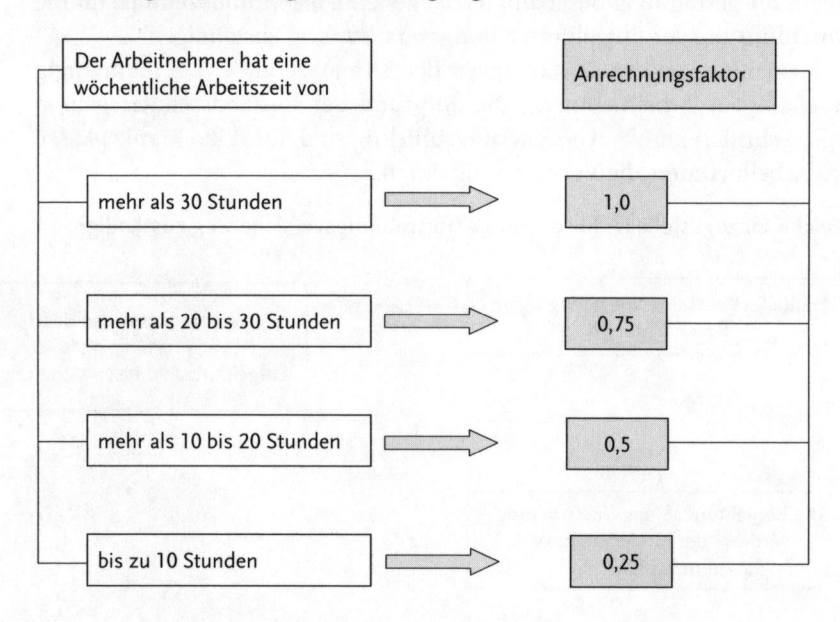

Der Arbeitnehmer hat eine wöchentliche Arbeitszeit von	Anrechnungsfaktor
mehr als 30 Stunden	1,0
mehr als 20 bis 30 Stunden	0,75
mehr als 10 bis 20 Stunden	0,5
bis zu 10 Stunden	0,25

Beispiel

Die Firma Feinkost beschäftigt folgende Mitarbeiter:

Beschäftigte Arbeitnehmer	wöchentl. Arbeitszeit	Anzahl	Faktor	anrechenbare Arbeitnehmer
2 Köche	40 Stunden	2 ×	1 =	2
1 Restaurantchef	40 Stunden	1 ×	1 =	1
6 Angestellte	40 Stunden	6 ×	1 =	6
8 Kellner	40 Stunden	8 ×	1 =	8
2 Auszubildende	40 Stunden	keine Anrechnung		
1 Schwerbehinderter	40 Stunden	keine Anrechnung		
1 Teilzeitbeschäftigte	31 Stunden	1 ×	1 =	1
1 Teilzeitbeschäftigte	24 Stunden	1 ×	0,75 =	0,75
6 Teilzeitbeschäftigte	17 Stunden	6 ×	0,5 =	3
8 Teilzeitbeschäftigte	10 Stunden	8 ×	0,25 =	2
36 Arbeitnehmer				23,75

Das Unternehmen nimmt an der Lohnfortzahlungsversicherung U1 und U2 teil.

Die Teilnahme an der Entgeltfortzahlungsversicherung wird jeweils zu Beginn des Kalenderjahres neu festgestellt. Die Feststellung gilt für das ganze Kalenderjahr, auch dann, wenn sich im Laufe des Jahres die Verhältnisse ändern und der Grenzwert über- bzw. unterschritten wird. Hat ein Unternehmen mehrere Neben- oder Zweigbetriebe, so erfolgt die Beurteilung einheitlich. Es gilt also die Gesamtzahl der Beschäftigten.

Generell sind vom Ausgleichsverfahren in der U1 ausgeschlossen:

- öffentlich-rechtliche Arbeitgeber
- Dienststellen ausländischer Truppen
- Verbände der freien Wohlfahrtspflege
- Einrichtungen und Werkstätten für Behinderte
- Hausgewerbetreibende und diesen gleichgestellte Heimarbeiter
- landwirtschaftliche Unternehmen, in denen allein Familienangehörige mitarbeiten.

Bei der Entgeltfortzahlungsversicherung handelt es sich um eine Pflichtversicherung. Der Arbeitgeber kann also nicht selbst entscheiden, ob er daran teilnehmen möchte oder nicht. Ein Befreiungsrecht von der Versicherung gibt es nicht.

9 Umlagebeträge ermitteln

Die Entgeltfortzahlungsversicherung wird durch Umlagen der beteiligten Betriebe, also ausschließlich durch den Arbeitgeber, finanziert. Die Satzung der Ausgleichskasse setzt den jeweiligen Umlagesatz für U1 und U2 getrennt fest. Bei der Minijobzentrale betragen die Umlagesätze (Stand 1.4.2006)

- 0,1 v.H. für die U1 und
- 0,0 v.H. für die U2

Die Beiträge bei der Minijobzentrale zur U1 sind außerordentlich niedrig. In der U2 werden zur Zeit keine Beiträge erhoben, da die bereits eingenommenen Gelder die Leistungsausgaben auf absehbare Zeit werden decken können. Grund für die niedrigen Ausgaben (und die daraus resultierenden geringen Beiträge) liegt zum Teil sicher daran, dass viele Arbeitgeber die Ansprüche ihrer geringfügig Beschäftigten auf Entgeltfortzahlung nicht erfüllen. So werden bei tageweise Beschäftigten die Krankheitstage einfach an anderen Tagen nachgeholt, obgleich diese Verfahrensweise rechtlich nicht zulässig ist.

Berechnungsgrundlage sind die rentenversicherungspflichtigen Entgelte der jeweils betroffenen Beschäftigten. Besteht keine Rentenversicherungspflicht, so sind die Entgelte umlagepflichtig, die bei Rentenversicherungspflicht der Beitragsberechnung zu Grunde liegen würden. Für Einmalzahlungen werden keine Umlagebeträge erhoben. Für Einmalzahlungen ist im Gegenzug auch keine Erstattung möglich. Grund dafür ist, dass die Einmalzahlungen nicht für einen bestimmten Gehaltsabrechnungszeitraum gezahlt werden (sonst wären es keine Einmalzahlungen), sondern für die Tätigkeit insgesamt (beispielsweise ein Weihnachtsgeld). Daher erfolgt die Zahlung auch unabhängig von einer eventuell bestehenden Arbeitsunfähigkeit oder Schwangerschaft.

Die Umlagebeiträge werden der Minijobzentrale zusammen mit den anderen Beiträgen für geringfügig Beschäftigte auf dem Beitragsnachweis nachgewiesen und gezahlt (vergleiche Schritt 5). Die Umlagebeiträge sind zusammen mit den Sozialversicherungsbeiträgen fällig.

Beispiel Die Firma Flink hat zwei geringfügig entlohnte Beschäftigte bei der Minijobzentrale gemeldet. Sie erhalten ein Entgelt von jeweils 350 EUR. Neben den pauschalen Beiträgen und Steuern fallen folgende Umlagebeiträge an:

- U1 = 0,70 EUR (700 EUR × 0,1 : 100)
- U2 = 0,00 EUR (700 EUR × 0,0 : 100)

Insgesamt zahlt die Firma Flink also Umlagebeiträge von lediglich 0,70 EUR an die Minijobzentrale.

Praxistipp Für kurzfristige Beschäftigungen sind an die Minijobzentrale zwar keine pauschalen Kranken- und Rentenversicherungsbeiträge zu zahlen, die Umlagebeiträge hingegen muss der Arbeitgeber an die Minijobzentrale entrichten. Mehr Informationen dazu finden Sie im Teil C.

Zur Erstattung bzw. Abrechnung des fortgezahlten Arbeitsentgelts finden Sie Hinweise im Schritt 9.

10 Kosten feststellen (Beispiele)

In den folgenden Beispielen sind die Kosten für geringfügige Beschäftigungen dargestellt, die der Arbeitgeber zu tragen hat.

Alle Beschäftigungen werden im Bundesland Hamburg ausgeübt. Alle Betriebe sind umlagepflichtig zur U1.

Steuern:
- pauschaler Kirchensteuersatz 4 v.H.
- allgemeiner Kirchensteuersatz 9 v.H.
- Steuertabelle 2006

Beitragssätze:
- 13,0 v.H. Krankenversicherung – KV (pauschal)
- 15,0 v.H. Rentenversicherung – RV – (pauschal)
- 19,5 v.H. Rentenversicherung (allgemein)
- 0,1 v.H. Entgeltfortzahlungsversicherung (U1)
- 0,0 v.H. Entgeltfortzahlungsversicherung (U2)

Sachverhalt	Steuern	Kosten Arbeitgeber		Auszahlung Arbeitnehmer	
Entgelt 400 EUR	2 v.H.	Entgelt	400,00 EUR		400,00 EUR
		Steuern	8,00 EUR		
		Beiträge KV	52,00 EUR		
		Beiträge RV	60,00 EUR		
		U1	0,40 EUR		
		U2	0,00 EUR		
		Gesamt	520,40 EUR		
Entgelt 400 EUR	20 v.H.	Entgelt	400,00 EUR		400,00 EUR
		Steuern	80,00 EUR		
		Kirchensteuern	3,20 EUR		
		Soli-Zuschlag	4,40 EUR		
		Beiträge KV	52,00 EUR		
		Beiträge RV	60,00 EUR		
		U1	0,40 EUR		
		U2	0,00 EUR		
		Gesamt	600,00 EUR		
Entgelt 400 EUR	Steuerklasse III	Entgelt	400,00 EUR		400,00 EUR
		Steuern	0,00 EUR		
		Beiträge KV	52,00 EUR		
		Beiträge RV	60,00 EUR		
		U1	0,40 EUR		
		U2	0,00 EUR		
		Gesamt	512,40 EUR		
Entgelt 400 EUR	Steuerklasse V	Entgelt	400,00 EUR		400,00 EUR
		Steuern	-------------	Steuern	48,50 EUR
		Beiträge KV	52,00 EUR	Kirchenst	4,36 EUR
		Beiträge RV	60,00 EUR	Soli-Zusch	0,00 EUR
		U1	0,40 EUR	Netto	347,14 EUR
		U2	0,00 EUR		
		Gesamt	512,40 EUR		
Entgelt 400 EUR Verzicht auf RV-Freiheit	2 v.H.	Entgelt	400,00 EUR		400,00 EUR
		Steuern	8,00 EUR	RV-Beitrag	18,00 EUR
		Beiträge KV	52,00 EUR	Netto	382,00 EUR
		Beiträge RV	60,00 EUR		
		U1	0,40 EUR		
		U2	0,00 EUR		
		Gesamt	520,40 EUR		
Entgelt 400 EUR Verzicht auf RV-Freiheit	20 v.H.	Entgelt	400,00 EUR		400,00 EUR
		Steuern	80,00 EUR	RV-Beitrag	18,00 EUR
		Kirchensteuern	3,20 EUR	Netto	382,00 EUR
		Soli-Zuschlag	4,40 EUR		
		Beiträge KV	52,00 EUR		
		Beiträge RV	60,00 EUR		
		U1	0,40 EUR		
		U2	0,00 EUR		
		Gesamt	600,00 EUR		
Entgelt 400 EUR Verzicht auf RV-Freiheit	Steuerklasse III	Entgelt	400,00 EUR		400,00 EUR
		Steuern	0,00 EUR	RV-Beitrag	18,00 EUR
		Beiträge KV	52,00 EUR	Netto	382,00 EUR
		Beiträge RV	60,00 EUR		
		U1	0,40 EUR		
		U2	0,00 EUR		
		Gesamt	512,40 EUR		
Entgelt 400 EUR Verzicht auf RV-Freiheit	Steuerklasse V	Entgelt	400,00 EUR		400,00 EUR
		Steuern	-------------	Steuern	48,50 EUR
		Beiträge KV	52,00 EUR	Kirchenst	4,36 EUR
		Beiträge RV	60,00 EUR	Soli-Zusch	0,00 EUR
		U1	0,40 EUR	RV-Beitrag	18,00 EUR
		U2	0,00 EUR	Netto	329,14 EUR
		Gesamt	512,40 EUR		

4. Schritt – Prüfung, ob der Beschäftigte zu einem besonderen Personenkreis gehört

In welchen Fällen sind über die bereits dargestellten Grundsätze hinaus Besonderheiten zu beachten? Welche Personenkreise bedürfen besonderer Aufmerksamkeit?

Schlagworte
- Arbeitslose
- Beamte
- Beschäftigte in Privathaushalten
- Elternzeit
- Krankenversicherungsfreie Beschäftigte
- Mitglieder berufsständischer Versorgungseinrichtungen
- Pensionäre
- Rentner
- Studenten
- Übergangsfälle 1.4.2003
- Übungsleiter
- Wehr- oder Zivildienstleistende

Situation
Bei einer Reihe von geringfügig Beschäftigten wirken sich auch Sachverhalte auf die Abrechnung aus, die außerhalb der abzurechnenden Beschäftigung liegen. Der Abrechner muss darauf achten, ob solche Sachverhalte vorliegen und ggf. entsprechende Nachweise fordern. Es können sich Besonderheiten ergeben hinsichtlich der versicherungsrechtlichen Beurteilung, der Abrechnung oder der Meldungen. In der folgenden Darstellung sind aus Gründen der Übersichtlichkeit alle Abweichungen für die einzelnen Personenkreise dargestellt.

Minijobs. Jürgen Heidenreich
Copyright © 2006, WILEY-VCH Verlag GmbH & Co. KGaA, Weinheim
ISBN: 3-527-50242-4

Definitionen

▶	Arbeitslose	Personen, die eine Leistung der Arbeitsagentur beziehen oder dort als Arbeitsuchende gemeldet sind.
▶	Beamte	Beschäftigte des öffentlichen Dienstes, denen der Arbeitgeber unter anderem ein Ruhegehalt (Pension) und Beihilfe im Krankheitsfall zugesichert hat.
▶	Beschäftigte in Privathaushalten	Personen die in Privathaushalten Tätigkeiten ausüben, die sonst Mitglieder des Haushaltes erledigen würden.
▶	Pensionäre	Beamte im Ruhestand, die ein Ruhegehalt von ihrem ehemaligen Dienstherrn beziehen.
▶	Rentner	Bezieher einer Rente aus der gesetzlichen Rentenversicherung.
▶	Studenten	Personen, die an einer staatlichen oder staatlich anerkannten Hochschule oder Fachhochschule immatrikuliert sind.
▶	Privathaushalt	Um eine Beschäftigung in einem Privathaushalt handelt es sich, wenn diese durch einen privaten Haushalt begründet ist und die Tätigkeit sonst gewöhnlich durch Mitglieder des privaten Haushalts erledigt wird.

Rechtsgrundlagen

Zentrale Vorschrift ist § 8 Abs. 1 SGB IV (auf diese Vorschrift beziehen sich die jeweiligen Regelungen für die einzelnen Versicherungszweige):

§ 8 Geringfügige Beschäftigung und geringfügige selbständige Tätigkeit
(1) Eine geringfügige Beschäftigung liegt vor, wenn
1. das Arbeitsentgelt aus dieser Beschäftigung regelmäßig im Monat 400 EUR nicht übersteigt,

2. die Beschäftigung innerhalb eines Kalenderjahres auf längstens zwei Monate oder 50 Arbeitstage nach ihrer Eigenart begrenzt zu sein pflegt oder im Voraus vertraglich begrenzt ist, es sei denn, dass die Beschäftigung berufsmäßig ausgeübt wird und ihr Entgelt 400 EUR im Monat übersteigt.

▶ Sozialgesetzbuch III, IV, V, VI, XI

Ergänzende Grundlagen:
- Geringfügigkeitsrichtlinien
- Verlautbarung der Spitzenverbände der Sozialversicherungsträger zum Haushaltsscheckverfahren

Die ergänzenden Grundlagen finden Sie im vollständigen Wortlaut auf der Internetseite zum Buch.

Checkliste
1. Arbeitslose
2. Beamte
3. Beschäftigte in Privathaushalten
4. Elternzeit
5. Krankenversicherungsfreie Beschäftigte
6. Mitglieder berufsständischer Versorgungseinrichtungen
7. Pensionäre
8. Rentner
9. Studenten
10. Übergangsfälle 1.4.2003
11. Übungsleiter
12. Wehr- oder Zivildienstleistende

1 Arbeitslose

Bezieher von Arbeitslosengeld können im Rahmen der Geringfügigkeit versicherungsfrei beschäftigt werden. Allerdings müssen sie ihr Beschäftigungsverhältnis bei der Arbeitsagentur melden. Das erzielte Entgelt wird ganz oder teilweise auf den Leistungsbezug angerechnet.

Eine Besonderheit gilt bei Beziehern von Arbeitslosengeld hinsichtlich der Arbeitslosenversicherung. Hier besteht Versicherungsfreiheit, wenn die Beschäftigung an weniger als 15 Stunden wöchentlich ausgeübt wird. Das gilt nicht für Zeiten, in denen lediglich ein Teilarbeitslosengeld bezogen wird. Hintergrund ist, dass bei einer Beschäftigungsdauer von 15 Stunden und mehr das Arbeitslosengeld eingestellt wird.

Beispiel Frau Saum bezieht Arbeitslosengeld. Nebenher arbeitet sie bei der Firma Lehmann gegen ein Entgelt von 420 EUR. Die wöchentliche Arbeitszeit beträgt 14 Stunden.

Beurteilung Die Beschäftigung ist mehr als nur geringfügig und daher versicherungspflichtig in der Kranken-, Pflege- und Rentenversicherung. In der Arbeitslosenversicherung besteht Versicherungsfreiheit, da Frau Saum Arbeitslosengeld bezieht und die wöchentliche Arbeitszeit der Beschäftigung weniger als 15 Stunden beträgt.

Firma	Personengruppe	Beitragsgruppe	Pauschalsteuer	Hinweis
Lehmann	101	1101	nein	

2 Beamte

Beamte sind in ihrer Hauptbeschäftigung versicherungsfrei. Daher ist eine Zusammenrechnung von nebenher ausgeübten geringfügigen Beschäftigungen mit der Beamtentätigkeit nicht vorzunehmen. Werden neben der Beamtentätigkeit mehrere geringfügige Beschäftigungen ausgeübt, werden diese zusammengerechnet. Übersteigt das Entgelt aus den geringfügigen Beschäftigungen die Grenze von 400 EUR, so besteht grundsätzlich Versicherungspflicht.

In der Kranken- und damit zugleich in der Pflegeversicherung sind Beamte allerdings auch in einer nebenher ausgeübten nichtbeamteten Beschäftigung versicherungsfrei. Versicherungspflicht besteht aber in der Renten- und Arbeitslosenversicherung.

Beispiel Herr Lau ist Beamter bei der Stadtverwaltung und freiwilliges Mitglied in der gesetzlichen Krankenversicherung. Am 1.5. nimmt er eine Nebenbeschäftigung als Hausmeister bei der Firma Ahrens auf. Das Entgelt beträgt 300 EUR. Zum 1.7. übernimmt er zusätzlich die Gartenpflege für die Firma Behrens und erhält dort 250 EUR.

Beurteilung Die Beschäftigung ab 1.5. bei Firma Ahrens ist versicherungsfrei, da die Geringfügigkeitsgrenze nicht überschritten wird. Weil Herr Lau Mitglied der gesetzlichen Krankenversicherung ist, zahlt der Arbeitgeber Pauschalbeiträge zur Kranken- und Rentenversicherung.

	Personengruppe	Beitragsgruppe	Pauschalsteuer	Hinweis
Ahrens	109	6500	ja	

4. Schritt – Prüfung, ob der Beschäftigte zu einem besonderen Personenkreis gehört

Beurteilung ab 1.7. Da Herr Lau in seiner Hauptbeschäftigung als Beamter versicherungsfrei ist, kann keine Zusammenrechnung mit dieser Beschäftigung erfolgen. Deshalb bleibt auch die zuerst aufgenommene Beschäftigung bei der Firma Ahrens nicht unberücksichtigt, da eben keine »Hauptbeschäftigung« in diesem Sinne besteht.

Die beiden geringfügigen Beschäftigungen sind in diesem Fall zusammenzurechnen. Daraus ergibt sich ein regelmäßiges monatliches Arbeitsentgelt von 550 EUR. Die Geringfügigkeitsgrenze wird überschritten, so dass die Beschäftigungen grundsätzlich versicherungspflichtig in der Kranken-, Pflege-, Renten- und Arbeitslosenversicherung wären. In der Kranken- und damit zugleich in der Pflegeversicherung sind Beamte allerdings auch in einer nebenher ausgeübten nichtbeamteten Beschäftigung versicherungsfrei. Versicherungspflicht besteht hingegen in der Renten- und Arbeitslosenversicherung.

	Personen-gruppe	Beitrags-gruppe	Pauschal-steuer	Hinweis
Ahrens	101	0110	nein	
Behrens	101	0110	nein	Datenfeld Mehrfachbeschäftigung kennzeichnen

Fortsetzung des Beispiels Die Firma Ahrens verkauft einen Teil ihrer Gebäude. Dadurch reduziert sich die Arbeitszeit und damit das Entgelt von Herrn Lau. Vom 1.8. an erhält er lediglich 150 EUR. An der Beschäftigung bei Firma Behrens ändert sich nichts.

Beurteilung ab 1.8. Vom 1.8. an besteht Versicherungsfreiheit in beiden geringfügigen Beschäftigungen, da die Grenze von 400 EUR nicht mehr überschritten wird. Eine Zusammenrechnung mit der Beamtenbeschäftigung erfolgt nicht. Beide Arbeitgeber zahlen vom 1.8. an Pauschalbeiträge zur Kranken- und Rentenversicherung.

	Personen-gruppe	Beitrags-gruppe	Pauschal-steuer	Hinweis
Ahrens	109	6500	ja	
Behrens	109	6500	ja	Datenfeld Mehrfachbeschäftigung kennzeichnen

Übt ein Beamter neben seiner Beamtentätigkeit eine mehr als geringfügige Beschäftigung und weitere geringfügige Beschäftigungen aus, so gelten hierfür die üblichen Kriterien. Die Beamtenbeschäftigung bleibt hinsichtlich der Zusammenrechnung unberücksichtigt. Allerdings führen die anderen Beschäftigungen nicht zur Versicherungspflicht in der Kranken- und Pflegeversicherung.

Beispiel Herr Fit ist Beamter der Stadtverwaltung und privat krankenversichert. Daneben übt er folgende Beschäftigungen aus:

Firma	Entgelt	Beginn
Aller	500 EUR	1.1.
Beton-AG	300 EUR	1.2.
Chilla-GmbH	200 EUR	1.3.

Beurteilung ab 1.1. Die Beschäftigung bei Firma Aller ist mehr als geringfügig und damit versicherungspflichtig in der Renten- und Arbeitslosenversicherung. In der Kranken- und Pflegeversicherung kann aufgrund der Beamtenbeschäftigung keine Versicherungspflicht eintreten.

	Personengruppe	Beitragsgruppe	Pauschalsteuer	Hinweis
Aller	101	0110	nein	

Beurteilung ab 1.2. Die Beschäftigung bei der Beton-AG ist geringfügig entlohnt. Sie wird neben einer Hauptbeschäftigung (bei Firma Aller) ausgeübt und ist daher versicherungsfrei. Der Arbeitgeber zahlt pauschale Beiträge zur Rentenversicherung. Für die Krankenversicherung fallen keine Pauschalbeiträge an, da Herr Fit nicht Mitglied der gesetzlichen Krankenversicherung ist.

	Personengruppe	Beitragsgruppe	Pauschalsteuer	Hinweis
Aller	101	0110	nein	
Beton-AG	109	0500	ja	Datenfeld Mehrfachbeschäftigung kennzeichnen

Beurteilung ab 1.3. Die Beschäftigung bei der Chilla-GmbH ist geringfügig entlohnt. Bei einer Zusammenrechnung mit der Hauptbeschäftigung bleibt die zuerst aufgenommene geringfügige Beschäftigung unberücksichtigt. Zuerst aufgenommen wurde die Beschäftigung bei der Beton-AG. An dieser Beurteilung ändert sich nichts. Es erfolgt eine Zusammenrechnung der Beschäftigung bei der Chilla-GmbH mit der Hauptbeschäftigung, so dass hier Versicherungspflicht in der Rentenversicherung entsteht. In der Kranken- und Pflegeversicherung besteht Versicherungsfreiheit, da außerdem eine Beamtenbeschäftigung ausgeübt wird. In der Arbeitslosenversicherung erfolgt keine Zusammenrechnung mit der Hauptbeschäftigung, so dass keine Arbeitslosenversicherungspflicht besteht.

	Personengruppe	Beitragsgruppe	Pauschalsteuer	Hinweis
Aller	101	0110	nein	
Beton-AG	109	0500	ja	
Chilla-GmbH	101	0100	nein	Datenfeld Mehrfachbeschäftigung kennzeichnen

Auch Beamte können in einer geringfügigen Beschäftigung auf die Rentenversicherungsfreiheit verzichten und den Pauschalbeitrag zum vollen Rentenversicherungsbeitrag aufstocken (vgl. Schritt 3).

Für Beamte, die neben ihrer Beamtentätigkeit eine geringfügig entlohnte Beschäftigung ausüben, auf die der Dienstherr die Gewährleistung seiner Versorgungsanwartschaft erstreckt hat, ist kein Pauschalbeitrag zur Rentenversicherung zu zahlen. Dabei handelt es sich in der Regel um Nebentätigkeiten innerhalb des öffentlichen Dienstes, die auf Veranlassung des Dienstherrn des Beamten ausgeübt werden. »Normale« Arbeitsverhältnisse sind davon nicht betroffen.

3 Beschäftigte in Privathaushalten

Bei geringfügig Beschäftigten in Privathaushalten ist das so genannte Haushaltsscheckverfahren vorgeschrieben. Der Arbeitgeber meldet die notwendigen Daten auf einem besonderen Vordruck an die Minijob-Zentrale. Dort werden dann die erforderlichen Beitragsnachweise und Meldungen erstellt. Für die Beitragszahlung ist das Bankeinzugsverfahren gesetzlich vorgeschrieben. Den Vordruck finden Sie im Anhang und auf der Internetseite.

Auf dem Haushaltsscheck gibt der Arbeitgeber neben dem gezahlten Bruttoarbeitsentgelt an, ob die Lohnsteuer mit der einheitlichen Pauschalsteuer erhoben werden soll. Dann berechnet die Minijobzentrale die zu zahlende Steuer und zieht sie zusammen mit den Sozialversicherungsbeiträgen ein. Ansonsten muss der Arbeitgeber die Steuerberechnung und ggf. -abführung selbst vornehmen.

Außerdem werden für die im Haushalt Beschäftigten auch die Beiträge zur gesetzlichen Unfallversicherung von der Minijobzentrale berechnet und eingezogen. Dieser Beitrag beträgt 1,6 Prozent des Entgelts (Stand: 1.4.2006).

Wichtig Um eine Beschäftigung in einem Privathaushalt handelt es sich, wenn diese durch einen privaten Haushalt begründet ist und die Tätigkeit sonst gewöhnlich durch Mitglieder des privaten Haushalts erledigt wird.

Neben der besonderen Form des Beitragseinzuges gelten bei Beschäftigungen im Haushalt folgende weitere Besonderheiten:
- Besondere Fälligkeit
Die Beiträge werden nicht monatlich sondern halbjährlich fällig und zwar am 15. Juli für die Beitragsmonate Januar bis Juni und am 15. Januar für die Monate Juli bis Dezember des Vorjahres.
- Die Pauschalbeiträge werden mit einem geringeren Beitragssatz berechnet, nämlich
- 5 v.H. für die Krankenversicherung und
5 v.H. für die Rentenversicherung

Die steuerlichen Regelungen sind unverändert, so dass im Regelfall die Pauschalsteuer in Höhe von 2 v.H. hinzukommt (vgl. Schritt 3 Punkt 2).

Hinweis Detailregelungen zum Haushaltsscheckverfahren haben die Spitzenverbände der Sozialversicherung in einer gemeinsamen Verlautbarung festgelegt. Sie finden diese Veröffentlichung auf der Internetseite.

Praxistipp Aufwendungen für Beschäftigungsverhältnisse im Privathaushalt können die vom Auftraggeber zu zahlende Einkommensteuer mindern. Angerechnet werden

- 10 v.H. der Aufwendungen, höchstens 510 EUR,
- 12 v.H. der Aufwendungen, höchstens 2.400 EUR bei sozialversicherungspflichtigen Beschäftigungsverhältnissen,

- 20 v.H. der Aufwendungen, höchstens 600 EUR für den Einkauf von Haushaltsdienstleistungen (beispielsweise bei selbstständigen Unternehmern, Reinigungsdiensten, Serviceagenturen usw.)

Diese Regelung ist besonders interessant, weil damit unmittelbar die zu zahlende Einkommenssteuer vermindert wird, sich also nicht lediglich das steuerpflichtige Einkommen um die genannten Beträge vermindert.

4 Elternzeit

Ruht die Hauptbeschäftigung wegen Inanspruchnahme der Elternzeit und wird nebenher eine geringfügige Beschäftigung ausgeübt, so wird diese nicht mit der »Hauptbeschäftigung« zusammengerechnet. Übt der Mitarbeiter allerdings nebenher mehrere geringfügige Beschäftigungen aus, so werden diese addiert.

5 Krankenversicherungsfreie Beschäftigte

Ist eine Hauptbeschäftigung in einem Versicherungszweig nicht versicherungspflichtig, so kann eine Zusammenrechnung mit geringfügigen Beschäftigungen nicht erfolgen. Ist ein Arbeitnehmer in seiner Hauptbeschäftigung krankenversicherungsfrei, da das Entgelt die Jahresarbeitsentgeltgrenze überschreitet, gelten hinsichtlich der nebenher ausgeübten geringfügigen Beschäftigungen Besonderheiten. Da eine Zusammenrechnung mit der Hauptbeschäftigung zur Krankenversicherung nicht erfolgen kann, kommt es darauf an, ob die nebenher ausgeübten geringfügigen Beschäftigungen insgesamt die Entgeltgrenze von 400 EUR überschreiten. Übersteigt das zusammengerechnete Entgelt den Grenzwert nicht, handelt es sich hinsichtlich der Krankenversicherung um geringfügig entlohnte Beschäftigungen mit der Folge, dass pauschalierte Beiträge zur Krankenversicherung zu zahlen sind, wenn eine freiwillige gesetzliche Krankenversicherung besteht. Wird der Grenzwert jedoch überschritten, besteht grundsätzlich Krankenversicherungspflicht. Da jedoch schon auf Grund der Hauptbeschäftigung wegen Überschreitens der Jahresarbeitsentgeltgrenze Versicherungsfreiheit besteht, kann Versicherungspflicht nicht eintreten. In diesem Fall müssen die Arbeitgeber der Nebenbeschäftigungen anteilig einen Beitragszuschuss zur freiwilligen oder privaten Krankenversicherung leisten. Der Beitragszuschuss wird zwischen den beteiligten Arbeitgebern im Verhältnisse der Entgelte zueinander aufgeteilt. Die Beurteilung in der Renten- und Arbeitslosenversicherung ist dadurch nicht berührt.

Besonderheiten bei einer krankenversicherungsfreien Hauptbeschäftigung

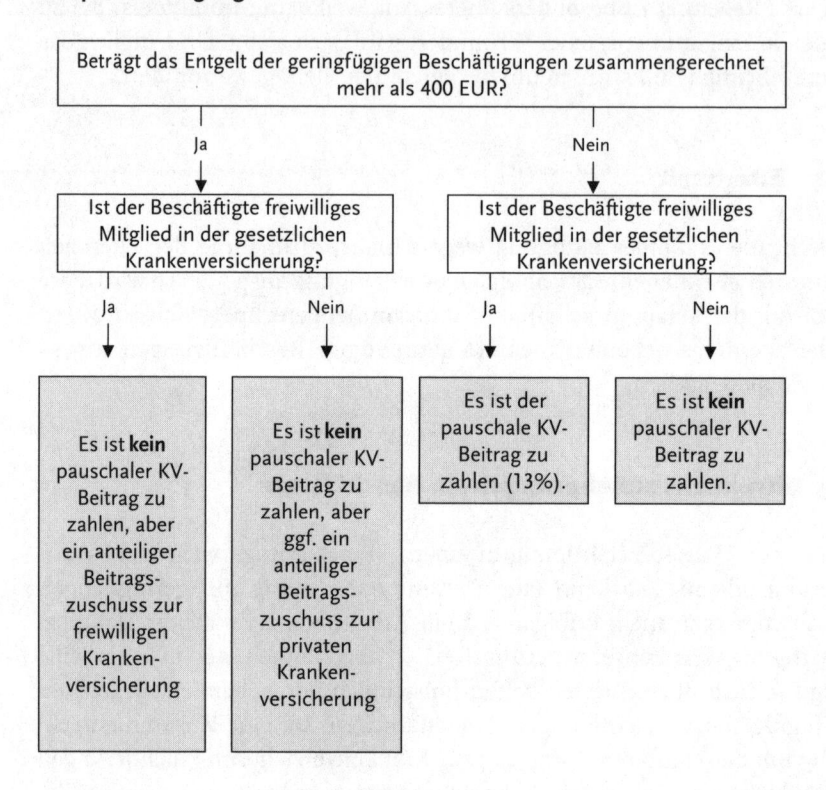

```
                    Beträgt das Entgelt der geringfügigen Beschäftigungen zusammengerechnet
                                          mehr als 400 EUR?
                    ┌─────────── Ja ───────────┐        ┌─────────── Nein ──────────┐
                    ▼                                   ▼
     Ist der Beschäftigte freiwilliges         Ist der Beschäftigte freiwilliges
     Mitglied in der gesetzlichen              Mitglied in der gesetzlichen
            Krankenversicherung?                      Krankenversicherung?
        ┌── Ja ──┐   ┌── Nein ──┐              ┌── Ja ──┐   ┌── Nein ──┐
        ▼            ▼                          ▼            ▼
   Es ist kein   Es ist kein              Es ist der     Es ist kein
   pauschaler    pauschaler               pauschale      pauschaler
   KV-Beitrag    KV-Beitrag zu            KV-Beitrag     KV-Beitrag
   zu zahlen,    zahlen, aber             zu zahlen      zu zahlen.
   aber ein      ggf. ein                 (13%).
   anteiliger    anteiliger
   Beitrags-     Beitrags-
   zuschuss zur  zuschuss zur
   freiwilligen  privaten
   Kranken-      Kranken-
   versicherung  versicherung
```

Beispiel Herr Oehlke ist bei der Firma Pfeilmann als Prokurist beschäftigt und erhält ein monatliches Entgelt von 4.200 EUR. Wegen der Höhe des Entgelts besteht Versicherungsfreiheit in der Krankenversicherung. Herr Oehlke ist freiwilliges Mitglied der AOK. Am 1.8. nimmt er eine weitere Beschäftigung bei der Firma Sander gegen monatlich 200 EUR auf. Ab 1.9. kommt eine weitere Beschäftigung bei der Firma Pflock hinzu. Hier verdient Herr Oehlke monatlich 150 EUR.

Beurteilung ab 1.8. Die Beschäftigung bei der Firma Sander ist geringfügig. Da nur eine geringfügige Beschäftigung neben einer Hauptbeschäftigung ausgeübt wird, wird eine Zusammenrechnung nicht vorgenommen.

Herr Oehlke ist in der gesetzlichen Krankenversicherung versichert, so dass Pauschalbeiträge zur Kranken- und Rentenversicherung zu zahlen sind.

Firma	Personen-gruppe	Beitrags-gruppe	Pauschal-steuer	Hinweis
Pfeilmann	101	0111	-----	Hauptbeschäftigung
Sander	109	6500	ja	

Beurteilung ab 1.9. Die hinzugetretene Beschäftigung bei der Firma Pflock wird grundsätzlich in der Kranken- und Rentenversicherung mit der Hauptbeschäftigung zusammengerechnet. In der Krankenversicherung geschieht dies aber ausnahmsweise nicht, da in der Hauptbeschäftigung keine Krankenversicherungspflicht besteht. Hier erfolgt eine Zusammenrechnung mit der ersten geringfügigen Beschäftigung. Dabei wird die Entgeltgrenze von 400 EUR nicht überschritten, so dass für beide geringfügige Beschäftigungen Pauschalbeiträge zur Krankenversicherung abzuführen sind. Für die Arbeitslosenversicherung ist generell keine Zusammenrechnung mit der Hauptbeschäftigung vorzunehmen.

Firma	Personen-gruppe	Beitrags-gruppe	Pauschal-steuer	Hinweis
Pfeilmann	101	0111	-----	Hauptbeschäftigung
Sander	109	6500	ja	
Pflock	101	0100	nein	Abführung an AOK
	101	6000		Abführung an Minijobzentrale

Es sind von der Firma Pflock ausnahmsweise zwei Meldungen vorzunehmen, und zwar zur Rentenversicherung an die AOK, da hier Versicherungspflicht besteht, die Pauschalbeiträge zur Krankenversicherung müssen an die Minijobzentrale abgeführt werden.

Fortsetzung des Beispiels Ab 1.10. erhöht sich das Entgelt bei der Firma Pflock auf 300 EUR.

Beurteilung ab 1.10. Eine Änderung ergibt sich nur hinsichtlich der Krankenversicherung. Jetzt wird die Entgeltgrenze von 400 EUR überschritten, so dass beide geringfügige Beschäftigungen grundsätzlich versicherungspflichtig werden würden. Da Herr Oehlke aber bereits in seiner Hauptbeschäftigung wegen Überschreitens der Jahresarbeitsentgeltgrenze krankenversicherungsfrei ist, tritt Versicherungspflicht nicht ein. Die Arbeitgeber haben sich aber anteilig am Beitragszuschuss für die freiwillige Krankenversicherung zu beteiligen.

Firma	Personengruppe	Beitragsgruppe	Pauschalsteuer	Hinweis
Pfeilmann	101	0111	-----	Hauptbeschäftigung
Sander	109	0500	ja	
Pflock	101	0100	nein	Datenfeld Mehrfachbeschäftigung kennzeichnen

Verteilung des Beitragszuschusses Herr Oehlke zahlt an die AOK einen freiwilligen Krankenversicherungsbeitrag in Höhe von 498,76 EUR (14,0 v.H. aus 3.562,50 EUR (monatliche Beitragsbemessungsgrenze 2006), zzgl. 0,9 v.H. Zusatzbeitrag). Ihm steht ein Beitragszuschuss von 249,38 EUR zu. Dieser verteilt sich wie folgt:

Firma	Berechnung	Anteil
Pfeilmann	$\frac{249{,}38\ EUR \times 4.200\ EUR}{4.700\ EUR}$	222,85 EUR
Sander	$\frac{249{,}38\ EUR \times 200\ EUR}{4.700\ EUR}$	10,61 EUR
Pflock	$\frac{249{,}38\ EUR \times 300\ EUR}{4.700\ EUR}$	15,92 EUR
Zusammen		249,38 EUR

Dieselbe Rechnung ist für den Zuschuss zur Pflegeversicherung vorzunehmen. Der Beitrag zur Pflegeversicherung beträgt 60,56 EUR (1,7 v.H. aus 3.562,50 EUR), der Zuschuss beläuft sich mithin auf 30,28 EUR (Ein eventuell zu zahlender Beitragszuschlag für Kinderlose wird nicht berücksichtigt).

Firma	Berechnung	Anteil
Pfeilmann	$\frac{30{,}28\ EUR \times 4.200\ EUR}{4.700\ EUR}$	27,06 EUR
Sander	$\frac{30{,}28\ EUR \times 200\ EUR}{4.700\ EUR}$	1,29 EUR
Pflock	$\frac{30{,}28\ EUR \times 300\ EUR}{4.700\ EUR}$	1,93 EUR
Zusammen		30,28 EUR

4. Schritt –
Prüfung, ob der Beschäftigte zu einem besonderen Personenkreis gehört

6 Mitglieder berufsständischer Versorgungseinrichtungen

Bei Beschäftigten, die aufgrund ihrer Mitgliedschaft in einer berufsständischen Versorgungseinrichtung von der Rentenversicherungspflicht in ihrer Hauptbeschäftigung befreit sind, gelten zunächst die allgemeinen Regelungen. Das bedeutet, dass hinsichtlich der Rentenversicherung eine Zusammenrechnung einer zweiten Nebenbeschäftigung mit der Hauptbeschäftigung nicht erfolgen kann.

Beispiel Herr Glotzbach ist in seiner Hauptbeschäftigung Apotheker (Schlossapotheke) und wegen seiner Mitgliedschaft in einem berufsständischen Versorgungswerk von der Rentenversicherungspflicht befreit. Das monatliche Entgelt beträgt 2.700 EUR. Er ist bei der DAK pflichtversichert. Ab 1.8. nimmt er eine Beschäftigung bei der Firma Delta für monatlich 250 EUR und zusätzlich ab 1.9. eine Tätigkeit bei der Firma Gamma für monatlich 300 EUR auf. Für die beiden Nebenbeschäftigungen gilt die Befreiung von der Rentenversicherung nicht.

Beurteilung ab 1.8. Die Hauptbeschäftigung ist versicherungspflichtig in der Kranken-, Pflege- und Arbeitslosenversicherung. In der Rentenversicherung ist die Beschäftigung versicherungsfrei nach § 6 Abs. 1 Satz 1 Nr. 1 SGB VI, da eine Mitgliedschaft in einer berufsständischen Versorgungseinrichtung besteht. Die Beschäftigung bei der Firma Delta ist geringfügig entlohnt und wird, da es die einzige nebenher ausgeübte Beschäftigung ist, nicht mit der Hauptbeschäftigung zusammengerechnet. Es besteht daher Versicherungsfreiheit in allen Zweigen.

Firma	Personen-gruppe	Beitrags-gruppe	Pauschal-steuer	Hinweis
Schlossapotheke	101	1011	-----	Hauptbeschäftigung
Delta	109	6500	ja	

Beurteilung ab 1.9. Durch den Hinzutritt der zweiten geringfügigen Beschäftigung bei der Firma Gamma ist diese in der Kranken- und Pflegeversicherung mit der Hauptbeschäftigung zusammenzurechnen, so dass hier Versicherungspflicht eintritt. In der Rentenversicherung ist eine Zusammenrechnung mit der Hauptbeschäftigung nicht möglich, da dort Versicherungsfreiheit besteht. Folglich sind hinsichtlich der Rentenversicherung die beiden Nebenbeschäftigungen zusammenzurechnen. Da insgesamt die

Entgeltgrenze von 400 EUR überschritten wird, besteht in beiden Nebenbeschäftigungen Rentenversicherungspflicht. In der Arbeitslosenversicherung erfolgt keine Zusammenrechnung.

Firma	Personengruppe	Beitragsgruppe	Pauschalsteuer	Hinweis
Schlossapotheke	101	1011	-----	Hauptbeschäftigung
Delta	101	6000	nein	Minijobzentrale
	101	0100	-----	DAK
Gamma	101	1100	-----	

Da für die Beschäftigung bei der Firma Delta sowohl pauschalierte Beiträge zur Krankenversicherung als auch Pflichtbeiträge zur Rentenversicherung zu zahlen sind, ist die Beitragsabführung zu splitten. Es sind zwei Meldungen (eine an die Minijobzentrale und eine an die DAK) sowie zwei Beitragsnachweise zu erstellen.

Verzichtet der Beschäftigte auf die Rentenversicherungsfreiheit, so tritt Rentenversicherungspflicht ein. Dies gilt aber nur, wenn die geringfügige Beschäftigung nicht ebenfalls von der Mitgliedschaft in der berufsständischen Versorgungseinrichtung erfasst wird. Andernfalls sind für die geringfügige Beschäftigung die Rentenversicherungsbeiträge an die Versorgungseinrichtung abzuführen.

Beispiel Herr Brau ist in seiner Hauptbeschäftigung als Architekt gegen ein Monatsentgelt von 2.600 EUR beim Büro Maß beschäftigt. Wegen seiner Mitgliedschaft in einem berufsständischen Versorgungswerk ist er von der Rentenversicherungspflicht befreit. Am 1.10. nimmt Herr Brau eine weitere Beschäftigung als Architekt im Büro Sander auf. Das Entgelt hier beträgt 400 EUR. Er verzichtet auf die Rentenversicherungsfreiheit.

Beurteilung Die Hauptbeschäftigung ist versicherungspflichtig in der Kranken-, Pflege- und Arbeitslosenversicherung. In der Rentenversicherung ist die Beschäftigung Versicherungsfreiheit nach § 6 Abs. 1 Satz 1 Nr. 1 SGB VI, da eine Mitgliedschaft in einer berufsständischen Versorgungseinrichtung besteht. Die Beschäftigung bei der Firma Sander ist geringfügig entlohnt und wird, da es die einzige nebenher ausgeübte Beschäftigung ist, nicht mit der Hauptbeschäftigung zusammengerechnet. Es besteht daher Versicherungsfreiheit in allen Zweigen. Durch den Verzicht auf die Rentenversicherungsfreiheit entsteht keine Versicherungspflicht in der gesetzlichen Rentenversicherung. Vielmehr sind die Beiträge an das Versorgungswerk abzuführen.

Firma	Personen-gruppe	Beitrags-gruppe	Pauschal-steuer	Hinweis
Maß	101	1011	-----	Hauptbeschäftigung
Sander	109	6000	nein	Rentenversicherungsbeiträge an Versorgungswerk

7 Pensionäre

Bei Pensionären kommt es wie bei Beamten in einer nebenher ausgeübten Beschäftigung nicht zur Versicherungspflicht in der Kranken- und Pflegeversicherung. Voraussetzung ist allerdings, dass Ansprüche auf Beihilfe nach beamtenrechtlichen Vorschriften bestehen.

In der Rentenversicherung besteht Versicherungsfreiheit wenn die Pension wegen erreichen der Altersgrenze gezahlt wird. Es ist allerdings der Beitragsanteil des Arbeitgebers zu entrichten.

In der Arbeitslosenversicherung besteht bei einer mehr als geringfügigen Beschäftigung Versicherungsfreiheit erst nach Vollendung des 65. Lebensjahres. Danach ist nur noch der Beitragsanteil des Arbeitgebers zu zahlen.

Ist die nebenher ausgeübte Beschäftigung geringfügig, so ist der Pauschbetrag zur Rentenversicherung zu zahlen, zur Krankenversicherung nur, wenn eine gesetzliche Krankenversicherung besteht. Der Verzicht auf die Rentenversicherungsfreiheit mit Zahlung des Aufstockungsbetrages ist auch für diesen Personenkreis möglich.

Hinsichtlich einer Zusammenrechnung sind die Pensionen wie eine Beamtentätigkeit anzusehen und bleiben daher unberücksichtigt.

Beispiel Frau Schnepel ist pensionierte Lehrerin, 63 Jahre alt, und bei der AOK versichert. Sie erhält Beihilfe nach beamtenrechtlichen Vorschriften. Frau Schnepel übt folgende Beschäftigungen aus:

Firma	Entgelt	Beginn
Anton	400 EUR	1.1.
Braun	300 EUR	1.2.

Beurteilung ab 1.1. Die Beschäftigung bei Firma Anton ist geringfügig entlohnt, da die Grenze von 400 EUR nicht überschritten wird. Eine weitere Beschäftigung besteht nicht. Die Eigenschaft als Pensionärin hat keine Auswirkungen. Der Arbeitgeber zahlt Pauschalbeiträge zur Rentenversicherung und, da Frau Schnepel gesetzlich krankenversichert ist, zur Krankenversicherung.

Firma	Personen-gruppe	Beitrags-gruppe	Pauschal-steuer	Hinweis
Anton	109	6500	ja	

Beurteilung ab 1.2. Beide Beschäftigungen sind geringfügig entlohnt. Da keine Hauptbeschäftigung vorliegt, sind die Entgelte zusammenzurechnen. Insgesamt wird die Geringfügigkeitsgrenze überschritten, so dass dem Grunde nach Versicherungspflicht besteht. Da Frau Schnepel Anspruch auf Beihilfe hat, ist sie in der Kranken- und damit auch in der Pflegeversicherung versicherungsfrei. In der Rentenversicherung sind die Beschäftigungen ebenfalls nicht versicherungspflichtig, es ist aber jeweils der Arbeitgeberbeitragsanteil zu zahlen. In der Arbeitslosenversicherung besteht Versicherungspflicht, da Frau Schnepel das 65. Lebensjahr noch nicht vollendet hat.

Firma	Personen-gruppe	Beitrags-gruppe	Pauschal-steuer	Hinweis
Anton	119	0310	nein	Datenfeld
Braun	119	0310	nein	Mehrfachbeschäftigung kennzeichnen

Pensionen an Hinterbliebene haben keine Auswirkungen auf die versicherungsrechtliche Beurteilung, hier gelten die allgemeinen Grundsätze.

8 Rentner

8.1 Altersrentner

Bei Rentnern gelten hinsichtlich der geringfügigen Beschäftigung grundsätzlich dieselben Regelungen wir für andere Beschäftigte ohne Rentenbezug auch. Allerdings können Altersrentner (Vollrente wegen Alters) nicht mehr auf die Versicherungsfreiheit verzichten. Eine solche Erklärung wäre unwirksam. Grund hierfür ist, dass die gezahlten Rentenversicherungsbeiträge keine Auswirkungen mehr auf die Rentenzahlung oder die Höhe der Rente hätten. Die Pauschalbeiträge des Arbeitgebers sind allerdings weiterhin zu zahlen.

Kommt es durch die Zusammenrechnung von Beschäftigungen zur Versicherungspflicht, gelten folgende Besonderheiten:

Krankenversicherung	Es besteht Versicherungspflicht wie bei anderen Arbeitnehmern auch. Da jedoch kein Anspruch auf Krankengeld mehr besteht, werden die Beiträge nach dem ermäßigten Beitragssatz erhoben.
Pflegeversicherung	keine Besonderheiten
Rentenversicherung	Bezieher einer Vollrente wegen Alters sind rentenversicherungsfrei. Der Arbeitgeber hat jedoch seinen Beitragsanteil zu zahlen.
Arbeitslosenversicherung	keine Besonderheiten **aber**: Versicherungspflicht besteht nur bis zum Ablauf des Monats, in dem der Beschäftigte das 65. Lebensjahr vollendet hat. Danach hat nur noch der Arbeitgeber seinen Beitragsanteil zu zahlen.

Beispiel Herr Grau bezieht eine Altersrente. Er ist 66 Jahre alt und Mitglied der DAK. Da es ihm im Ruhestand zu langweilig ist, nimmt er am 1.3. eine Beschäftigung bei der Firma Roller auf. Das Entgelt beträgt 350 EUR. Ab 1.5. arbeitet er zusätzlich bei der Firma Pump für monatlich 250 EUR.

Beurteilung ab 1.3. Die Beschäftigung ist geringfügig entlohnt und damit versicherungsfrei. Der Arbeitgeber hat die Pauschalbeiträge zur Kranken- und Rentenversicherung zu entrichten (Herr Grau ist Mitglied einer gesetzlichen Krankenkasse).

Firma	Personengruppe	Beitragsgruppe	Pauschalsteuer	Hinweis
Roller	109	6500	ja	

Beurteilung ab 1.5. Da keine Hauptbeschäftigung vorliegt, sind die beiden geringfügigen Beschäftigungen zusammenzurechnen. Das Entgelt von insgesamt 600 EUR übersteigt die Geringfügigkeitsgrenze. Damit besteht grundsätzlich Versicherungspflicht. In der Krankenversicherung ist jedoch der ermäßigte Beitragssatz für die Beitragsberechnung heranzuziehen, da Herr Grau als Altersrentner im Falle der Arbeitsunfähigkeit keinen Krankengeldanspruch hat. In der Rentenversicherung besteht für Altersrentner Versicherungsfreiheit, es ist lediglich der Arbeitgeberanteil zu entrichten. In der Arbeitslosenversicherung ist Herr Grau ebenfalls versicherungsfrei, da er das 65. Lebensjahr bereits vollendet hat. Auch hier ist lediglich der Arbeitgeberanteil zu zahlen.

Firma	Personen-gruppe	Beitrags-gruppe	Pauschal-steuer	Hinweis
Roller	119	3321	nein	Datenfeld
Pump	119	3321	nein	Mehrfachbeschäftigung kennzeichnen

8.2 Erwerbsunfähigkeitsrente

Bei Bezug einer Erwerbsunfähigkeitsrente (Rente wegen voller Erwerbsminderung) ist der Verzicht auf die Rentenversicherungsfreiheit möglich. Die aufgrund dessen gezahlten Beiträge werden bei der späteren Altersrente rentensteigernd berücksichtigt.

Kommt es durch die Zusammenrechnung von Beschäftigungen zur Versicherungspflicht, gelten folgende Besonderheiten:

Krankenversicherung	Es besteht Versicherungspflicht, wie bei anderen Arbeitnehmern auch. Da jedoch kein Anspruch auf Krankengeld besteht, werden die Beiträge nach dem ermäßigten Beitragssatz erhoben.
Pflegeversicherung	keine Besonderheiten
Rentenversicherung	Es besteht Rentenversicherungspflicht. Gezahlte Beiträge werden bei einer späteren Umwandlung in eine Altersrente berücksichtigt.
Arbeitslosenversicherung	Es besteht **keine** Versicherungspflicht. Der Rentenbezieher steht aufgrund seiner Erwerbsminderung dem allgemeinen Arbeitsmarkt nicht zur Verfügung.
	Es ist auch kein Arbeitgeberanteil zu entrichten.

9 Studenten

Für Studenten gelten besondere Bestimmungen zur Versicherungsfreiheit von Beschäftigungen, die neben dem Studium ausgeübt werden. Diese gehen über die Regelungen der geringfügigen Beschäftigungen hinaus. Solange das Studium den Schwerpunkt der Arbeitsleistung (Zeit und Arbeitskraft) des Studenten darstellt, besteht Versicherungsfreiheit in der Kranken-, Pflege- und Arbeitslosenversicherung (sogenannte Werkstudentenregelung). Voraussetzung ist, das der Student von seinem Erscheinungsbild her als Student und nicht als Arbeitnehmer anzusehen ist. In der Rentenversicherung besteht keine Sonderregelung für Studenten - hier besteht Versicherungsfreiheit nur im Rahmen einer geringfügigen Beschäftigung.

Das Studium stellt den Schwerpunkt der Arbeitsleistung des Studenten dar, wenn

- die Arbeitszeit der Beschäftigung nicht mehr als 20 Stunden wöchentlich beträgt
oder
- die Beschäftigung von vornherein auf nicht mehr als zwei Monate befristet ist (siehe Teil C)
oder
- die Beschäftigung ausschließlich während der Semesterferien ausgeübt wird.

Die Höhe des Arbeitsentgelts spielt dabei keine Rolle.

Besteht bei einem Studenten Versicherungsfreiheit, weil die Beschäftigung geringfügig ist (bis 400 EUR), muss der Arbeitgeber Pauschalbeiträge zur Kranken- und Rentenversicherung entrichten. Besteht hingegen Versicherungsfreiheit im Rahmen der Werkstudentenregelung, entfallen die Pauschalbeiträge. Zur Rentenversicherung sind dann allerdings die vollen Beiträge zu zahlen, da hier bei einer mehr als geringfügigen Beschäftigung Versicherungspflicht besteht.

Beispiel   Emma Hoop ist eingeschriebene Studentin. Um ihr Studium zu finanzieren arbeitet sie ab 1.2. nebenher bei der Fischfabrik Scholle. Dort erhält sie für 19 Stunden wöchentlich ein monatliches Entgelt von 900 EUR.

Beurteilung Die Beschäftigung ist nicht geringfügig entlohnt und damit grundsätzlich versicherungspflichtig. In der Kranken-, Pflege- und Arbeitslosenversicherung besteht Versicherungsfreiheit aufgrund der Werkstudentenregelung. Pauschalbeiträge sind nicht zu zahlen. In der Rentenversicherung besteht Versicherungspflicht.

Firma	Personen-gruppe	Beitrags-gruppe	Pauschal-steuer	Hinweis
Scholle	106	0100	nein	

Fortsetzung des Beispiels Vom 1.7. an muss Frau Hoop sich auf eine wichtige Prüfung vorbereiten. Sie reduziert daher ihre Arbeitszeit und verdient nur noch 380 EUR monatlich.

Beurteilung ab 1.7. Ab 1.7. besteht Versicherungsfreiheit in der Kranken-, Pflege-, Renten- und Arbeitslosenversicherung, da die Beschäftigung nur noch im Rahmen der Geringfügigkeit ausgeübt wird. Damit sind von diesem Tag an auch Pauschalbeiträge für geringfügig Beschäftigte zur Kranken- und Rentenversicherung zu entrichten.

Firma	Personen-gruppe	Beitrags-gruppe	Pauschal-steuer	Hinweis
Scholle	109	6500	ja	

Abzugebende Meldungen:

Art der Meldung	Datum	Abgabe-grund	Beitrags-gruppe *)	Personenkreis-kennzeichen	Hinweis
Anmeldung	1.2.	10	0100	106	Nur Rentenversicherungspflicht
Abmeldung	30.6.	31	0100	106	Entgelt: 4.500 EUR
Anmeldung	1.7.	11	6500	109	Zuständige Einzugstelle ist jetzt die Minijobzentrale

*) Reihenfolge: Kranken-, Renten-, Arbeitslosen-, Pflegeversicherung

Praxistipp Für den Arbeitgeber kann es günstiger sein, einem beschäftigten Studenten ein geringfügig höheres Entgelt zu zahlen, damit die Grenze von 400 EUR überschritten wird. Dann fällt für den Arbeitgeber nur der Beitragsanteil zur Rentenversicherung von 9,75 v.H. an. Für geringfügige Beschäftigungen hingegen werden insgesamt 30 v.H. an Arbeitgeberbeiträgen fällig.

Beispiel Beschäftigung versicherungsfrei aufgrund der Geringfügigkeit:

Entgelt	400,00 EUR
Pauschaler Krankenversicherungsbeitrag	+ 52,00 EUR
Pauschaler Rentenversicherungsbeitrag	+ 60,00 EUR
Pauschale Lohnsteuer (2 v.H.)	+ 8,00 EUR
Gesamtkosten	520,00 EUR

Beschäftigung versicherungsfrei aufgrund der Werkstudentenregelung:

Entgelt	410,00 EUR
Arbeitgeberanteil Rentenversicherungsbeitrag	+ 39,98 EUR
Gesamtkosten	449,98 EUR

Hinweis: Das Entgelt liegt zwar innerhalb der Gleitzone (Midijob), die Verringerung des beitragspflichtigen Entgelts wirkt sich aber nicht auf den Arbeitgeberanteil an den Beiträgen aus (siehe Teil B). Der Student würde in diesem Beispiel (ohne Steuern) 391,62 EUR ausgezahlt erhalten, statt 400 EUR bei geringfügiger Beschäftigung. Dafür werden aber vollwertige Rentenversicherungsbeiträge entrichtet. Die Beiträge zur Entgeltfortzahlungsversicherung wurden nicht berücksichtigt. Hier kann es je nach Beitragssätzen der zuständigen Krankenkasse zu geringfügig höheren Zahlungen kommen.

Bei der versicherungsrechtlichen Beurteilung von Studentenbeschäftigungen müssen immer beide Konstellationen, also die Studenteneigenschaft und die geringfügige Beschäftigung beachtet werden. Überschreitet die wöchentliche Arbeitszeit die 20-Stunden-Grenze, gelten grundsätzlich die üblichen Regelungen für Beschäftigte. Dabei spielt es keine Rolle, ob die Zeitgrenze durch eine einzelne oder durch die Zusammenrechnung mehrerer Beschäftigungen überschritten wird.

Beispiel Herr Schiemann ist Student und arbeitet bereits seit längerer Zeit bei der Firma Lagerhaus. Für wöchentlich 18 Arbeitsstunden erhält er 800 EUR monatliches Entgelt.

Vom 1.8. an nimmt er eine zusätzliche Beschäftigung bei der Firma Schnellimport auf. Hier erhält er für 5 Wochenstunden monatlich 250 EUR.

Beurteilung bis 31.7. Bei der Firma Lagerhaus handelt es sich um eine Beschäftigung auf die die Werkstudentenregelung anzuwenden ist. In der Kranken-, Pflege- und Arbeitslosenversicherung besteht Versicherungsfreiheit, da die 20-Stunden-Grenze nicht überschritten wird. In der Rentenversicherung besteht Versicherungspflicht, da die Beschäftigung mehr als geringfügig ausgeübt wird. Pauschalbeiträge sind nicht zu zahlen, da es sich nicht um eine geringfügige Beschäftigung handelt.

Firma	Personen-gruppe	Beitrags-gruppe	Pauschal-steuer	Hinweis
Lagerhaus	106	0100	nein	

Beurteilung ab 1.8. Durch die Zusammenrechnung der wöchentlichen Arbeitszeit beider Beschäftigungen wird die 20-Stunden-Grenze überschritten. Die Werkstudentenregelung gilt nicht mehr. Folglich ist die Beschäftigung bei Firma Lagerhaus versicherungspflichtig in der Kranken-, Pflege-, Renten- und Arbeitslosenversicherung. Die Beschäftigung der Firma Schnellimport ist geringfügig und als erste Nebenbeschäftigung versicherungsfrei. Es sind Pauschalbeiträge zur Kranken- und Rentenversicherung zu zahlen.

Firma	Personen-gruppe	Beitrags-gruppe	Pauschal-steuer	Hinweis
Lagerhaus	101	1111	nein	Hauptbeschäftigung
Schnellimport	109	6500	ja	

Beispiel Frau Flink ist Studentin und seit längerem bei der Firma Milch-AG beschäftigt. Sie arbeitet dort 16 Stunden wöchentlich für ein monatliches Entgelt von 700 EUR. Am 1.6. nimmt sie eine weitere Beschäftigung bei der Firma Joghurt-GmbH auf. Für vier Wochenstunden erhält sie 170 EUR im Monat. Eine weitere Beschäftigung beginnt Frau Flink am 1.8. bei der Firma Käselau. Für monatlich 160 EUR arbeitet sie dort ebenfalls vier Stunden wöchentlich.

Beurteilung bis 31.5. Bei der Firma Milch-AG handelt es sich um eine Beschäftigung auf die die Werkstudentenregelung anzuwenden ist. In der Kranken-, Pflege- und Arbeitslosenversicherung besteht Versicherungsfreiheit, da die 20-Stunden-Grenze nicht überschritten wird. In der Rentenversicherung besteht Versicherungspflicht, da die Beschäftigung mehr als geringfügig ausgeübt wird. Pauschalbeiträge sind nicht zu zahlen, da es sich nicht um eine geringfügige Beschäftigung handelt.

Firma	Personen-gruppe	Beitrags-gruppe	Pauschal-steuer	Hinweis
Milch-AG	106	0100	nein	

Beurteilung ab 1.6. Da beide Beschäftigungen zusammen die 20-Stunden-Grenze nicht überschreiten, bleibt es für die Beschäftigung bei der Milch-AG bei der Werkstudentenregelung. Die Tätigkeit für die Joghurt-GmbH ist geringfügig entlohnt. Eine Zusammenrechnung hinsichtlich der Geringfügigkeit erfolgt in der Kranken-, Pflege- und Arbeitslosenversicherung nicht, da die Hauptbeschäftigung nicht versicherungspflichtig ist. In der Rentenversicherung kommt es nicht zu einer Zusammenrechnung, da es sich um die erste Nebenbeschäftigung handelt, so dass eine Zusammenrechnung mit der Hauptbeschäftigung aus diesem Grund nicht erfolgt. Die Joghurt-GmbH muss aber Pauschalbeiträge zur Kranken- und Rentenversicherung abführen.

Firma	Personen-gruppe	Beitrags-gruppe	Pauschal-steuer	Hinweis
Milch-AG	106	0100	nein	
Joghurt-GmbH	109	6500	ja	

Beurteilung ab 1.8. Die 20-Stunden-Grenze wird überschritten, so dass die Werkstudentenregelung entfällt. Damit ist die Beschäftigung bei der Milch-AG versicherungspflichtig in der Kranken-, Pflege-, Renten- und Arbeitslosenversicherung (Hauptbeschäftigung). Die zuerst aufgenommene geringfügige Beschäftigung bei der Joghurt-GmbH bleibt versicherungsfrei. Es sind weiterhin Pauschalbeiträge zur Kranken- und Rentenversicherung zu zahlen. Die dritte Beschäftigung bei Firma Käselau wird in der Kranken-, Pflege- und Rentenversicherung mit der Hauptbeschäftigung zusammengerechnet und ist deshalb versicherungspflichtig. In der Arbeitslosenversicherung erfolgt keine Zusammenrechnung.

Firma	Personen-gruppe	Beitrags-gruppe	Pauschal-steuer	Hinweis
Milch-AG	101	1111	nein	Hauptbeschäftigung
Joghurt-GmbH	109	6500	ja	erste Nebenbeschäftigung
Käselau	101	1101	nein	

10 Übergangsfälle 1.4.2003

Bestandsschutzregelung

Da zum 1.4.2003 die Einkommensgrenze für die geringfügigen Beschäftigungen von 325 EUR auf 400 EUR erhöht wurde, hat der Gesetzgeber einen Bestandsschutz vorgesehen. Arbeitnehmer, die bis 31.3.2003 versicherungspflichtig waren, durch die Neuregelung der geringfügigen Beschäftigung nach dem ab 1.4.2003 geltenden Recht aber versicherungsfrei würden, blieben weiterhin versicherungspflichtig.

Dies galt für Arbeitnehmer, deren Entgelt zwischen 325 EUR und 400 EUR lag und weiterhin blieb, oder die wegen Überschreitens der bis zum 31.3.2003 geltenden Arbeitszeitgrenze von 15 Stunden wöchentlich versicherungspflichtig waren (bei einem Entgelt unter 325 EUR). Diese blieben versicherungspflichtig, konnten sich aber auf Antrag von der Versicherungspflicht befreien lassen. Der Bestandsschutz galt nicht für Fälle, in denen bis dahin wegen der Zusammenrechnung mit einer Hauptbeschäftigung Versicherungspflicht bestand, durch die Neuregelung aber die Zusammenrechnung unterblieb, da es sich um die zuerst aufgenommene Nebenbeschäftigung handelte. In der Krankenversicherung gab es noch eine besondere Regelung. Dort galt der Bestandsschutz nicht, wenn ohne die Versicherungspflicht eine Familienversicherung bestehen würde. In diesen Fällen bestand kein Grund für einen Bestandsschutz, da der Versicherungsschutz anderweitig sichergestellt war. Die Bestimmungen galten gleichzeitig für die Pflegeversicherung.

Der Bestandsschutz galt nur für das unmittelbar betroffene Beschäftigungsverhältnis. Wird dieses beendet, entfällt der Bestandsschutz. Eine erneute spätere Beschäftigung wird dann nach den aktuellen Regelungen beurteilt.

Beispiel Frau Sander arbeitet seit Februar 2003 bei der Firma Tee-Kontor. Das monatliche Entgelt betrug von Beginn an 370 EUR.

Beurteilung Nach dem bis 31.3.2003 geltenden Recht war die Beschäftigung versicherungspflichtig in der Kranken-, Pflege-, Renten- und Arbeitslosenversicherung, da die bis dahin geltende Entgeltgrenze von 325 EUR überschritten wurde.

Die vom 1.4.2003 an maßgebende Entgeltgrenze wurde hingegen nicht überschritten, so dass die Beschäftigung versicherungsfrei gewesen wäre. Aufgrund des Bestandsschutzes blieb die Versicherungspflicht aber bestehen.

Sofern für Frau Sander eine Familienversicherung bestanden hat, war die Beschäftigung in der Krankenversicherung aber versicherungsfrei.

Firma	Personen-gruppe	Beitrags-gruppe	Pauschal-steuer	Hinweis
Tee-Kontor	101	1111	nein	

Bestand aufgrund der Familienversicherung keine Versicherungspflicht in der Krankenversicherung, waren Pauschalbeiträge zu entrichten. Wegen der unterschiedlichen Einzugsstellen waren in diesem Fall doppelte Meldungen und Beitragsnachweise an die Krankenkasse und an die Minijobzentrale abzugeben. Im Beispiel der Frau Sander wären folgende Zuständigkeiten gegeben:

Firma	Personen-gruppe	Beitrags-gruppe	Pauschal-steuer	Hinweis
Tee-Kontor	101	0111	nein	Krankenkasse
	101	6000		Minijobzentrale

Die Regelung wird deshalb ausführlich dargestellt, da sie Versicherungspflicht für das damals bestehende Beschäftigungsverhältnis unverändert weiter besteht. Es können also durchaus auch heute noch Beschäftigte nach diesen Übergangsregelungen zu beurteilen sein.

Befreiung von der Versicherungspflicht

Für Arbeitnehmer, die nach der Bestandsschutzregelung versicherungspflichtig blieben, hatte der Gesetzgeber ein Befreiungsrecht von dieser Versicherungspflicht eingeräumt. Da dies in der Praxis aber keine Rolle mehr spielt, wird hier auf eine Darstellung verzichtet.

11 Übungsleiter

Einnahmen aus einer nebenberuflichen Tätigkeit als Übungsleiter, Ausbilder, Erzieher, Betreuer oder vergleichbaren Tätigkeit unterliegen bis zu einem Betrag von 1.848 EUR jährlich nicht der Steuerpflicht. Dieser Freibetrag kann entweder monatlich (mit jeweils 154 EUR) oder auf einmal zu Beginn der Beschäftigung bzw. des Kalenderjahres berücksichtigt werden. Für die Beurteilung der Geringfügigkeit wird die vom Beschäftigten getroffene steuerrechtliche Entscheidung analog berücksichtigt.

Beispiel Frau Kluge ist Hausfrau und arbeitet nebenher als angestellte Lehrkraft bei der Pisa-Schule. Das monatliche Entgelt beträgt 500 EUR. Der Steuerfreibetrag wird monatlich mit 154 EUR berücksichtigt.

Beurteilung Da es sich bei dem steuerlich abzusetzenden Betrag von monatlich 154 EUR nicht um Arbeitsentgelt handelt, beträgt das regelmäßige Arbeitsentgelt monatlich lediglich 346 EUR (500 EUR – 154 EUR). Die Beschäftigung der Frau Kluge ist daher geringfügig und somit versicherungsfrei.

Firma	Personengruppe	Beitragsgruppe	Pauschalsteuer	Hinweis
Pisa-Schule	109	6500	ja	

Beispiel Frau Neubert beginnt am 1. 5. eine Nebentätigkeit als angestellte Lehrkraft bei der Pisa-Schule. Sie hat sich für die blockweise Inanspruchnahme des Steuerfreibetrages entschieden. Das monatliche Entgelt beträgt 600 EUR.

Beurteilung ab 1.5. Zunächst besteht keine Versicherungspflicht, da in den Monaten Mai, Juni, Juli kein beitragspflichtiges Entgelt vorliegt. Der Freibetrag von 1.848 EUR wird erst im August überschritten (Restbetrag 48 EUR).

Firma	Personen-gruppe	Beitrags-gruppe	Pauschal-steuer	Hinweis
Pisa-Schule	109	6500	ja	

Beurteilung ab 1.8. Vom 1.8. an besteht eine Beschäftigung gegen ein Arbeitsentgelt, das die Geringfügigkeitsgrenze von 400 EUR übersteigt. Von diesem Tag an liegt keine Geringfügigkeit mehr vor, sondern es besteht Versicherungspflicht in der Kranken-, Pflege-, Renten- und Arbeitslosenversicherung.

Firma	Personen-gruppe	Beitrags-gruppe	Pauschal-steuer	Hinweis
Pisa-Schule	101	1111	----	

12 Wehr- und Zivildienstleistende

Es gelten die Ausführungen zur Elternzeit. Das beim Wehr- oder Zivildienst erzielte Entgelt wird nicht mit einer nebenher ausgeübten geringfügigen Beschäftigung zusammengerechnet, da es sich nicht um eine Beschäftigung im sozialversicherungsrechtlichen Sinne handelt.

5. Schritt –
Die monatliche Abrechnung

Wie ist die monatliche Abrechnung der Beiträge und Pauschalsteuern vorzunehmen? Wie werden die ermittelten Beiträge nachgewiesen und an wen sind sie zu zahlen? Wie kann die Arbeit bei gleichbleibenden Entgelten vereinfacht werden?

Schlagworte
- Beitragsnachweis
- Dauerbeitragsnachweis
- Einzugsstelle
- Minijobzentrale
- Fälligkeit
- Beitragszahlung
- Säumniszuschläge
- sv.net

Situation
Der Abrechner hat in den vorangegangenen Schritten ermittelt wie hoch das beitrags- bzw. steuerpflichtige Entgelt ist und welche Beitrags- und Steuersätze zugrunde zu legen sind. Jetzt ist mit diesen Daten die monatliche Abrechnung vorzunehmen und die Beiträge und zu zahlenden Steuern sind zu ermitteln. Dabei ist wichtig

- in welcher Form der Nachweis gegenüber der Einzugsstelle erfolgt,
- wann die Zahlungen fällig werden und
- welche Arbeitserleichterungen möglich sind.

Im Folgenden wird dargestellt, wie mit dem Ergebnis der Monatsabrechnung zu verfahren ist, und welche Besonderheiten bei geringfügig Beschäftigten beachtet werden müssen.

Minijobs. Jürgen Heidenreich
Copyright © 2006, WILEY-VCH Verlag GmbH & Co. KGaA, Weinheim
ISBN: 3-527-50242-4

Definitionen

- Einzugsstelle — Empfänger von Beitragsnachweisen, Meldungen und Beitragszahlungen. Kann eine Krankenkasse oder die Minijobzentrale sein.

- Beitragsnachweis — Ergebnis der Gehaltsabrechnung. Wird für jede Einzugsstelle erstellt und stellt die Grundlage für die Beitragszahlung dar.

- Minijobzentrale — Zentrale Einzugsstelle für alle versicherungsfreien geringfügigen Beschäftigungen. Empfänger von Beitragsnachweisen, Meldungen und Beitragszahlungen für diesen Personenkreis.

- Betriebsstättenfinanzamt — Finanzamt, dass für den Betriebssitz des Unternehmens zuständig ist; bei Privathaushalten das Finanzamt am Wohnort des Arbeitgebers.

- Dauerbeitragsnachweis — Beitragsnachweis, der automatisch weitergilt bis er geändert oder zurückgenommen wird.

Rechtsgrundlagen
- Sozialgesetzbuch III, IV, V, VI, XI
- Beitragsverfahrensverordnung

Ergänzende Grundlagen:
- Geringfügigkeitsrichtlinien
- Verlautbarung der Spitzenverbände der Sozialversicherungsträger zum Haushaltsscheckverfahren

Die ergänzenden Grundlagen finden Sie im vollständigen Wortlaut auf der Internetseite.

Checkliste
1. Einzugsstelle ermitteln
2. Beitragsnachweis erstellen
3. Zahlung der Beiträge
4. So geht es weiter

1 Einzugsstelle ermitteln

Einzugsstelle für die Beiträge geringfügig Beschäftigter ist einheitlich die Minijobzentrale.

Die Anschrift lautet:

Minijobzentrale
45113 Essen

Telefon: 01801 200 504
(Ortstarif aus dem Netz der Deutschen Telekom)

Grundsätzlich können nur pauschalierte Beiträge an die Minijobzentrale abgeführt werden. Ausnahme: Pflichtbeiträge zur Rentenversicherung, die aufgrund des Verzichts auf die Versicherungsfreiheit zu zahlen sind, werden auch an die Minijobzentrale gezahlt.

Besteht keine Versicherungsfreiheit – beispielsweise wegen der Zusammenrechnung mit einer Hauptbeschäftigung – so sind die üblichen Pflichtbeiträge auch für die geringfügig entlohnte Beschäftigung abzurechnen, es handelt sich also nicht um Pauschalbeiträge. Für diese Beiträge ist die jeweilige Krankenkasse des Beschäftigten die Einzugsstelle.

Kommt es zu einem Nebeneinander von Pauschalbeiträgen und Beiträgen aus Versicherungspflicht (beispielsweise bei den Übergangsfällen zum 1.4.2003) sind gegebenenfalls zwei Einzugsstellen zuständig, nämlich die Minijobzentrale für die Pauschalbeiträge, die Krankenkasse des Beschäftigten für die Pflichtbeiträge.

Die Minijobzentrale nimmt auch die einheitliche Pauschalsteuer (2 v.H.) entgegen – allerdings nur diese. Für die Abführung der pauschalierten Lohnsteuer (20 v.H.) und der individuellen Lohnsteuer ist das Betriebsstättenfinanzamt zuständig. Ist der Arbeitgeber ein Privathaushalt, ist dies das für den Wohnort des Arbeitgebers zuständige Finanzamt.

Abführung der Lohnsteuer

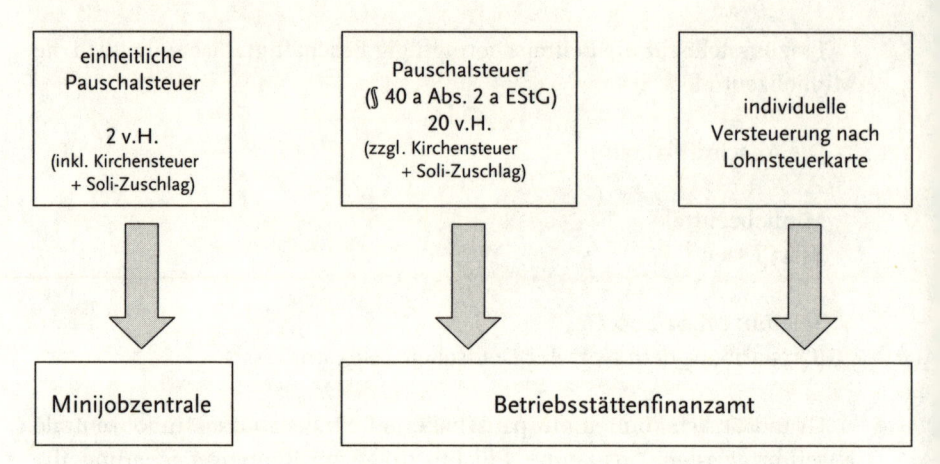

```
┌─────────────────┐   ┌─────────────────┐   ┌─────────────────┐
│   einheitliche  │   │  Pauschalsteuer │   │   individuelle  │
│  Pauschalsteuer │   │ (§ 40 a Abs. 2 a EStG) │   │ Versteuerung nach│
│                 │   │     20 v.H.     │   │  Lohnsteuerkarte│
│     2 v.H.      │   │                 │   │                 │
│ (inkl. Kirchensteuer │   │ (zzgl. Kirchensteuer │   │                 │
│  + Soli-Zuschlag) │   │  + Soli-Zuschlag) │   │                 │
└────────┬────────┘   └────────┬────────┘   └────────┬────────┘
         ▼                     ▼                     ▼
┌─────────────────┐   ┌─────────────────────────────────────┐
│  Minijobzentrale│   │       Betriebsstättenfinanzamt      │
└─────────────────┘   └─────────────────────────────────────┘
```

Die Minijobzentrale ist auch Einzugsstelle für die Umlagebeiträge zur Entgeltfortzahlungsversicherung von geringfügig Beschäftigten.

Beim Haushaltsscheckverfahren zieht die Minijobzentrale auch die Beiträge zur gesetzlichen Unfallversicherung ein.

Zuständige Einzugsstelle für geringfügig Beschäftigte

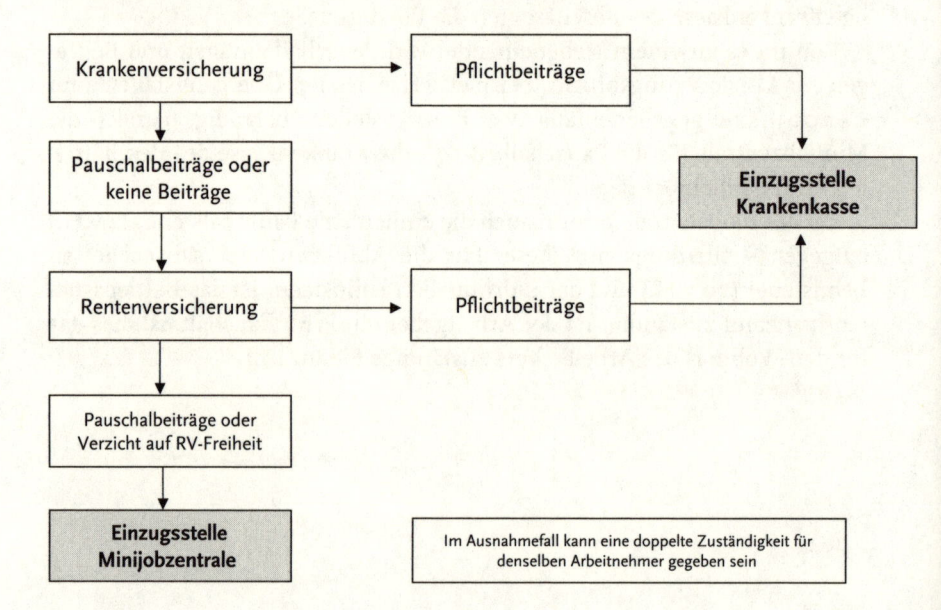

```
┌──────────────────┐         ┌──────────────┐
│Krankenversicherung│────────▶│Pflichtbeiträge│──┐
└────────┬─────────┘         └──────────────┘  │
         │                                      │
         ▼                                      ▼
┌──────────────────┐                    ┌──────────────┐
│Pauschalbeiträge oder│                 │ Einzugsstelle │
│  keine Beiträge  │                    │ Krankenkasse │
└────────┬─────────┘                    └──────────────┘
         │                                      ▲
         ▼                                      │
┌──────────────────┐         ┌──────────────┐  │
│Rentenversicherung│────────▶│Pflichtbeiträge│──┘
└────────┬─────────┘         └──────────────┘
         │
         ▼
┌──────────────────┐
│Pauschalbeiträge oder│
│Verzicht auf RV-Freiheit│
└────────┬─────────┘
         │
         ▼
┌──────────────────┐         Im Ausnahmefall kann eine doppelte Zuständigkeit für
│  Einzugsstelle   │              denselben Arbeitnehmer gegeben sein
│ Minijobzentrale  │
└──────────────────┘
```

2 Beitragsnachweis erstellen

Für die Beiträge der geringfügig Beschäftigten gibt es einen gesonderten Beitragsnachweis, der nur die für geringfügig Beschäftigte relevanten Beitragsgruppen berücksichtigt. Zusätzlich enthält dieser Datensatz auch Angaben zur einheitlichen Pauschalsteuer, die zusammen mit den Beiträgen an die Minijobzentrale abgeführt wird.

Seit 1. Januar 2006 dürfen Beitragsnachweise (und Meldungen – siehe Schritt 6) nur noch im Wege des elektronischen Datenaustauschs an die Einzugstellen abgegeben werden. Es bestehen danach zwei Möglichkeiten zur elektronischen Abgabe der Daten:

- automatisch aus einem systemgeprüften und für die Datenübermittlung zugelassenen Gehaltsabrechnungsprogramm
- manuell durch Eingabe in eine geprüfte und zugelassene elektronische Ausfüllhilfe

Da sich für kleine Betriebe die Anschaffung eines zugelassenen Gehaltsprogramms häufig nicht lohnt, haben die gesetzlichen Krankenkassen eine elektronische Ausfüllhilfe, sv.net, entwickelt, die allen Unternehmen kostenfrei zur Verfügung steht.

Diese Software gibt es in zwei Ausprägungen: Als sv.net/classic, zur Installation auf dem Firmenrechner und als reine Internetversion sv.net/online.

Die wesentlichen Unterschiede der beiden Versionen:

sv.net/classic	sv.net/online
• Speicherung der Personalstammdaten möglich	• keine Stammdatenverwaltung (Daten müssen bei jeder Meldung/Beitragsnachweis vollständig neu eingegeben werden)
• läuft nur unter Betriebssystem Windows (ab Windows 98)	• betriebsystemunabhängig
• ca. 50 MB freier Speicherplatz erforderlich	• kein Speicherbedarf
• Erstellung der Datensätze offline möglich	• ständige Onlineverbindung erforderlich

Detailinformationen sowie eine Möglichkeit zum Download der Classicversion und einen Zugang zu sv.net/online finden Sie im Internet unter http://www.itsg.de/svnet/index.htm.

Der Beitragsnachweis ist der Minijobzentrale als Einzugsstelle rechtzeitig zu übermitteln. Dies ist besonders wichtig, wenn der Arbeitgeber am Bankeinzugverfahren teilnimmt.

Die Pflicht zur elektronischen Datenübermittlung gilt nicht für das Haushaltsscheckverfahren. Hier werden die notwendigen Daten vom Arbeitgeber auf einem speziellen Vordruck an die Minijobzentrale gesandt. Diese erstellt dann die notwendigen Beitragsnachweise, bucht die Beiträge vom Konto des Arbeitgebers ab (dieser Zahlungsweg ist für diesen Personenkreis gesetzlich vorgeschrieben!) und erstellt auch die erforderlichen Meldungen.

2.1 Kennzeichnungen

Im Datensatz für den Beitragsnachweis ist unbedingt anzugeben, ob die Beiträge für den Rechtskreis West (alte Bundesländer) oder Ost (neue Bundesländer) erhoben werden.

2.2 Dauerbeitragsnachweis

Bleiben die Beiträge für einen längeren Zeitraum gleich – zum Beispiel wenn nur ein Mitarbeiter mit festem Monatsentgelt beschäftigt ist – so kann der Arbeitgeber einen Dauerbeitragsnachweis abgeben. Dieser gilt solange weiter, bis er durch einen neuen (Dauer-)Nachweis ersetzt wird.

Ein neuer Dauernachweis ist immer dann notwendig, wenn sich an der Höhe des beitragspflichtigen Entgeltes oder am Beitragssatz (etwa durch Verzicht auf die Rentenversicherungsfreiheit) etwas verändert.

Soll in einem Monat ein anderer Nachweis gelten – zum Beispiel wenn Urlaubs- oder Weihnachtsgeld gezahlt wird – muss ein entsprechender Beitragsnachweis (ohne Merkmal Dauernachweis) abgegeben werden. Im nächsten Monat ist dann wieder ein erneuter Dauernachweis (mit den Daten für das laufende Arbeitsentgelt) erforderlich. Dieser gilt dann wiederum bis zur nächsten Änderung.

Achtung! Um spätere Korrekturen und ggf. Nachzahlungen zu vermeiden, sollten Sie jeden Monat nach der Gehaltsabrechnung prüfen, ob der Dauerbeitragsnachweis geändert werden muss.

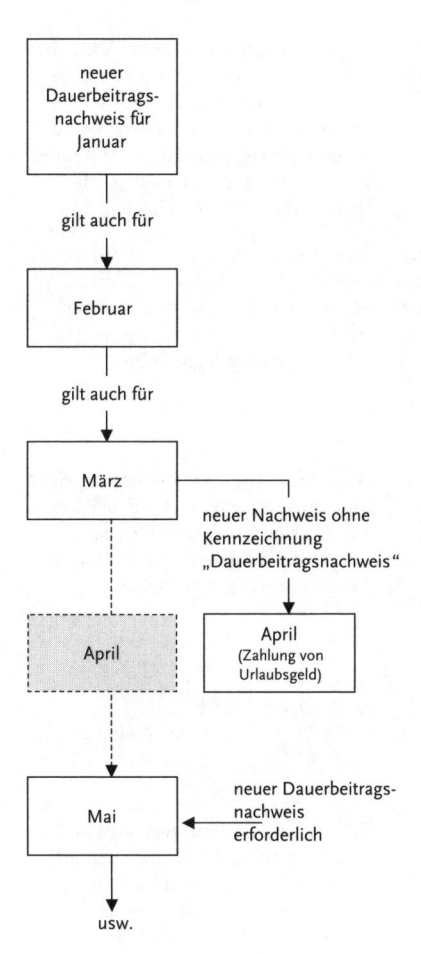

Der Dauerbeitragsnachweis

```
┌─────────────────┐
│     neuer       │
│ Dauerbeitrags-  │
│  nachweis für   │
│     Januar      │
└────────┬────────┘
         │ gilt auch für
         ▼
┌─────────────────┐
│    Februar      │
└────────┬────────┘
         │ gilt auch für
         ▼
┌─────────────────┐
│     März        │────────┐
└────────┬────────┘        │ neuer Nachweis ohne
         ┊                 │ Kennzeichnung
         ┊                 │ „Dauerbeitragsnachweis"
         ┊                 ▼
┌┈┈┈┈┈┈┈┈┈┈┈┈┈┈┈┈┐ ┌─────────────────┐
┊     April      ┊ │     April       │
┊                ┊ │  (Zahlung von   │
┊                ┊ │   Urlaubsgeld)  │
└┈┈┈┈┈┬┈┈┈┈┈┈┈┈┈┈┘ └─────────────────┘
         ┊
         ▼
┌─────────────────┐        neuer Dauerbeitrags-
│      Mai        │◄─────  nachweis
└────────┬────────┘        erforderlich
         ▼
       usw.
```

Die Beitragsgruppen auf dem Nachweis für die Minijobzentrale bedeuten:

Beitragsgruppe	Bedeutung	Hinweise
6000	Pauschalbeitrag zur Krankenversicherung	
0100	Beitrag zur Rentenversicherung bei Verzicht auf die Rentenversicherungsfreiheit	Die Beitragsgruppe ist zwar identisch mit der für versicherungspflichtig Beschäftigte, gleichwohl darf sie auf dem Nachweis für die Minijobzentrale nur für geringfügig Beschäftigte verwendet werden, die auf die Rentenversicherungsfreiheit verzichtet haben.
0200	Beitrag zur Rentenversicherung der Angestellten bei Verzicht auf die Rentenversicherungsfreiheit	Diese Beitragsgruppe ist nur für Zeiten bis zum 31.12.2004 zulässig. Seitdem gibt es keine Unterscheidung mehr zwischen der Rentenversicherung der Arbeiter und der Angestellten.
0500	Pauschalbeitrag zur Rentenversicherung	
0600	Pauschalbeitrag zur Rentenversicherung der Angestellten	Diese Beitragsgruppe ist nur für Zeiten bis zum 31.12.2004 zulässig. Seitdem gibt es keine Unterscheidung mehr zwischen der Rentenversicherung der Arbeiter und der Angestellten.
U1	Umlage für die Entgeltfortzahlungsversicherung U1 für Krankheitsaufwendungen	vergl. auch Schritt 3
U2	Umlage für die Entgeltfortzahlungsversicherung U2 für Mutterschaftsaufwendungen	
St	einheitliche Pauschalsteuer	Es kann nur die zweiprozentige Pauschalsteuer über die Minijobzentrale abgeführt werden. Wird hier ein Betrag eingegeben, so ist zusätzlich das Feld »Steuernummer des Arbeitgebers« auszufüllen.

3 Zahlung der Beiträge

Der Gesamtsozialversicherungsbeitrag ist vom Arbeitgeber zu zahlen. Er haftet als Beitragsschuldner für die Erfüllung der Zahlungspflicht. Dies gilt sowohl für die Pauschalbeiträge als auch für die vom Arbeitnehmer zu tragenden Aufstockungsbeiträge zur Rentenversicherung.

3.1 Fälligkeit

Der Anspruch der Sozialversicherungsträger auf die Beiträge entsteht grundsätzlich mit dem Anspruch auf Zahlung des Entgelts. Für die Fälligkeit gibt es aber eine Stichtagsregelung (§ 28e SGB IV).

Laufende Beiträge, die geschuldet werden, werden entsprechend den Regelungen der Satzung der Einzugsstelle fällig. Beiträge aus dem Arbeitsentgelt sind in voraussichtlicher Höhe der Beitragsschuld spätestens am drittletzten Bankarbeitstag des Monats fällig, in dem die Beschäftigung, mit der das Arbeitsentgelt erzielt wird, ausgeübt worden ist. Ein verbleibender Restbeitrag wird zum drittletzten Bankarbeitstag des Folgemonats fällig (§ 23 SGB IV).

Diese seit Anfang 2006 geltende Regelung führt dazu, dass der Arbeitgeber die voraussichtliche Beitragshöhe schätzen muss, da in der Regel die Gehaltsabrechnung erst nach Ende des Kalendermonats erfolgt. Die Schätzung muss so dicht wie möglich an das endgültige Ergebnis der Beitragsabrechnung herankommen. Bei häufig auftretenden größeren Differenzen drohen Probleme mit dem Betriebsprüfer und die Verhängung von Säumniszuschlägen.

Praxistipp Dokumentieren Sie sorgfältig, wie Sie bei der Schätzung vorgegangen sind und welche voraussichtlichen Änderungen Sie bereits berücksichtigt haben. Notieren Sie bei größeren Differenzen, welche – vorher nicht erkennbaren – Faktoren dazu geführt haben. So können Sie dem Betriebsprüfer Paroli bieten. Ohne entsprechende Aufzeichnungen können Sie die Differenzen nach einigen Jahren wahrscheinlich nicht mehr zuverlässig nachvollziehen.

Der »drittletzte Bankarbeitstag des Monats« errechnet sich ohne Berücksichtigung von Samstagen, Sonn- und Feiertagen. Bei nicht bundeseinheitlichen Feiertagen wird der Fälligkeitstag nach den am Sitz der Einzugsstelle geltenden Regelungen ermittelt. Für das Jahr 2006 haben die Spitzenverbände der Sozialversicherungsträger die Fälligkeitstage bekannt gegeben.

Fälligkeit der Sozialversicherungsbeiträge 2006

Januar 2006	Februar 2006	März 2006	April 2006	Mai 2006	Juni 2006	Juli 2006	August 2006	September 2006	Oktober 2006	November 2006	Dezember 2006
27. 1.	24. 2.	29. 3.	26. 4.	29. 5.	28. 6.	27. 7.	29. 8.	27. 9.	26./27. 10.*	28. 11.	27. 12.

* abhängig vom Bundesland

Die Schätzung, die der Arbeitgeber zum Fälligkeitstag abgibt, wird nicht rückwirkend korrigiert. Differenzen zur tatsächlichen Abrechnung werden in den nächsten Beitragsnachweis mit aufgenommen und mit dem nächsten Fälligkeitstag ausgeglichen.

Beispiel Die Firma Schlunz hat mehrere geringfügig Beschäftigte, die je nach Arbeitsanfall beschäftigt werden. Für den Abrechnungsmonat Juli 2006 ermittelt die Firma eine voraussichtliche Beitragshöhe von 1.200 EUR. Diesen Betrag weist sie der Minijobzentrale nach und zahlt ihn auch pünktlich. Bei der Abrechnung Anfang August stellt sich heraus, dass einige Überstunden geleistet wurden, die bei der Schätzung noch nicht absehbar waren. Der tatsächliche Beitrag beläuft sich auf 1.400 EUR.

Für den Abrechnungsmonat August 2006 schätzt die Firma eine Beitragshöhe von 1.300 EUR.

Der Beitragsnachweis für August setzt sich wie folgt zusammen:
Schätzung für August   1.300 EUR
Differenz für Juli   200 EUR
Gesamtbetrag   1.500 EUR

Achtung! Am Tag der Fälligkeit muss die Zahlung bereits auf dem Konto der Einzugsstelle verfügbar sein. So reicht es z. B. nicht aus, am Fälligkeitstag der Minijobzentrale einen Scheck einzureichen – das Geld kann nicht mehr mit demselben Tag auf dem Konto verfügbar gemacht werden. Eine Verspätete Zahlung führt zu Säumniszuschlägen.

3.2 Fälligkeit im Haushaltsscheckverfahren

Eine Sonderregelung gilt für die Beiträge im Haushaltsscheckverfahren. Da es sich hierbei in der Regel um sehr geringe Beiträge handelt, wird auf den monatlichen Beitragseinzug verzichtet. Die Minijobzentrale zieht die Beiträge nur zweimal jährlich ein, nämlich zum 15. Juli für die Beitragsmonate Januar bis Juni und zum 15. Januar für die Beiträge vom Juli bis Dezember des Vorjahres.

Für das Haushaltsscheckverfahren ist als Zahlungsweg der Bankeinzug gesetzlich vorgeschrieben.

Fälligkeit der Sozialversicherungsbeiträge

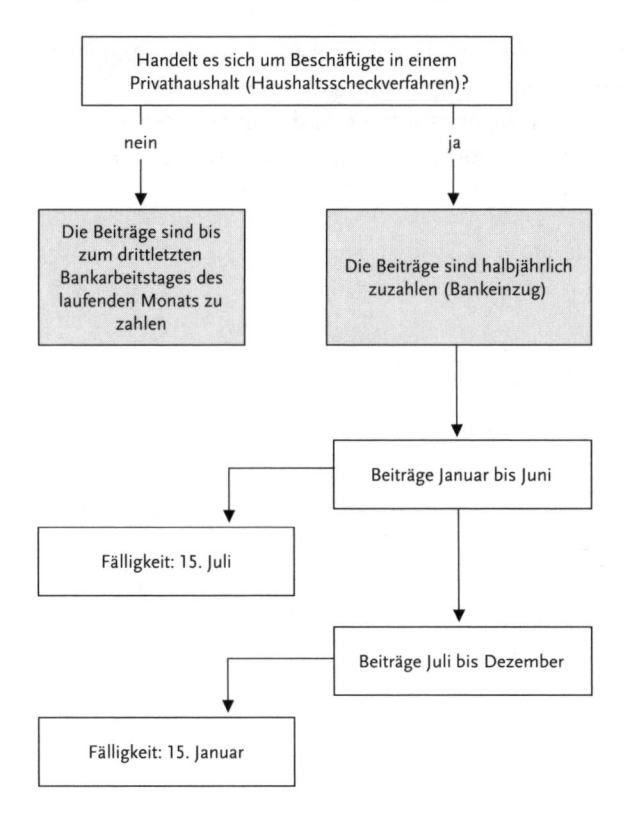

```
          Handelt es sich um Beschäftigte in einem
          Privathaushalt (Haushaltsscheckverfahren)?
                    /              \
                  nein              ja
                    |               |
          Die Beiträge sind bis     Die Beiträge sind halbjährlich
          zum drittletzten          zuzahlen (Bankeinzug)
          Bankarbeitstages des
          laufenden Monats zu
          zahlen
                                    |
                         Beiträge Januar bis Juni
                                    |
               Fälligkeit: 15. Juli
                                    |
                         Beiträge Juli bis Dezember
                                    |
               Fälligkeit: 15. Januar
```

3.3 Verrechnung mit Erstattungsleistungen

Nimmt der Arbeitgeber an der Entgeltfortzahlungsversicherung teil, kann er daraus beantragte Erstattungsbeträge unmittelbar mit den anfallenden Sozialversicherungsbeiträgen verrechnen. Dazu ist auf dem Erstattungsantrag (siehe Schritt 9) eine entsprechende Kennzeichnung vorzunehmen. Der Datensatz für den Beitragsnachweis sieht ein entsprechendes Datenfeld für die Eintragung des abzusetzenden Betrages vor. Die Verrechnung kann erst nach Abgabe des Erstattungsantrags vorgenommen werden.

4 So geht es weiter

Sie wissen jetzt, wie Sie mit den Ergebnissen der Gehaltsabrechnung umgehen und wie Sie ihren Zahlungsverpflichtungen nachkommen müssen. Wie die Gehalts- und Abrechnungsunterlagen zu dokumentieren sind, erfahren Sie in Schritt 7. Schritt 6 informiert Sie über die notwendige Anmeldung zur Sozialversicherung.

6. Schritt –
Die Anmeldung zur Sozialversicherung

Welche Meldungen müssen zu Beginn der Beschäftigung abgegeben werden?

Schlagworte
- Anmeldung
- Minijobzentrale
- Abgabegrund
- Beitragsgruppenschlüssel
- Personengruppenschlüssel
- Einzugsstelle

Situation

Nachdem der Gehaltsabrechner die Versicherungsfreiheit der geringfügigen Beschäftigung und die Beitragsgruppen festgestellt hat, muss der Beschäftigte bei der Einzugsstelle angemeldet werden. Dabei sind insbesondere die zutreffenden Schlüsselzahlen zu beachten. Im folgenden werden die Besonderheiten der Meldungen für geringfügig Beschäftigte erläutert. Die Grundlagen des Melderechts werden im Wesentlichen als bekannt vorausgesetzt.

Definitionen

▶ Abgabegrund	Gibt die Art und den Grund der Meldung an.
▶ Beitragsgruppenschlüssel	Gibt an, in welchen Versicherungszweigen Versicherung- oder Beitragspflicht besteht. Der Schlüssel auf Beitragsnachweis und Meldung ist identisch.
▶ Personengruppenschlüssel	Definiert, um welchen besonderen Personenkreis es sich handelt. Legt auch den Empfänger der Meldung fest.
▶ Einzugsstelle	Empfänger von Beitragsnachweisen, Meldungen und Beitragszahlungen. Kann eine Krankenkasse oder die Minijobzentrale sein.

Minijobs. Jürgen Heidenreich
Copyright © 2006, WILEY-VCH Verlag GmbH & Co. KGaA, Weinheim
ISBN: 3-527-50242-4

Rechtsgrundlagen
- SGB IV
- Datenerfassungs- und Übermittlungsverordnung - DEÜV

Checkliste
1. Anmeldung erstellen
2. Datenübermittlung nutzen
3. Abgabegrund feststellen
4. Personengruppenschlüssel ermitteln
5. Beitragsgruppenschlüssel festlegen
6. Meldefrist beachten
7. Einzugsstelle auswählen

1 Anmeldung erstellen

Für geringfügig Beschäftigte gilt das allgemeine Meldeverfahren nach der Datenerfassungs- und Übermittlungsverordnung (DEÜV). Grundsätzlich sind dieselben Meldungen erforderlich wie für versicherungspflichtig Beschäftigte.

Ausnahme Für die geringfügig Beschäftigten in Privathaushalten gilt ein vereinfachtes Verfahren, das sogenannte Haushaltsscheckverfahren.

Bei Beginn der Beschäftigung ist eine Anmeldung abzugeben. Nimmt der Arbeitgeber an der Entgeltfortzahlungsversicherung teil, ist hierfür keine besondere Anmeldung erforderlich. Alle erforderlichen Daten sind mit der »normalen« Anmeldung abgegeben.

2 Datenübermittlung nutzen

Die Meldungen nach der DEÜV muss der Arbeitgeber seit Anfang 2006 ausschließlich auf dem Weg der elektronischen Datenübermittlung an die Minijobzentrale (bzw. an die zuständige Krankenkasse) abgeben.

Sofern die Meldungen nicht automatisch aus einem geprüften und für die Datenübermittlung zugelassenen Gehaltsabrechnungsprogramm erstellt werden, besteht die Möglichkeit, die kostenlose elektronische Ausfüllhilfe sv.net zu nutzen. Details zu diesem Programm finden Sie in Schritt 5.

3 Abgabegrund feststellen

Mit diesem Schlüssel wird dokumentiert, welchen Zweck die Meldung verfolgt, also welcher Anlass zu Grunde liegt. (Kursiv dargestellte Abgabegründe sind für geringfügig entlohnte Beschäftigte nicht relevant).

Anmeldungen

Schlüsselzahl	Abgabegrund
10	Anmeldung wegen Beginn einer Beschäftigung
11	Anmeldung wegen Krankenkassenwechsel (Wechsel der Einzugsstelle)
12	Anmeldung wegen Beitragsgruppenwechsel
13	Anmeldung wegen sonstiger Gründe/Änderungen im Beschäftigungsverhältnis, z. B. Anmeldung nach unbezahltem Urlaub Anmeldung nach Streik (länger als ein Monat) Anmeldung wegen Rechtskreiswechsel ohne Kassenwechsel Anmeldung wegen Wechsel des Entgeltabrechnungssystems (freiwillige Meldung) *Anmeldung wegen Altersteilzeit* *Anmeldung wegen Berufsausbildung* *Anmeldung wegen Änderung des Personengruppenschlüssels ohne Beitragsgruppenwechsel*

4 Personengruppenschlüssel ermitteln

Geringfügig entlohnte Beschäftigte werden mit dem Personengruppenschlüssel »109« gekennzeichnet. Für versicherungsfreie kurzfristige Beschäftigungen wird der Schlüssel »110« verwandt. Besteht Versicherungspflicht (auch durch Zusammenrechnung mit einer Hauptbeschäftigung), wird der Schlüssel »101« angegeben. Der Schlüssel 109 bleibt auch dann gültig, wenn der Arbeitnehmer in der Rentenversicherung auf die Versicherungsfreiheit verzichtet hat und daher der Aufstockungsbeitrag gezahlt wird. Meldungen mit den Schlüsseln »109« und »110« können nur an die Minijobzentrale abgegeben werden. Der Schlüssel richtet sich grundsätzlich nach den Gegebenheiten in der Rentenversicherung.

Übersicht über die Personengruppenschlüssel:

Schlüssel	Bezeichnung	zuständige Einzugsstelle
101	sozialversicherungspflichtig Beschäftigte ohne besondere Merkmale	Krankenkasse
109	geringfügig Beschäftigte (geringfügig entlohnt)	Minijobzentrale
110	geringfügig Beschäftigte (kurzfristig – nicht mehr als zwei Monate)	Minijobzentrale

5 Beitragsgruppenschlüssel festlegen

Für geringfügig entlohnte Beschäftigungen kommen folgende Kombinationen von Personengruppenschlüssel und Beitragsgruppen in Frage:

Personengruppe	Schlüssel-Personengruppe	Schlüssel KV	Beitragsgruppe RV
geringfügig entlohnte Beschäftigte – **ohne** Verzicht auf die Versicherungsfreiheit (Pauschalbeitrag zur Rentenversicherung)	109	6	5
geringfügig entlohnte Beschäftigte – **mit** Verzicht auf die Versicherungsfreiheit (voller Beitrag zur Rentenversicherung)	109	6	1

Die Beitragsgruppenschlüssel 6 und 2 zur Rentenversicherung waren nur für Zeiten bis 31.12.2004 zulässig.

Wichtig Meldungen mit dem Personengruppenschlüssel »109« (sowie »110« für kurzfristig Beschäftigte) können nur an die Minijobzentrale abgegeben werden. Meldungen mit anderen Personengruppenschlüsseln werden an die jeweilige Krankenkasse des Beschäftigten gegeben.

6 Meldefrist beachten

Die Anmeldung ist mit der nächsten Gehaltsabrechnung, spätestens aber innerhalb von sechs Wochen nach Aufnahme der Beschäftigung abzugeben.

7 Einzugsstelle auswählen

Die Meldungen sind immer an die Stelle abzugeben, die auch die Beiträge erhält (Einzugsstelle). Bei geringfügig Beschäftigten ist dies grundsätzlich die Minijobzentrale (siehe auch Schritt 5).

7. Schritt –
Die Dokumentation der Gehalts- und Abrechnungsunterlagen

Welche Daten und Unterlagen müssen bei geringfügigen Beschäftigungen dokumentiert werden? Wie sind die Gehaltsunterlagen zu führen? Warum ist die Beachtung dieser Bestimmungen so wichtig?

Schlagworte
- Lohnunterlagen
- Gehaltsunterlagen
- Lohn- und Gehaltsunterlagen
- Abrechnungsprogramm
- Nachweise
- Beitragsabrechnung
- Lohnkonto
- Gehaltskonto
- Betriebsprüfung
- Beitragsnachforderung
- Nachträglicher Beitragsabzug

Situation
Nachdem alle Entscheidungen getroffen und die Daten für die monatliche Gehaltsabrechnung eingegeben sind, muss der Gehaltsabrechner die vorliegenden Unterlagen dokumentieren und sicherstellen, dass sie künftig jederzeit verfügbar sind. Dabei ist zu beachten

- welche Daten vorgehalten werden müssen
- welche Unterlagen aufzubewahren sind.

Im Folgenden werden die rechtlichen Hintergründe erläutert und die notwendigerweise aufzubewahrenden Daten und Unterlagen aufgelistet.

Minijobs. Jürgen Heidenreich
Copyright © 2006, WILEY-VCH Verlag GmbH & Co. KGaA, Weinheim
ISBN: 3-527-50242-4

Bei Verwendung eines maschinellen Abrechnungssystems sind die meisten Daten ohnehin bereits gespeichert. Gleichwohl ist es wichtig zu wissen, auf welche Daten es ankommt und welche zusätzlichen Informationen, die nicht im Abrechnungssystem vorliegen, dokumentiert werden müssen.

Definitionen

▶	Lohnunterlagen	Alle Unterlagen, die Informationen über den Arbeitnehmer, das Beschäftigungsverhältnis und die Abrechnungsdaten geben.
▶	Beitragsabrechnung	Daten, die sich aus der monatlichen Abrechnung ergeben.
▶	Abrechnungszeitraum	Zeitraum zwischen zwei Lohnabrechnungen, in der Regel der Kalendermonat.
▶	Betriebsprüfung	Wird durch die Rentenversicherungsträger im vierjährigen Turnus durchgeführt.

Rechtsgrundlagen
- Beitragsverfahrensverordnung
- SGB IV

Checkliste
1. Lohnunterlagen
2. Beitragsabrechnung
3. Betriebsprüfung

1 Lohnunterlagen

Gerade bei geringfügig Beschäftigten ist die sorgfältige Dokumentation in den Gehaltsunterlagen von entscheidender Bedeutung. Der Arbeitgeber muss gegenüber den Betriebsprüfern der Rentenversicherung jederzeit die Versicherungsfreiheit des Beschäftigten nachweisen können. Sonst drohen Beitragsnachforderungen.

Die Verpflichtung zur Führung von Lohnunterlagen ist im Gesetz geregelt. Dort ist allerdings nur festgelegt, dass Lohnunterlagen für jeden Beschäftigten zu führen sind. Weitere Bedingungen sind:

- Führung in deutscher Sprache
- Aufbewahrung innerhalb Deutschlands
- Aufbewahrung bis zum Ablauf des auf die letzte Prüfung folgenden Kalenderjahres.

Beispiel Die letzte Betriebsprüfung durch die Rentenversicherung fand bei der Firma Lüdenscheidt im Juli 2005 statt. Die Unterlagen sind bis zum 31. Dezember 2006 aufzubewahren.

Achtung! Im Steuerrecht gelten längere Aufbewahrungsfristen. Für das Finanzamt müssen die Unterlagen grundsätzlich 10 Jahre aufbewahrt werden.

Insgesamt müssen die Aufzeichnungen so beschaffen sein, dass sie dem Betriebsprüfer innerhalb angemessener Zeit einen Überblick über die Lohn- und Gehaltsabrechnung vermitteln können. Die Angaben sind richtig, vollständig, in zeitlicher Reihenfolge und geordnet vorzuhalten.

Welche Angaben im Detail festzuhalten sind, regelt die Beitragsverfahrensverordnung.

Als Lohnunterlagen bezeichnet man im Allgemeinen alle Informationen und Nachweise, die einen Beschäftigten und seine sozialversicherungs- und beitragsrechtliche Beurteilung betreffen.

Zu den einzelnen Beschäftigten sind die folgenden Mindestinhalte vorgeschrieben:

- Familien- und Vorname
- Geburtsdatum
- bei Ausländern aus Staaten außerhalb des Europäischen Wirtschaftsraumes die Staatsangehörigkeit und die Arbeitsgenehmigung der Bundesagentur für Arbeit
- Anschrift

Achtung! Die Personendaten sollten Sie immer amtlichen Dokumenten (Personalausweis, Reisepass, Sozialversicherungsausweis) entnehmen. Am Besten nehmen Sie eine Kopie der Dokumente zu den Unterlagen.

- Beginn und Ende der Beschäftigung
- Beschäftigungsart (genaue Bezeichnung der Tätigkeit)
- alle Angaben, die für die Versicherungsfreiheit oder Befreiung von der Versicherungspflicht maßgebend sind (z. B. Befreiungsbescheinigung, Angaben zur wöchentlichen Arbeitszeit, Stundenzettel, Entgelthöhe, Immatrikulationsbescheinigung bei Studenten, Rentenbescheide usw.)

- Arbeitsentgelt, seine Zusammensetzung und zeitliche Zuordnung; ausgenommen sind Sachbezüge und Belegschaftsrabatte, soweit für sie eine Aufzeichnungspflicht nach dem Steuerrecht nicht besteht – hiermit sind alle Zuwendungen gemeint, ohne Rücksicht darauf, ob sie der Beitragspflicht unterliegen oder nicht
- beitragspflichtiges Arbeitsentgelt, seine Zusammensetzung und zeitliche Zuordnung
- Beitragsgruppenschlüssel (das Schlüsselverzeichnis finden Sie unter Schritt 6)
- Einzugstelle für den Gesamtsozialversicherungsbeitrag (zuständige Krankenkasse oder Minijobzentrale)
- Arbeitnehmeranteil am Gesamtsozialversicherungsbeitrag, getrennt nach Beitragsgruppen
- sonstige für die Erstellung von Meldungen erforderliche Daten
- Summierung der für die Meldungen erforderlichen Entgelte

Hinweis: Für bestimmte Personengruppen, zum Beispiel Arbeitnehmer in Altersteilzeit, sind weitere Inhalte vorgeschrieben. Diese sind aber für geringfügig Beschäftigte nicht von Bedeutung.

Optional kann ein betriebliches Ordnungsmerkmal, z. B. eine Personalnummer, als Bindeglied zwischen den einzelnen Teilen der Lohnunterlagen verwandt werden.

Alle für die Beitragsberechnung notwendigen Daten sind für jeden einzelnen Abrechnungszeitraum erforderlich. Berichtigungen oder Stornierungen dieser Daten sind besonders kenntlich zu machen.

Die Angaben zur Beschäftigungsart, zur Versicherungsfreiheit und zur Einzugsstelle können auch verschlüsselt vorgehalten werden.

Neben diesen Daten müssen auch folgende weitere Unterlagen bzw. Nachweise zu den Lohnunterlagen genommen und aufbewahrt werden:

- Arbeitsgenehmigungen
- Mitgliedsbescheinigungen der Krankenkassen
- Ausdruck der Meldungen
- Erklärung des geringfügig Beschäftigten über seinen Verzicht auf die Rentenversicherungsfreiheit
- Niederschrift nach § 2 Nachweisgesetz.

Achtung! Lohnunterlagen sind für alle Beschäftigten zu führen, also auch für versicherungsfreie Mitarbeiter.

Die Lohnunterlagen können mit Hilfe automatischer Einrichtungen oder auf Bildträgern geführt werden.

2 Beitragsabrechnung

Damit im Rahmen der Betriebsprüfung die Beitragsabrechnung insbesondere im Hinblick auf ihre Vollständigkeit überprüft werden kann, müssen für jeden Abrechnungszeitraum bestimmte Daten dokumentiert und vorgehalten werden. Zusammenzustellen sind alle Beschäftigten getrennt nach den zuständigen Einzugsstellen. Das Ergebnis ist die so genannte Krankenkassenliste. Diese muss folgende Daten enthalten:

- Familien- und Vornamen
- ggf. die Personalnummer
- das beitragspflichtige Arbeitsentgelt
- den Beitragsgruppenschlüssel
- die Sozialversicherungstage
- den Gesamtsozialversicherungsbeitrag nach Beitragsgruppen getrennt; die einzelnen Beitragsgruppen sind zu summieren und eine Gesamtsumme zu bilden.

Für geringfügig Beschäftigte ist also eine solche Liste mit den Daten für die Minijobzentrale zu erstellen.

Berichtigungen und Stornierungen sind gesondert kenntlich zu machen. In diese Aufstellung sind auch Beschäftigte aufzunehmen, für die keine Sozialversicherungsbeiträge gezahlt werden.

Auch die Beitragsabrechnung kann mit Hilfe automatischer Einrichtungen erstellt oder auf Bildträgern aufgezeichnet werden.

Aus dem Ergebnis der Beitragsabrechnung werden die Beitragsnachweise für die einzelnen Krankenkassen erstellt.

Vom Lohnkonto zum Beitragsnachweis

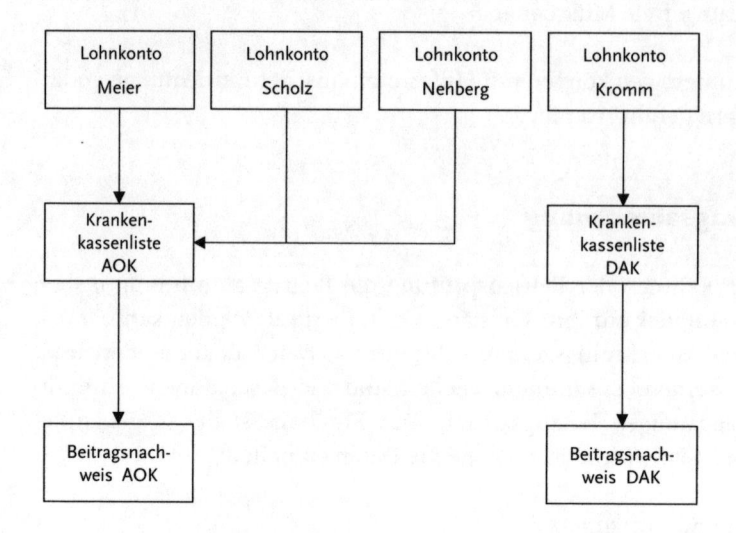

```
┌──────────┐  ┌──────────┐  ┌──────────┐      ┌──────────┐
│ Lohnkonto│  │ Lohnkonto│  │ Lohnkonto│      │ Lohnkonto│
│  Meier   │  │  Scholz  │  │  Nehberg │      │  Kromm   │
└────┬─────┘  └────┬─────┘  └────┬─────┘      └────┬─────┘
     │             │             │                 │
     ▼             ▼             ▼                 ▼
  ┌──────────┐                              ┌──────────┐
  │ Kranken- │                              │ Kranken- │
  │kassenliste│◄─                           │kassenliste│
  │   AOK    │                              │   DAK    │
  └────┬─────┘                              └────┬─────┘
       │                                         │
       ▼                                         ▼
  ┌──────────┐                              ┌──────────┐
  │Beitragsnach-│                           │Beitragsnach-│
  │ weis AOK │                              │ weis DAK │
  └──────────┘                              └──────────┘
```

3 Betriebsprüfung

Spätestens alle vier Jahre führt die Rentenversicherung eine Betriebsprüfung bei jedem Unternehmen durch. Der vierjährige Rhythmus ergibt sich aus der Verjährungsfrist der Sozialversicherungsbeiträge (vier Jahre nach Ablauf des Jahres in dem der Anspruch entstanden ist). In besonderen Fällen oder auf Wunsch des Arbeitgebers ist eine Prüfung auch in kürzeren Zeitabständen möglich.

Die Regeln für die Betriebsprüfung sind im Sozialgesetzbuch IV und in der Beitragsverfahrensverordnung (bis 30.6.2006 in der Beitragsüberwachungsverordnung) festgelegt.

Die Prüfung soll dem Arbeitgeber möglichst einen Monat, spätestens aber 14 Tage vorher angekündigt werden. Mit Einverständnis des Arbeitgebers kann auf diese Ankündigungsfrist verzichtet werden. Bei Verdacht auf Beitragshinterziehung ist eine sofortige, unangekündigte Prüfung möglich.

3.1 Inhalt der Prüfung

Die Prüfung erstreckt sich auf den ganzen Bereich der Beitragsabrechnung. Dazu gehören insbesondere
- Feststellung von Versicherungspflicht/-freiheit
- Dokumentation der Nachweise über die Versicherungsfreiheit
- Beurteilung der Beitragspflicht einzelner Entgeltbestandteile
- Beitragsberechnung und Abführung
- Führung der Lohnunterlagen
- Feststellung der Umlagepflicht und der Beiträge zur Entgeltfortzahlungsversicherung

Der Prüfer ist verpflichtet, Einblick in die Lohnsteuerhaftungsbescheide zu nehmen, die das Finanzamt im Rahmen der Prüfung erlassen hat.

Die Prüfung kann sich auch über den Bereich der Gehaltsabrechnung hinaus erstrecken, jedoch nicht über den Bereich des Rechnungswesens hinaus.

3.2 Nachträglicher Beitragsabzug

Stellt der Prüfer fest, dass der Arbeitgeber die Versicherungspflicht/-freiheit unzutreffend beurteilt hat, kann es zu Beitragsnachforderungen kommen. Ein Verbot der rückwirkenden Beitragserhebung besteht nur, wenn die Versicherungspflicht durch Zusammenrechnung mit anderen Beschäftigungsverhältnissen entsteht, von denen der Arbeitgeber keine Kenntnis haben konnte. Anders ist das, wenn der Arbeitgeber etwa eine Einmalzahlung nicht berücksichtigt hat und es dadurch rückwirkend zu einer Versicherungspflicht kommt.

Auch im Falle der Nachforderung im Rahmen der Betriebsprüfung haftet der Arbeitgeber für die Beitragszahlung. Ein Abzug des Arbeitnehmeranteils ist grundsätzlich nur für die letzten drei Abrechnungsmonate zulässig.

Von diesem Grundsatz gibt es allerdings einige Ausnahmen. Ein nachträglicher Beitragsabzug ist möglich, wenn

- der fehlende Abzug auf falsche oder unvollständige Angaben des Arbeitnehmers (auf Befragung!) zurückzuführen ist,
- es sich um Beitragsanteile handelt, die der Arbeitnehmer allein zu tragen hat (das sind der Zusatzbeitrag in der Krankenversicherung und der Beitragszuschlag für Kinderlose in der Pflegeversicherung – vergleiche Teil B). Diese Beitragsteile dürfen sogar außerhalb des Beitragsabzugs, also etwa nach Ende der Beschäftigung, vom Arbeitnehmer gefordert werden.

Nachträglicher Beitragsabzug

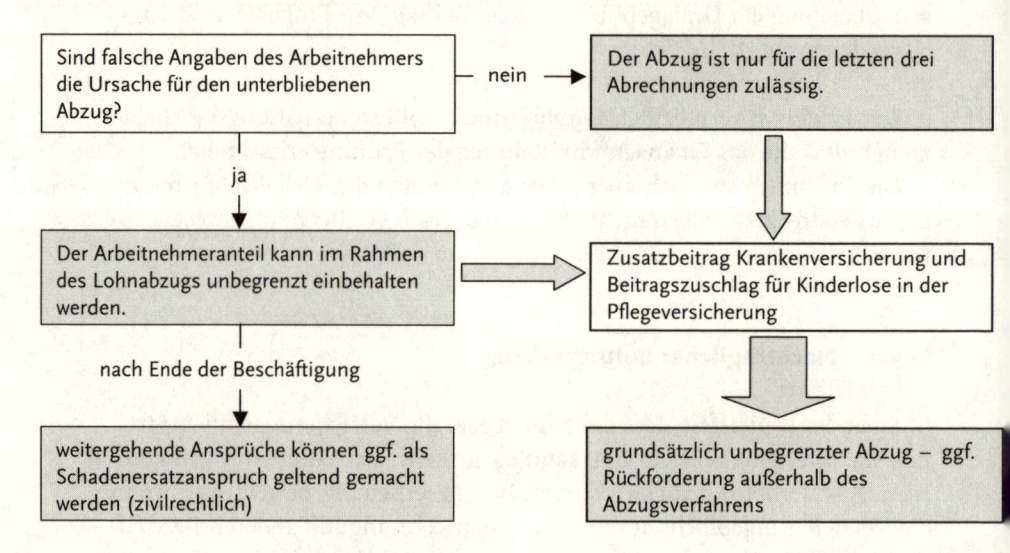

Sind falsche Angaben des Arbeitnehmers die Ursache für den unterbliebenen Abzug?

→ nein → Der Abzug ist nur für die letzten drei Abrechnungen zulässig.

↓ ja

Der Arbeitnehmeranteil kann im Rahmen des Lohnabzugs unbegrenzt einbehalten werden.

→ Zusatzbeitrag Krankenversicherung und Beitragszuschlag für Kinderlose in der Pflegeversicherung

↓ nach Ende der Beschäftigung

weitergehende Ansprüche können ggf. als Schadenersatzanspruch geltend gemacht werden (zivilrechtlich)

↓

grundsätzlich unbegrenzter Abzug – ggf. Rückforderung außerhalb des Abzugsverfahrens

8. Schritt –
Arbeitsrechtliche Bestimmungen
während der Beschäftigung beachten

Welche Besonderheiten sind während des laufenden Arbeitsverhältnisses eines geringfügig Beschäftigten zu beachten? Wieweit sind Arbeitszeitgrenzen und Pausenregelungen zu beachten? Wie werden Feiertage und andere Freistellungen bei geringfügig Beschäftigten gehandhabt? Besteht ein Anspruch auf Entgeltfortzahlung im Krankheitsfall?

Schlagworte
- Arbeitszeitgesetz
- Pausenregelung
- Feiertagslohn
- Bezahlte Freistellung
- Entgeltfortzahlung im Krankheitsfall
- Entgeltfortzahlung bei Mutterschaft
- Überstunden

Situation
Alle Schritte, die zu Beginn einer geringfügigen Beschäftigung notwendig sind, haben Sie jetzt abgearbeitet. Aber auch während der laufenden Beschäftigung hat der Personalverantwortliche darauf zu achten, dass die arbeitsrechtlichen Schutzbestimmungen für die Beschäftigten eingehalten werden. Dies gilt auch für geringfügig Beschäftigte. Der Gehaltsabrechner muss bei der Abrechnung die Zahlung von Feiertags-, Urlaubs- und Krankenlohn berücksichtigen. Welche Bestimmungen für geringfügige Beschäftigungen gelten und welche Besonderheiten es gibt, zeigt der folgende Abschnitt. Dabei gehen wir nur auf die Regelungen ein, die nicht schon als Bestandteil des Arbeitsvertrages (siehe Schritt 1) erläutert wurden.

Definitionen

▶ Arbeitszeitgesetz	Das Arbeitszeitgesetz ist ein Schutzgesetz, dass die zeitlichen Arbeitsbedingungen und die damit verbundene maximale zeitliche Belastung von Arbeitnehmern regelt.
▶ Überstunden	Mehrarbeit, die über die vereinbarte Arbeitszeit hinaus geleistet wird.
▶ Feiertagslohn	Entgelt, das für arbeitsfreie gesetzliche Feiertage zu zahlen ist.

Rechtsquellen
- Arbeitszeitgesetz
- Entgeltfortzahlungsgesetz
- Teilzeitgesetz
- Jugendarbeitsschutzgesetz

Die relevanten Rechtsquellen sind vollständig oder in relevanten Auszügen im Anhang zu finden.

Checkliste
1. Arbeitszeitregelungen beachten
2. Feiertage berücksichtigen
3. Bezahlte Freistellung gewähren
4. Kündigungsschutz einhalten
5. Entgeltfortzahlung im Krankheitsfall leisten

1 Arbeitszeitregelungen beachten

Das Arbeitszeitgesetz regelt die maximale zeitliche Beanspruchung des Beschäftigten. Bei Teilzeitbeschäftigten spielt das naturgemäß keine große Rolle. Wichtig sind die Regelungen aber immer dann, wenn die Teilzeitarbeit nicht zu festen Zeiten, sondern in sehr flexibler Form oder konzentriert an einzelnen Tagen abgeleistet wird.

Zu beachten ist zum Beispiel die Begrenzung der werktäglichen Arbeitszeit auf höchstens 8 Stunden. Eine Verlängerung auf 10 Stunden ist möglich, wenn ein entsprechender Zeitausgleich in den folgenden sechs Monaten geleistet wird. Wichtig sind auch die Pausenregelungen: Spätestens nach sechs Stunden der Tätigkeit ist eine Pausenzeit von 30 Minuten vorgeschrieben. Dauert die Arbeit länger als neun Stunden, muss die Pausenzeit mindestens 45 Minuten betragen. Die Pausenzeit kann in Teilen von jeweils mindestens 15 Minuten genommen werden.

Welche Pausen stehen dem Arbeitnehmer zu?

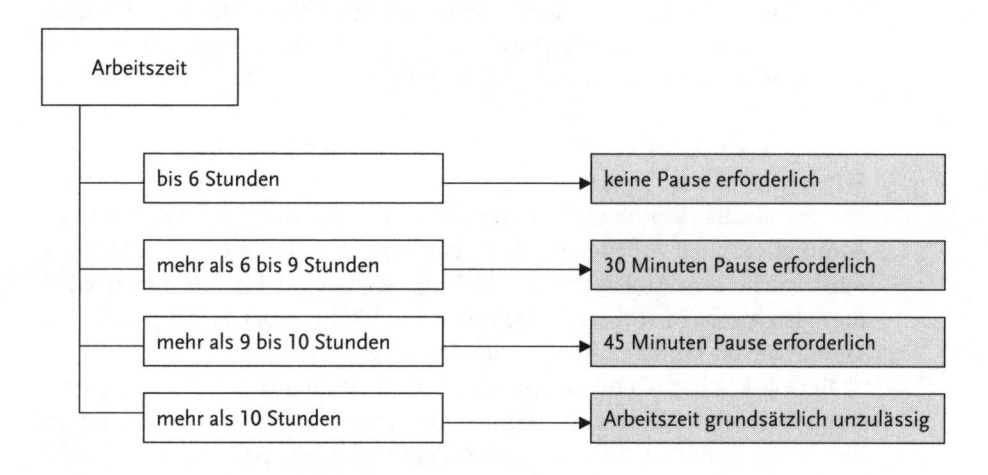

Arbeitszeit	Pause
bis 6 Stunden	keine Pause erforderlich
mehr als 6 bis 9 Stunden	30 Minuten Pause erforderlich
mehr als 9 bis 10 Stunden	45 Minuten Pause erforderlich
mehr als 10 Stunden	Arbeitszeit grundsätzlich unzulässig

Beispiel Frau Soltwedel arbeitet als Teilzeitkraft jeweils am Montag. Ihre Arbeitszeit beginnt um 8.00 Uhr. Spätestens um 14.00 Uhr muss sie eine Pause von 30 Minuten machen. Arbeitet sie an diesem Tag bis 18.00 Uhr, beträgt die Pausenzeit 45 Minuten.

Zwischen den Arbeitseinsätzen muss eine ununterbrochene Ruhezeit von mindestens 11 Stunden gewährt werden.

Die Arbeitsschutzbestimmungen gelten uneingeschränkt auch für Teilzeitkräfte. Das Arbeitszeitgesetz ist auszugsweise im Anhang abgedruckt.

Bei Jugendlichen unter 18 Jahren sind zusätzlich die besonderen Bestimmungen des Jugendarbeitsschutzgesetzes zu beachten.

2 Feiertage berücksichtigen

Für gesetzliche Feiertage ist das Entgelt vom Arbeitgeber fortzuzahlen. Dies gilt grundsätzlich auch für Teilzeitbeschäftigte. Entscheidend ist dabei, ob der Arbeitnehmer an dem Feiertag sonst hätte arbeiten müssen. Die Entgeltfortzahlung greift also nur, wenn durch den Feiertag die Arbeit ausfällt.

Beispiel Frau Sammel arbeitet als Teilzeitbeschäftigte bei der Firma Kraus. Ihre Arbeitszeit ist auf drei Wochentage, nämlich Dienstag bis Donnerstag verteilt.
Für Ostermontag oder Pfingstmontag erhält sie keine Feiertagsvergütung, da sie an diesen Tagen ohnehin nicht gearbeitet hätte. Für den Himmelfahrtstag (Donnerstag) hingegen erhält Sie das Feiertagsentgelt, da sie ohne den Feiertag an diesem Tag hätte arbeiten müssen.

Es ist nicht zulässig, die Arbeitstage so zu festzulegen, dass speziell für Wochen in denen Feiertage liegen, die Arbeitszeit verändert wird. Dann handelt es sich um eine rechtswidrige Benachteiligung. Im Fall der Frau Sammel kann der Arbeitgeber also nicht verlangen, dass sie in der Himmelfahrtswoche ihre Arbeitszeit auf die Tage Montag bis Mittwoch legt. Wird dies gleichwohl so vereinbart, steht der Beschäftigten der Feiertagslohn zu. Die Arbeit am Montag müsste gesondert vergütet werden.

Bei stark schwankenden Arbeitseinsätzen ist eine Durchschnittsberechnung angezeigt. Dabei wird zunächst die gesamte jährliche Arbeitszeit und die durchschnittlich auf einen Arbeitstag entfallende Arbeitszeit ermittelt. Für jeden gesetzlichen Feiertag des Jahres wird das Gesamtjahresbudget um diese durchschnittliche tägliche Arbeitszeit gekürzt. Der verbleibende Rest steht für Arbeitseinsätze zur Verfügung. Die Vergütung bleibt aber in voller Höhe bestehen.

Beispiel Herr Mahl arbeitet als Teilzeitbeschäftigter an zwei Tagen in der Woche, je nach Arbeitsanfall aber an sehr unterschiedlichen Tagen. Seine durchschnittliche wöchentliche Arbeitszeit ist auf 16 Stunden festgelegt. Seine Gesamtjahresarbeitszeit liegt bei 832 Stunden (52 Wochen × 16 Stunden). Bei insgesamt 260 Arbeitstagen (52 Wochen × 5 Wochentage) entfällt auf jeden Arbeitstag des Jahres ein Anteil von 3,2 Stunden.

In dem Bundesland, in dem Herr Mahl beschäftigt ist, gibt es 11 gesetzliche Feiertage. Seine Jahresarbeitszeit verringert sich also um 35,2 Stunden (3,2 Stunden × 11 Tage).

Herr Mahl muss also 796,8 Stunden tatsächliche Arbeitzeit erbringen. Sein Entgelt wird aber aus der Sollarbeitszeit von 832 Stunden berechnet. Damit sind die Feiertage angemessen berücksichtigt und es liegt keine Benachteiligung des Teilzeitbeschäftigten vor.

3 Bezahlte Freistellung gewähren

Wer aus zwingenden persönlichen Gründen seine Arbeit für einen kurzen Zeitraum nicht ausüben kann, hat Anspruch auf Entgeltzahlung (§ 616 BGB). Solche Anlässe können Krankheits- oder Todesfälle in der Familie sein, die eigene Hochzeit oder ein unaufschiebbarer Arztbesuch. In vielen Tarifverträgen sind solche Anlässe abschließend aufgeführt. Grundsätzlich steht eine solche bezahlte Freistellung auch Teilzeitkräften zu. Bei planbaren Anlässen – etwa Arztbesuchen (außer in Notfällen) – kann der Arbeitgeber erwarten, dass der Beschäftigte die Termine in seine arbeitsfreie Zeit legt. Die Möglichkeiten hierfür sind bei Teilzeitbeschäftigten auf Grund der kürzeren und oft flexibleren Arbeitszeit größer als bei Vollzeitbeschäftigten.

4 Kündigungsschutz einhalten

Beim Kündigungsschutz wird nicht zwischen Voll- und Teilzeitkräften unterschieden. Die Regelungen des Kündigungsschutzes gelten abhängig von der Dauer der Beschäftigung (mindestens sechs Monate) und der Größe des Unternehmens. Die vereinbarte Arbeitszeit spielt keine Rolle.

Auch bei der Sozialauswahl im Falle betriebsbedingter Kündigungen dürfen Teilzeitbeschäftigte nicht auf Grund ihrer geringeren Stundenzahl benachteiligt werden. Sie gelten nicht automatisch als weniger schutzbedürftig als vergleichbare Vollzeitkräfte. Auswahlkriterien sind vielmehr die Dauer der Beschäftigung, das Lebensalter und die Unterhaltspflichten der Beschäftigten.

Beim besonderen Kündigungsschutz für bestimmte Personengruppen (beispielsweise schwangere Frauen, Betriebsratsmitglieder, Schwerbehinderte) gibt es ebenfalls keine Unterschiede zwischen Voll- und Teilzeitbeschäftigten.

5 Entgeltfortzahlung im Krankheitsfall leisten

Die Entgeltfortzahlung im Krankheitsfall ist für Teilzeitbeschäftigte im selben Umfang zu gewähren wie für Vollbeschäftigte.

Der Anspruch auf Entgeltfortzahlung im Krankheitsfall entsteht vier Wochen nach Beschäftigungsbeginn. Diese Wartezeit kann durch Tarifvertrag oder Einzelvereinbarung entfallen. Der Arbeitgeber zahlt das entgangene Arbeitsentgelt für bis zu sechs Wochen weiter. Eine längere Fortzahlung kann in Tarif- oder Arbeitsverträgen vereinbart werden. Die Entgeltfortzahlung leistet der Arbeitgeber

- im Falle der unverschuldeten Arbeitsunfähigkeit
- bei einem nicht rechtswidrigen Schwangerschaftsabbruch
- bei einer nicht rechtswidrigen Sterilisation
- während einer Kur oder Rehabilitationsmaßnahme.

Schließt sich an die Kur eine Schonzeit an besteht Entgeltfortzahlungsanspruch nur, wenn zugleich Arbeitsunfähigkeit besteht.

Entgeltfortzahlung - Wartezeit

Arbeitsverhältnis **mit** Wartezeit

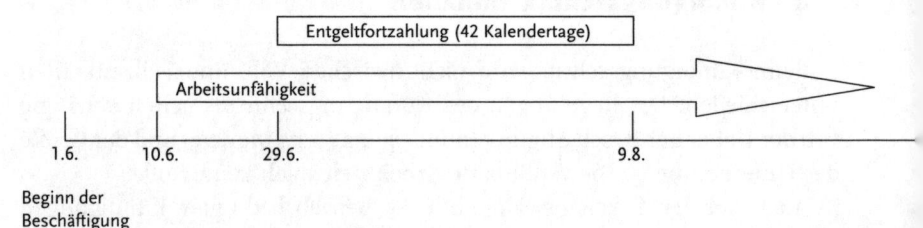

Entgeltfortzahlung (42 Kalendertage)
Arbeitsunfähigkeit

1.6.   10.6.   29.6.   9.8.

Beginn der
Beschäftigung

Arbeitsverhältnis **ohne** Wartezeit

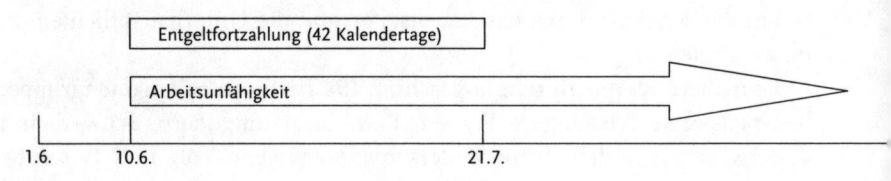

Entgeltfortzahlung (42 Kalendertage)
Arbeitsunfähigkeit

1.6.   10.6.   21.7.

Beginn der
Beschäftigung

Während der Entgeltfortzahlung erhält der Arbeitnehmer das Entgelt, das er ohne die Arbeitsunfähigkeit auch erhalten hätte. Veränderungen des Entgelts im Rahmen des Arbeitsverhältnisses (beispielsweise Tariferhöhung, Veränderung der Arbeitszeit) wirken sich daher auch auf die Höhe der Entgeltfortzahlung aus.

Beispiel Frau Kohn ist teilzeitbeschäftigt. Ihre wöchentliche Arbeitszeit beträgt 10 Stunden. Mit Ihrem Arbeitgeber vereinbart sie eine Erhöhung der Arbeitszeit auf 12 Stunden ab 1.10. Der Stundenlohn beträgt 10 EUR.
Vom 29.9. an ist sie arbeitsunfähig und erhält Entgeltfortzahlung. Für die Zeit vom 29.9. bis 30.9. wird die Entgeltfortzahlung auf der Basis von 10 Wochenstunden berechnet. Ab 1.10. erhält Frau Kohn eine höhere Zahlung, berechnet nach der erhöhten Arbeitszeit von 12 Stunden.

Gezahlt wird das Bruttoarbeitsentgelt. Dazu gehören auch Sachbezüge. Können diese nicht in Anspruch genommen werden (beispielsweise Verpflegung), so wird der Betrag in bar ausgezahlt.

Überstundenvergütungen, Überstundenzuschläge und Einmalzahlungen bleiben unberücksichtigt. Besteht auf Einmalzahlungen ein Anspruch, so werden sie natürlich auch während einer Arbeitsunfähigkeit gezahlt, gleichwohl gehören sie aber nicht zur Entgeltfortzahlung. Diese Unterscheidung ist wichtig hinsichtlich einer möglichen Erstattung im Rahmen der Entgeltfortzahlungsversicherung (siehe Schritt 3).

Sonntags-, Feiertags- oder Nachtzuschläge werden im Rahmen der Entgeltfortzahlung berücksichtigt, wenn sie auch bei Arbeitsfähigkeit angefallen wären.

Praxistipp Da diese Zuschläge nicht für tatsächlich geleistete Arbeit zu ungünstigen Zeiten gezahlt werden, gelten die Freibeträge im Steuer- und Sozialversicherungsrecht im Fall der Entgeltfortzahlung nicht. Sie sind in vollem Umfang steuer- und beitragspflichtig.

9. Schritt –
Notwendige Arbeiten
während der laufenden Beschäftigung

Welche regelmäßigen Befragungen sind bei geringfügigen Beschäftigungen vorzunehmen? Bei welchen Anlässen müssen Meldungen zur Sozialversicherung abgegeben werden? Welche Erstattung kann im Rahmen der Entgeltfortzahlungsversicherung beantragt werden?

Schlagworte
- Wiederholungsbefragung
- Unterbrechungsmeldung
- Abmeldung
- Vordruck
- Abgabegrund
- Beitragsgruppenschlüssel
- Personengruppenschlüssel
- Meldefrist
- Einzugsstelle
- Erstattung aus der Entgeltfortzahlungsversicherung

Situation
Während des laufenden Beschäftigungsverhältnisses können sich Änderungen ergeben, die der Gehaltsabrechner bei der monatlichen Abrechnung berücksichtigen muss. In regelmäßigen Abständen sollte er die Grundlagen für die versicherungsrechtliche Beurteilung überprüfen. Außerdem muss er zu bestimmten Zeitpunkten oder Anlässen Meldungen abgeben.

Wie sich der Abrechner vor Fehlern schützen kann und welche Anlässe und Termine er besonders beachten sollte, stellt der folgende Abschnitt dar.

Definitionen

- Abgabegrund — Gibt die Art und den Grund der Meldung an.
- Beitragsgruppenschlüssel — Gibt an, in welchen Versicherungszweigen Versicherung- oder Beitragspflicht besteht. Der Schlüssel auf Beitragsnachweis und Meldung ist identisch.
- Personengruppenschlüssel — Definiert, um welchen besonderen Personenkreis es sich handelt. Legt auch den Empfänger der Meldung fest.
- Einzugsstelle — Empfänger von Beitragsnachweisen, Meldungen und Beitragszahlungen. Kann eine Krankenkasse oder die Minijobzentrale sein.
- Entgeltmeldung — Abmeldung, Jahresmeldung oder Unterbrechungsmeldung, in der das im Meldezeitraum aufgelaufene rentenversicherungspflichtige Entgelt angegeben wird.

Rechtsgrundlagen
- SGB IV
- Datenerfassungs- und Übermittlungsverordnung - DEÜV

Ergänzende Grundlagen
- Verlautbarung zum Aufwendungsausgleichsgesetz

Checkliste
1. Wiederholungsbefragung veranlassen
2. Meldearten / Meldegründe beachten
3. Anzugebendes beitragspflichtiges Entgelt ermitteln
4. Personengruppen- und Beitragsgruppenschlüssel feststellen
5. Abgabe der Meldungen
6. Erstattung aus der Entgeltfortzahlungsversicherung

1 Wiederholungsbefragung veranlassen

Zu den Aufgaben des Arbeitgebers gehört es, für die bei ihm beschäftigten Arbeitnehmer die sozialversicherungsrechtliche Beurteilung vorzunehmen, die Beiträge zu berechnen und abzuführen sowie die notwendigen Meldungen zu erstellen. Der Arbeitnehmer ist verpflichtet, seinem Arbeitgeber alle zur Durchführung dieser Aufgaben notwendigen Angaben zu machen. Dazu gehört insbesondere die Angabe weiterer Beschäftigungsverhältnisse, damit der Arbeitgeber zum Beispiel Entgelt aus anderen Beschäftigungen bei der Prüfung der Geringfügigkeit berücksichtigen kann.

Grundsätzlich beginnt die Versicherungspflicht mit dem Vorliegen der Voraussetzungen, bei geringfügig Beschäftigten also mit dem Überschreiten der Entgeltgrenze. Allerdings soll der Arbeitgeber vor Beitragsnachforderungen geschützt werden, wenn er selbst seine Aufgaben ordnungsgemäß durchgeführt hat. Die Versicherungspflicht von geringfügigen Beschäftigungen tritt deshalb in bestimmten Fällen erst nach Information des Arbeitgebers durch die Minijobzentrale oder durch den Betriebsprüfdienst der Rentenversicherung ein. Voraussetzung für den Verzicht auf die rückwirkende Beitragserhebung ist, dass

- die Versicherungspflicht durch die Zusammenrechnung mehrerer Beschäftigungen entsteht und
- der Arbeitgeber es nicht vorsätzlich oder grob fahrlässig versäumt hat, den Sachverhalt für die versicherungsrechtliche Beurteilung aufzuklären und
- die Nachforderung nicht auf einer fehlerhaften Beurteilung des Arbeitgebers (in Kenntnis des Sachverhalts) beruht.

Praxistipp Die Prüfer der Rentenversicherung sind bei der Beurteilung von Versäumnissen des Arbeitgebers in der Regel sehr kritisch. Sie gehen sicher, nicht für die Vergangenheit in Anspruch genommen zu werden, wenn Sie sich von Ihren geringfügig Beschäftigten eine entsprechende Erklärung für Aushilfen ausfüllen und unterschreiben lassen und diese zu den Lohnunterlagen nehmen. Eine solche Erklärung finden Sie im Anhang und auf der Internetseite. Zur Sicherheit sollten Sie die Erklärung mindestens einmal jährlich erneut abgeben lassen – auch hierfür haben wir einen Mustervordruck entwickelt. Sie können dann darauf verweisen, alles Notwendige veranlasst zu haben. Macht Ihnen der Arbeitnehmer dabei dann unvollständige oder falsche Angabe, können Sie für die Vergangenheit nicht in Anspruch genommen werden.

Die Minijobzentrale bzw. der Rentenversicherungsträger teilt dem Arbeitgeber in seinem Bescheid mit, an welchem Tag die Versicherungspflicht beginnt. Dann sind die entsprechenden Meldungen abzugeben bzw. die Ummeldung vorzunehmen.

Beispiel Frau Berg arbeitet als Raumpflegerin bei der Firma Meierburg. Sie erhält ein monatliches Entgelt von 300 EUR. Am 1.6. beginnt sie eine weitere Beschäftigung bei der Firma Saalburg. Dem Personalleiter der Firma erklärt sie auf Befragen, dass sie keine weitere Beschäftigung ausübe.

1 Wiederholungsbefragung veranlassen

Im September erkennt die Minijobzentrale die Überschneidung und stellt Versicherungspflicht fest. Der Bescheid wird am 21.9. abgesandt. Beiden Firmen wird mitgeteilt, dass ab 24.9. Versicherungspflicht besteht.

Beurteilung Beide Arbeitgeber müssen zum 23.9. eine Abmeldung an die Minijobzentrale und eine Neuanmeldung zum 24.9. an die Krankenkasse von Frau Berg abgeben.

Bis 23.9.:

Firma	Personen-gruppe	Beitrags-gruppe	Pauschal-steuer	Hinweis
Meierburg	109	6500	ja	
Saalburg	109	6500	ja	

ab 24.9.:

Firma	Personen-gruppe	Beitrags-gruppe	Pauschal-steuer	Hinweis
Meierburg	101	1111	nein	
Saalburg	101	1111	nein	

Die Regelung gilt nicht, wenn der Arbeitgeber sich in seiner Beurteilung geirrt hat, also beispielsweise vergessen hat, die zustehende Einmalzahlung bei der Prüfung der Versicherungspflicht zu berücksichtigen, oder eine ihm bekannte weitere Beschäftigung nicht berücksichtigt wurde. In solchen Fällen ist eine Beitragsnachforderung im Rahmen der Verjährung möglich.

Beispiel Für die Firma Schroll ist ein Tarifvertrag anzuwenden, der für alle Beschäftigten die Zahlung eines Weihnachtsgeldes in Höhe eines Monatsgehaltes vorsieht.

Herr Schroll beschäftigt Frau Elvers als geringfügig Beschäftigte mit einem monatlichen Entgelt von 400 EUR. In Unkenntnis, dass das Weihnachtsgeld auch den Teilzeitbeschäftigten zusteht, lässt er dies bei der Beurteilung der Versicherungsfreiheit unberücksichtigt. Ein wirksamer Verzicht von Frau Elvers auf die Einmalzahlung liegt nicht vor.

Der Betriebsprüfer stellt rückwirkend Versicherungspflicht fest und berechnet die Beiträge im Rahmen der Verjährungsfrist nach.

2 Meldearten / Meldegründe beachten

Erforderlich sind folgende Meldungen:

- Beginn der geringfügigen Beschäftigung (siehe Schritt 6)
- Ende der geringfügigen Beschäftigung
- Namensänderung
- Anschriftenänderung
- Änderung der Art der geringfügigen Beschäftigung
- Jahresentgeltmeldungen

Hinweis Bei geringfügig Beschäftigten, die wegen der Kurzfristigkeit der Beschäftigung versicherungsfrei sind (Personengruppenschlüssel 110), wird kein Arbeitsentgelt gemeldet, weil für diese Personen keine Beiträge (auch keine Pauschalbeiträge) gezahlt werden (siehe Teil C).

Geringfügig entlohnte Beschäftigte werden mit dem Personengruppenschlüssel »109« gekennzeichnet. Für versicherungsfreie kurzfristige Beschäftigungen wird der Schlüssel »110« verwandt. Besteht Versicherungspflicht (auch durch Zusammenrechnung mit einer Hauptbeschäftigung), wird der Schlüssel »101« angegeben. Der Schlüssel 109 bleibt auch dann gültig, wenn der Arbeitnehmer in der Rentenversicherung auf die Versicherungsfreiheit verzichtet hat und daher der Aufstockungsbetrag gezahlt wird. Meldungen mit den Schlüsseln »109« und »110« können nur an die Minijobzentrale abgegeben werden. Der Schlüssel richtet sich grundsätzlich nach den Gegebenheiten in der Rentenversicherung.

Übersicht über die Personengruppenschlüssel:

Schlüssel	Bezeichnung	zuständige Einzugsstelle
101	Sozialversicherungspflichtig Beschäftigte ohne besondere Merkmale	Krankenkasse
109	geringfügig Beschäftigte (geringfügig entlohnt)	Minijobzentrale
110	geringfügig Beschäftigte (kurzfristig – nicht mehr als zwei Monate)	Minijobzentrale

2.1 Unterbrechung ohne Entgeltzahlung

Wird die Entgeltzahlung für länger als einen Monat unterbrochen (beispielsweise bei unbezahltem Urlaub oder bei Ablauf der Entgeltfortzahlung im Krankheitsfall), ist eine Abmeldung mit dem Abgabegrund »34« zu erstatten.

Beispiel Herr Wagner ist Rentner und seit Jahren bei der Firma Spitz geringfügig beschäftigt. Sein monatliches Entgelt beträgt 400 EUR. Wegen eines längeren Aufenthaltes auf Mallorca vereinbart er mit seinem Arbeitgeber unbezahlten Urlaub für die Zeit vom 16.9. bis 30.11.

Beurteilung Die Unterbrechung der Entgeltzahlung dauert länger als einen Kalendermonat. Daher muss die Firma Spitz Herrn Wagner bei der Minijobzentrale zum 15.9. abmelden (Abgabegrund »34«). Als Entgelt wird das in der Zeit vom 1.1. bis zum 15.9. erzielte Arbeitsentgelt eingegeben (400 EUR × 8,5 Monate = 3.400 EUR).

Bei Wiederaufnahme der Beschäftigung am 1.12. muss der Arbeitgeber eine erneute Anmeldung abgeben. In die Jahresmeldung wird das Entgelt für die Zeit vom 1.12. bis 31.12. (400 EUR) eingetragen.

2.2 Unterbrechung mit Entgeltzahlung

Erhält der Beschäftigte während der entgeltfreien Zeit Verletztengeld, Übergangsgeld oder Versorgungskrankengeld, ist eine Unterbrechungsmeldung (Abgabegrund »51«) abzugeben. Bei einer Unterbrechungsmeldung ist bei späterer Wiederaufnahme der Beschäftigung keine neue Anmeldung erforderlich.

Beispiel Herr Reich ist Rentner und seit Jahren bei der Firma Grün geringfügig beschäftigt. Sein monatliches Entgelt beträgt 380 EUR. Am 14.5. erleidet er auf dem Nachhauseweg einen Arbeitsunfall und ist vom nächsten Tag an arbeitsunfähig krank. Der Arbeitgeber zahlt bis zum 25.6. das Entgelt fort. Vom 26.6. bis zum Ende der Arbeitsunfähigkeit am 22.10. erhält Herr Reich Verletztengeld von der Berufsgenossenschaft.

Beurteilung Die Unterbrechung der Entgeltzahlung dauert länger als einen Kalendermonat. Daher muss die Firma Grün für Herrn Reich bei der Minijobzentrale eine Unterbrechungsmeldung zum 25.6. (Ende der Entgeltfortzahlung) abgeben (Abgabegrund »51«). Als Entgelt wird das in der Zeit vom 1.1. bis zum 25.6. erzielte Arbeitsentgelt eingegeben:

380 EUR × 5 Monate =	1.900,00 EUR
+ 380 EUR × 25 Tage : 30 Tage =	316,67 EUR
zusammen	2.216,67 EUR
gerundet für die Eintragung in die Meldung:	2.217 EUR

Zum Tag der Wiederaufnahme der Beschäftigung am 23.10. ist keine erneute Anmeldung erforderlich. In die Jahresmeldung zum 31.12. wird noch das Entgelt für die Zeit vom 23.10. bis zum 31.12. eingetragen.

2.3 Wechsel des Versichertenstatus

Zu melden ist auch der Wechsel von einer versicherungspflichtigen in eine geringfügig entlohnte Beschäftigung oder umgekehrt.

Beispiel Frau Lehbert ist bei der Firma Salzmann versicherungspflichtig beschäftigt. Da sie sich künftig mehr um ihre Kinder kümmern möchte verringert Sie ab 1.7. ihre Arbeitszeit, wodurch das monatliche Arbeitsentgelt nur noch 380 EUR beträgt. Weitere Beschäftigungen übt Frau Lehbert nicht aus.

Vom 1.7. an besteht Versicherungsfreiheit. Der Arbeitgeber muss eine Ummeldung wegen des Wechsels der Einzugsstelle vornehmen, da für geringfügige Beschäftigungen die Minijobzentrale als Einzugsstelle zuständig ist.

- Abmeldung zum 30.6.   Abgabegrund »31« an die Krankenkasse
- Anmeldung zum 1.7.   Abgabegrund »11« an die Minijobzentrale

Ein solche Meldung ist auch erforderlich, wenn während der Elternzeit eine geringfügige Beschäftigung bei demselben Arbeitgeber ausgeübt wird.

2.4 Schlüsselzahlen für den Grund der Abgabe der Meldung

Mit diesem Schlüssel wird dokumentiert, welchen Zweck die Meldung verfolgt, also welcher Anlass zu Grunde liegt. (Kursiv dargestellte Abgabegründe sind für geringfügig entlohnte Beschäftigte nicht relevant).

Anmeldungen

Schlüsselzahl	Abgabegrund
10	Anmeldung wegen Beginn einer Beschäftigung
11	Anmeldung wegen Krankenkassenwechsel
12	Anmeldung wegen Beitragsgruppenwechsel
13	Anmeldung wegen sonstiger Gründe/Änderungen im Beschäftigungsverhältnis, z. B. Anmeldung nach unbezahltem Urlaub Anmeldung nach Streik (länger als ein Monat) Anmeldung wegen Rechtskreiswechsel ohne Kassenwechsel Anmeldung wegen Wechsel des Entgeltabrechnungssystems (freiwillige Meldung) *Anmeldung wegen Altersteilzeit* *Anmeldung wegen Berufsausbildung* Anmeldung wegen Änderung des Personengruppenschlüssels ohne Beitragsgruppenwechsel

Abmeldungen

Schlüsselzahl	Abgabegrund
30	Abmeldung wegen Ende einer Beschäftigung
31	Abmeldung wegen Krankenkassenwechsel
32	Abmeldung wegen Beitragsgruppenwechsel
33	Abmeldung wegen sonstiger Gründe/Änderungen im Beschäftigungsverhältnis (Details siehe unter Anmeldung – Grund 13)
34	Abmeldung wegen Ende einer sozialversicherungsrechtlichen Beschäftigung aufgrund einer Unterbrechung von länger als einem Monat (z. B. bei unbezahltem Urlaub)
35	Abmeldung wegen Arbeitskampf (länger als ein Monat)
36	Abmeldung wegen Wechsels des Entgeltabrechnungssystems (freiwillige Meldung)
40	gleichzeitige An- und Abmeldung wegen Ende der Beschäftigung
49	Abmeldung wegen Tod

Jahresmeldungen/Unterbrechungsmeldungen/ sonstige Entgeltmeldungen

Schlüsselzahl	Abgabegrund
50	Jahresmeldung
51	Unterbrechungsmeldung wegen Anspruch auf Entgeltersatzleistungen (z. B. Krankengeld)
52	Unterbrechungsmeldung wegen Elternzeit
53	Unterbrechungsmeldung wegen gesetzlicher Dienstpflicht (Grundwehrdienst/Ersatzdienst)
54	Meldung eines einmalig gezahlten Arbeitsentgelts (Sondermeldung)
55	*Meldung von nicht vereinbarungsgemäß verwendeten Wertguthaben (Störfall)*
56	*Meldung des Unterschiedsbetrages bei Entgeltersatzleistungen während Altersteilzeit*

Meldungen in Insolvenzfällen

Schlüsselzahl	Abgabegrund
70	Jahresmeldung für freigestellte Arbeitnehmer
71	Meldung des Vortages der Insolvenz/Freistellung
72	Entgeltmeldung zum rechtlichen Ende der Beschäftigung

Achtung! Treffen bei einer Meldung mehrere Abgabegründe zu, ist stets die niedrigste Schlüsselzahl zu verwenden.

3 Anzugebendes beitragspflichtiges Entgelt ermitteln

In das Feld »Beitragspflichtiges Bruttoarbeitsentgelt« ist folgendes einzutragen:

- Entgelt aus dem die pauschalen Beiträge zur Rentenversicherung errechnet wurden
- Entgelt aus dem der Rentenversicherungsbeitrag bei Verzicht auf die Versicherungsfreiheit berechnet wurde (Mindestgrenze von 155 EUR beachten!)

- Entgelt aus dem bei Beitragspflicht Rentenversicherungsbeiträge zu berechnen gewesen wären (beispielsweise Beamte, bei denen sich die Versorgungszusage des Dienstherrn auch auf die Nebenbeschäftigung erstreckt - vgl. Schritt 4)

4 Personengruppen- und Beitragsgruppenschlüssel feststellen

Für geringfügig entlohnte Beschäftigungen kommen folgende Kombinationen von Personengruppenschlüssel und Beitragsgruppen in Frage:

Personengruppe	Schlüssel Personengruppe	Schlüssel KV	Beitragsgruppe RV
geringfügig entlohnte Beschäftigte - **ohne** Verzicht auf die Versicherungsfreiheit (Pauschalbeitrag zur Rentenversicherung)	109	6	5 oder 6
geringfügig entlohnte Beschäftigte - **mit** Verzicht auf die Versicherungsfreiheit (voller Beitrag zur Rentenversicherung)	109	6	1 oder 2

Wichtig Meldungen mit dem Personengruppenschlüssel »109« (sowie »110« für kurzfristig Beschäftigte) können nur an die Minijobzentrale abgegeben werden. Meldungen mit anderen Personengruppenschlüsseln werden an die Minijobzentrale bzw. an die jeweilige Krankenkasse des Beschäftigten gegeben.

Der Personengruppen- und Beitragsgruppenschlüssel auf der Ab- oder Unterbrechungsmeldung muss mit den Daten der Anmeldung übereinstimmen.

5 Abgabe der Meldungen

Zur Abgabe der Meldungen siehe Schritt 6.

6 Erstattungen aus der Entgeltfortzahlungsversicherung

Die Entgeltfortzahlungsversicherung ist untergliedert in zwei Ausgleichskassen, die U1 und U2 (vergleiche auch Schritt 3. Das »U« ergibt sich aus der Bezeichnung der Beitragsgruppe im Beitragsnachweis. Diese Beiträge werden auch als Umlagen bezeichnet. Daher wird auch im Sprachgebrauch oftmals von der »Umlage« statt von der Entgeltfortzahlungsversicherung gesprochen.

Von der Ausgleichskasse der Minijobzentrale werden den umlagepflichtigen Betrieben die folgenden Aufwendungen erstattet:

Entgeltfortzahlungsversicherung U1/U2

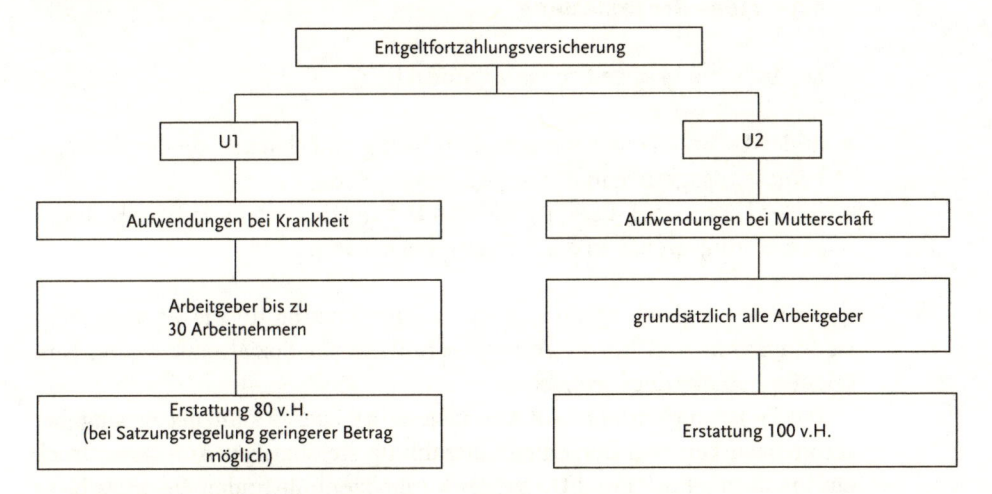

```
                    Entgeltfortzahlungsversicherung
                    ┌──────────────┴──────────────┐
                    U1                            U2
                    │                             │
         Aufwendungen bei Krankheit      Aufwendungen bei Mutterschaft
                    │                             │
         Arbeitgeber bis zu              grundsätzlich alle Arbeitgeber
         30 Arbeitnehmern
                    │                             │
         Erstattung 80 v.H.              Erstattung 100 v.H.
         (bei Satzungsregelung geringerer Betrag
         möglich)
```

6.1 Ausgleichskasse U1

- Erstattung der Entgeltfortzahlung im Krankheitsfall
- Die auf diese Beträge entfallenden Arbeitgeberanteile zur Sozialversicherung (diese Regelung gilt nicht für die Minijobzentrale, manche Krankenkasse bietet aber eine entsprechende Kostenerstattung an)

Nicht erstattet werden Beträge, die der Arbeitgeber über die gesetzliche Verpflichtung hinaus gezahlt hat, beispielsweise eine Entgeltfortzahlung von mehr als sechs Wochen.

6.2 Ausgleichskasse U2

- Arbeitgeberzuschuss zum Mutterschaftsgeld (während der Schutzfristen vor und nach der Entbindung)
- weiterzuzahlende Bezüge während eines Beschäftigungsverbotes nach dem Mutterschutzgesetz
- Arbeitgeberanteile an den Sozialversicherungsbeiträgen, die auf die während des Beschäftigungsverbotes weitergezahlten Entgelte entfallen (hier kann die Satzung der Ausgleichskasse auch eine pauschale Erstattung vorsehen).

6.3 Höhe der Erstattung

Die Erstattungssätze betragen grundsätzlich

- in der U1 80 v.H. der fortgezahlten Bezüge (höchstens von der Beitragsbemessungsgrenze in der Rentenversicherung)
- in der U2 100 v.H. der fortgezahlten Bezüge (höchstens von der Beitragsbemessungsgrenze in der Rentenversicherung)

Andere Ausgleichskassen können in ihrer Satzung für die U1 andere Erstattungssätze und für die Arbeitgeberanteile zur Sozialversicherung pauschalierte Erstattungen vorsehen.

Die Erstattung wird nur auf Antrag gewährt. Diesen kann der Arbeitgeber sofort nach Leistung der Entgeltfortzahlung stellen. Den Antragsvordruck zur Erstattung für U1 und U2 bei der Minijobzentrale finden Sie im Anhang und auf der Internetseite.

Wichtig Hat der Arbeitgeber einen Schadenersatzanspruch gegenüber einem Dritten (beispielsweise bei einem Verkehrsunfall), so geht dieser Anspruch auf die Ausgleichskasse der Minijobzentrale über, wenn der Arbeitgeber die Erstattungsleistungen in Anspruch nimmt.

Praxistipp Am schnellsten kommen Sie an Ihr Geld, wenn Sie den Erstattungsbetrag mit den Beiträgen verrechnen lassen. So können Sie den Betrag schon von der nächsten Zahlung abziehen und müssen nicht auf die Überweisung durch die Minijobzentrale warten.

Teil B – Midijobs (Gleitzone)

1. Schritt –
Feststellung, ob es sich
um eine Gleitzonenbeschäftigung handelt

Unter welchen Voraussetzungen liegt eine Gleitzonenbeschäftigung vor? Wie wird ermittelt, ob die Entgeltgrenzen eingehalten werden? Welche Ausnahmen gibt es von der Gleitzonenberechnung?

Schlagworte
- Entgelt
- regelmäßiges Entgelt
- Teilmonate
- Einmalzahlungen
- Schwankendes Entgelt
- Steuerfreie Bezüge
- Gleitzone
- Niedriglohnbereich
- Niedriglohnsektor
- Mehrfachbeschäftigung
- Erklärung des Beschäftigten

Situation
Der Gehaltsabrechner muss feststellen, ob Mitarbeiter abzurechnen sind, bei denen die besondere Beitragsberechnung im Niedriglohnsektor durchgeführt werden muss. Dazu muss er klären

- ob das regelmäßige monatliche Entgelt innerhalb der Gleitzone liegt
- inwieweit Einmalzahlungen berücksichtigt werden müssen
- ob weitere Beschäftigungen bei anderen Arbeitgebern ausgeübt werden.

Die folgende Darstellung erläutert Schritt für Schritt, wie die Feststellungen zu treffen sind und welche Besonderheiten Sie berücksichtigen müssen.

Minijobs. Jürgen Heidenreich
Copyright © 2006, WILEY-VCH Verlag GmbH & Co. KGaA, Weinheim
ISBN: 3-527-50242-4

Hinweis Im Steuer- und Arbeitsrecht gibt es keine Besonderheiten für Beschäftigte in der Gleitzone.

Definitionen

- Gleitzone — Bereich zwischen 400,01 EUR und 800,00 EUR monatlichem Entgelt, für den eine besondere Beitragsberechnung gilt.
- Niedriglohnsektor — siehe Gleitzone
- Einmalzahlung — Entgeltzahlung, die nicht für die Arbeit in einem bestimmten Abrechnungszeitraum gewährt wird – zum Beispiel Urlaubs- oder Weihnachtsgeld

Rechtsgrundlagen
- SGB III, IV, V, VI, XI

Ergänzende Grundlagen:
- Verlautbarung der Spitzenverbände zu Beschäftigungen in der Gleitzone

Die Verlautbarung finden Sie im Volltext auf der Internetseite.

Checkliste
1. Gleitzone beachten
2. Berechnung bei Teilmonaten vornehmen
3. Einmalzahlungen berücksichtigen
4. Schwankendes Entgelt
5. Steuerfreie Bezüge
6. Ausnahmen von der Gleitzonenberechnung
7. Mehrere Beschäftigungen
8. So geht es weiter

1 Gleitzone beachten

Der Gesetzgeber hat oberhalb der Entgeltgrenze für geringfügige Beschäftigungen von 400 EUR einen sogenannten Niedriglohnsektor (Gleitzone) eingerichtet. In dem Entgeltkorridor von 400,01 EUR bis 800,00 EUR steigt die Belastung durch Sozialversicherungsbeiträge für den Beschäftigten progressiv an. Bei einem Entgelt von 400,01 EUR ist die prozentuale Belastung mit rund 9,7 v.H. (je nach Beitragssatz der Krankenkasse des Arbeitnehmers) des tatsächlichen Arbeitsentgelts am niedrigsten und steigt

1. Schritt – Feststellung, ob es sich um eine Gleitzonenbeschäftigung handelt

bis auf den vollen Arbeitnehmeranteil (ca. 21,6 v.H.) bei 800,00 EUR an. Der Arbeitgeber wird durch die Gleitzonenregelung nicht entlastet.

Der Gesetzgeber wollte mit Einführung des Niedriglohnsektors den Sprung in der Beitragsbelastung der Beschäftigten von der versicherungsfreien zur versicherungspflichtigen Beschäftigung abmildern. Durch das höhere verbleibende Nettoentgelt sollen verstärkt Arbeitnehmer zur Aufnahme auch niedrig entlohnter Tätigkeiten motiviert werden.

Beitragsbelastung des Arbeitnehmers in der Gleitzone

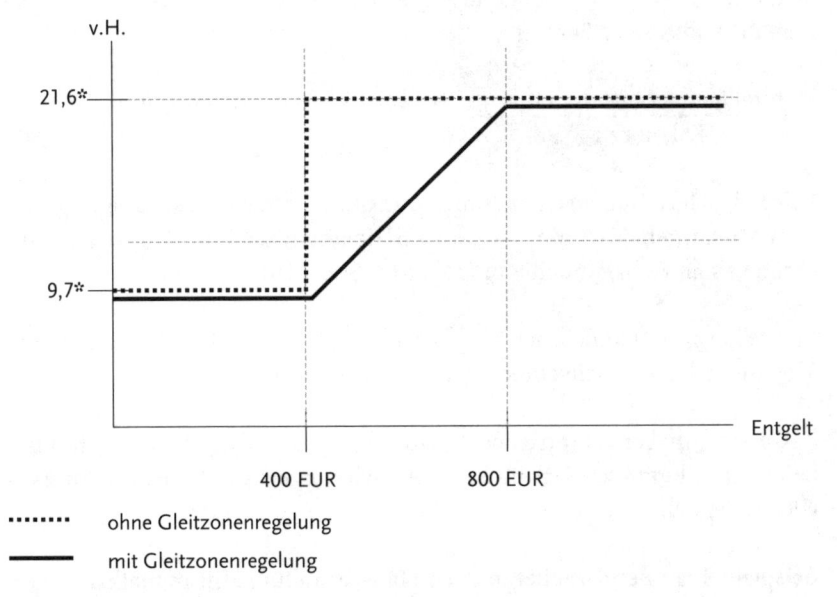

[Diagramm: x-Achse Entgelt mit Markierungen bei 400 EUR und 800 EUR; y-Achse v.H. mit Werten 9,7* und 21,6*. Gestrichelte Linie (ohne Gleitzonenregelung): konstant bei 9,7 bis 400 EUR, dann Sprung auf 21,6. Durchgezogene Linie (mit Gleitzonenregelung): konstant bei 9,7 bis 400 EUR, dann linearer Anstieg bis 21,6 bei 800 EUR, danach konstant.]

.... ohne Gleitzonenregelung
———— mit Gleitzonenregelung

*abhängig vom Beitragssatz der Krankenkasse des Arbeitnehmers

Zum Niedriglohnbereich gehören Beschäftigungen mit einem regelmäßigen monatlichen Entgelt von mehr als 400,00 EUR und bis zu 800,00 EUR. Es handelt sich also ausschließlich um versicherungspflichtige Beschäftigungen, da sie mehr als geringfügig entlohnt sind. Bei Beschäftigungen im Niedriglohnbereich wird das beitragspflichtige Arbeitsentgelt abgesenkt. Der Beitragsteil des Beschäftigten an den Beiträgen steigt in dieser Gleitzone progressiv an.

2 Gleitzone beachten

2 Berechnung bei Teilmonaten vornehmen

Entscheidend für die Einbeziehung der Beschäftigung in die Gleitzonenregelung ist, dass das regelmäßige monatliche Entgelt innerhalb der Spanne von 400,01 EUR bis 800,00 EUR liegt. Um einen Gleitzonenfall handelt es sich zum Beispiel dann nicht, wenn das Entgelt nur wegen eines Teillohnzahlungszeitraumes innerhalb der Grenzwerte liegt. Wird die Beschäftigung nur in einem Teilmonat ausgeübt, ist deshalb eine Umrechnung des Entgelts auf den vollen Monat vorzunehmen. Dann kann überprüft werden, ob die Grenzwerte der Gleitzone eingehalten werden. Die Umrechnung erfolgt nach folgender Formel:

$$\frac{\text{anteiliges Arbeitsentgelt} \times 30}{\text{Kalendertage}} = \text{monatliches Arbeitsentgelt}$$

Beispiel Herr Johannsen nimmt am 25.6. eine neue Beschäftigung auf. Sein Monatsgehalt wurde mit 3.000 EUR vereinbart. Für den Monat Juni erhält er sein Gehalt anteilig in Höhe von 600 EUR.

Beurteilung Es handelt sich nicht um einen Gleitzonenfall, da das regelmäßige monatliche Arbeitsentgelt oberhalb von 800 EUR liegt.

Genauso haben kurzfristige Einkommensminderungen durch Kurzarbeit oder unbezahlten Urlaub keine Auswirkungen auf die Beurteilung als Gleitzonenfall.

Beispiel Frau Berg arbeitet in einer Hausverwaltung. Ihr monatliches Entgelt beträgt 1.500 EUR. Vom 11.6. bis zum 21.7. nimmt sie unbezahlten Urlaub. Sie erhält daher im Juni und Juli jeweils nur ein anteiliges Gehalt in Höhe von 500 EUR.

Beurteilung Es handelt sich nicht um einen Gleitzonenfall, da das regelmäßige monatliche Arbeitsentgelt oberhalb von 800 EUR liegt.

3 Einmalzahlungen berücksichtigen

Zum regelmäßigen monatlichen Arbeitsentgelt gehören anteilig auch Einmalzahlungen. Sie werden für die Beurteilung der Gleitzonenregelung mit herangezogen. Dies geschieht nach denselben Grundsätzen, wie sie auch für die Beurteilung geringfügiger Beschäftigungen gelten (siehe Teil A, Schritt 2). Einmalige Zuwendungen, die mit hinreichender Sicherheit mindestens einmal jährlich zu erwarten sind, werden in die Berechnung des regelmäßigen monatlichen Arbeitsentgelt einbezogen. Hinreichende Sicherheit ist gegeben, wenn die Zahlung aufgrund eines Tarif- oder Arbeitsvertrages erfolgt oder durch Gewohnheitsrecht erwartet werden kann.

Beispiel Frau Müller arbeitet als Lektorin für den Printverlag. Sie ist teilzeitbeschäftigt und erhält ein monatliches Entgelt von 740 EUR. Nach ihrem Arbeitsvertrag steht ihr ein Weihnachtsgeld in Höhe eines Gehaltes zu.

Beurteilung   Das regelmäßige monatliche Entgelt von Frau Müller wird wie folgt berechnet:

Monatsgehalt × 12 =	8.880 EUR
Weihnachtsgeld	+ 740 EUR
Jahresentgelt	9.620 EUR

Geteilt durch 12 Monate ergibt sich ein regelmäßiges monatliches Entgelt von 801,67 EUR. Die Beschäftigung von Frau Müller fällt daher nicht in den Niedriglohnsektor.

Beispiel Frau Schulz arbeitet als Verkäuferin in einer Boutique. Sie erhält monatlich 380 EUR als Entgelt. Zusätzlich steht ihr ein Weihnachtsgeld in Höhe eines Gehaltes zu.

Beurteilung   Das regelmäßige monatliche Entgelt von Frau Schulz wird wie folgt berechnet:

Monatsgehalt × 12 =	4.560 EUR
Weihnachtsgeld	+ 380 EUR
Jahresentgelt	4.940 EUR

Geteilt durch 12 Monate ergibt sich ein regelmäßiges monatliches Entgelt von 411,67 EUR. Dadurch wird die Geringfügigkeitsgrenze überschritten, so dass die Beschäftigung von Frau Schulz versicherungspflichtig ist. Mit dem so ermittelten durchschnittlichen monatlichen Arbeitsentgelts fällt die Beschäftigung in die Gleitzone. (Zur besonderen Beitragsberechnung bei monatlichen Entgelten unter 400 EUR siehe Schritt 2.)

Wichtig Für die Beitragsberechnung wird zunächst nur das monatliche Entgelt herangezogen, die Einmalzahlung erst bei der Auszahlung.

Jubiläumszuwendungen und ähnliche Zahlungen bleiben bei der Beurteilung unberücksichtigt, da sie nicht mindestens einmal jährlich gezahlt werden.

Beispiel Frau Quast arbeitet bei der Firma Kleebaum mit einem monatlichen Entgelt von 750 EUR. Da die Firma im laufenden Jahr ihr 100jähriges Bestehen feiert, zahlt sie allen Angestellten eine Jubiläumszuwendung von 1.000 EUR.

Beurteilung Die Jubiläumszuwendung ist eine einmalige Leistung, die nicht mindestens einmal jährlich gezahlt wird. Sie wird daher auf das regelmäßige monatliche Entgelt nicht angerechnet. Es bleibt bei dem regelmäßigen monatlichen Entgelt von 750 EUR, so dass die Beschäftigung auch im Jubiläumsjahr unter die Gleitzonenregelung fällt. Im Monat der Auszahlung wird allerdings der Beitrag aus dem tatsächlichen Entgelt berechnet, da in dem Monat die Gleitzone überschritten wird (siehe Schritt 2).

Hat der Beschäftigte schriftlich auf die Einmalzahlung verzichtet (im Voraus!) bleibt diese Zahlung ebenfalls unberücksichtigt. Dabei kommt es nicht auf die arbeitsrechtliche Zulässigkeit des Verzichts an. Wurde ein schriftlicher Verzicht nicht erklärt, werden auch Einmalzahlungen angerechnet, die tatsächlich nicht gezahlt werden, wenn ein Anspruch aus einem Tarifvertrag (auch einem für allgemeinverbindlich erklärten Tarifvertrag) besteht. Ein nachträglicher Verzicht ist zwar im Verhältnis zwischen Arbeitgeber und Arbeitnehmer möglich, hat aber auf die sozialversicherungsrechtliche Beurteilung keine Auswirkung (zum wirksamen Verzicht auf Entgelt siehe Teil A, Schritt 2).

Beispiel Herr Scholz arbeitet in der Firma Schnell. Als Teilzeitbeschäftigter erhält er monatlich 770 EUR. Weitere Zahlungen bekommt er nicht. Allerdings sieht ein Tarifvertrag für die Branche der Firma Schnell ein Weihnachtsgeld in Höhe eines Gehaltes vor.

Beurteilung Das regelmäßige monatliche Entgelt von Herrn Scholz wird wie folgt berechnet:

Monatsgehalt × 12 = 9.240 EUR
Weihnachtsgeld   + 770 EUR   (nicht ausgezahlt)
Jahresentgelt   10.010 EUR   (fiktiv)

Geteilt durch 12 Monate ergibt sich ein regelmäßiges monatliches Entgelt (fiktiv) von 834,17 EUR. Die Beschäftigung von Herrn Scholz fällt daher nicht in den Niedriglohnsektor.

Achtung! Berücksichtigt der Arbeitgeber diese Regelung im vorliegenden Fall nicht, wird es bei der Betriebsprüfung durch den Rentenversicherungsträger zu Beitragsnachforderungen kommen!

Praxistipp Prüfen Sie sorgfältig, ob für Ihren Betrieb ein Tarifvertrag (auch allgemeinverbindlich) anzuwenden ist. Berücksichtigen Sie diese Zahlung bereits bei der Festsetzung des monatlichen Entgelts oder vereinbaren Sie mit dem Arbeitnehmer einen Verzicht auf diese Zahlung. Achten Sie darauf, dass der Verzicht auch arbeitsrechtlich wirksam ist. Sonst kann der Beschäftigte noch zu einem späteren Zeitpunkt die Zahlung verlangen.

Einmalzahlungen werden im Übrigen nur berücksichtigt, wenn sie aus der zu beurteilenden Beschäftigung stammen. Zahlt zum Beispiel ein Arbeitgeber aus einem wegen Wehrdienst oder Elternzeit ruhenden Beschäftigungsverhältnis ein Weihnachtsgeld, so bleibt dieses bei einem nebenher ausgeübten Arbeitsverhältnis außer Ansatz.

Beispiel Herr Sell leistet zur Zeit seinen Grundwehrdienst ab. Sein Arbeitsverhältnis bei der Firma Gurgel ruht daher. Trotzdem zahlt ihm die Firma im November ein Weihnachtsgeld in Höhe von 600 EUR. Um seinen Wehrsold aufzubessern arbeitet Herr Sell nebenher bei der Firma Flink als angestellter Kurierfahrer. Sein monatliches Entgelt beträgt 770 EUR.

Beurteilung Auf die Beschäftigung bei der Firma Flink sind die besonderen Regelungen der Gleitzone anzuwenden. Das Weihnachtsgeld von der Firma Gurgel wird für die Beurteilung der Zugehörigkeit zum Niedriglohnsektor nicht berücksichtigt.

4 Schwankendes Entgelt

Bei schwankendem Entgelt ist eine gewissenhafte Schätzung vorzunehmen. Stellt sich im Nachhinein heraus, dass die Beurteilung unzutreffend war, so verbleibt es für die Vergangenheit bei der getroffenen Beurteilung. Eine rückwirkende Korrektur wird also nicht vorgenommen. Die Änderung erfolgt für die Zukunft. Dies gilt sowohl bei zu geringem als auch bei zu hohem Beitragsabzug.

Beispiel Herr Sander nimmt am 1.4. eine Beschäftigung bei der Firma Internet-Service auf. Da sein Gehalt je nach Auftragslage des Unternehmens stark schwankt, nimmt der Personalchef eine Schätzung vor. Danach wird Herr Sander in den nächsten zwölf Monaten durchschnittlich 700 EUR monatlich verdienen. Die Beschäftigung wird daher dem Niedriglohnsektor zugeordnet und entsprechend abgerechnet.

Im November stellt sich heraus, dass durch starke Auftragseingänge das monatliche Entgelt im Durchschnitt deutlich höher sein wird als zunächst gedacht. Es werden rund 1.200 EUR sein.

Beurteilung Ab November gehört die Beschäftigung nicht mehr in den Niedriglohnbereich und wird normal abgerechnet. Für die Monate von April bis Oktober bleibt es bei der Abrechnung im Rahmen der Gleitzonenregelung.

Tipp Halten Sie Ihre Schätzung schriftlich fest und nehmen Sie die Aufzeichnung zu den Lohnunterlagen. Scheidet der Beschäftigte nach drei Monaten mit höherem Entgelt aus dem Unternehmen aus, glaubt Ihnen sonst kein Prüfer, dass für die restlichen neun Monate ein abweichendes Entgelt als Ausgleich vorgesehen war.

Im Anhang und auf der Internetseite finden Sie einen von uns entwickelten Ermittlungsbogen für die Einkommensschätzung bei geringfügigen Beschäftigungen. Sie können diesen auch für die Ermittlung bei Gleitzonenfällen mit schwankendem Entgelt verwenden.

5 Steuerfreie Bezüge

Steuerfreie Bezüge bleiben bei der Ermittlung des durchschnittlichen monatlichen Entgelts unberücksichtigt. Dies gilt auch für die steuerfreien Einnahmen aus einer nebenberuflichen Tätigkeit als Übungsleiter oder ähnlicher Tätigkeit (vgl. auch Teil A Schritt 4).

Anwendung des Niedriglohnsektors (Gleitzone)

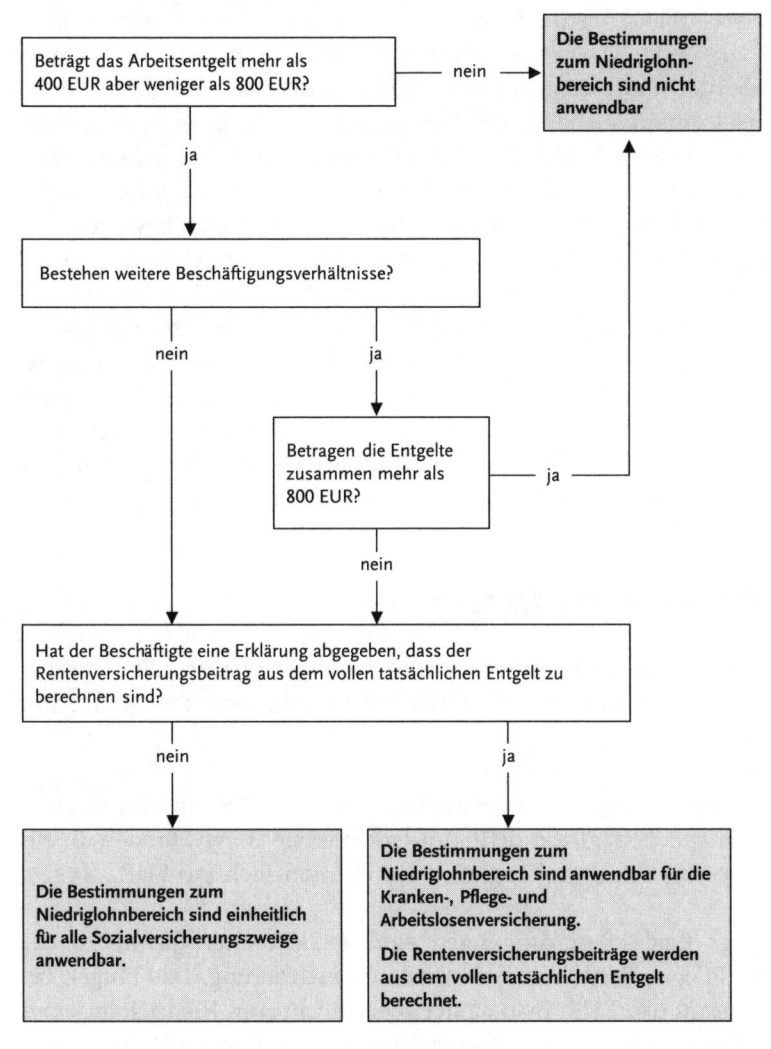

```
┌─────────────────────────────────┐                    ┌─────────────────────┐
│ Beträgt das Arbeitsentgelt mehr │                    │ Die Bestimmungen    │
│ als 400 EUR aber weniger als    │ ── nein ──────────▶│ zum Niedriglohn-    │
│ 800 EUR?                        │                    │ bereich sind nicht  │
└─────────────────────────────────┘                    │ anwendbar           │
             │                                         └─────────────────────┘
             ja                                                   ▲
             ▼                                                    │
┌─────────────────────────────────┐                               │
│ Bestehen weitere                │                               │
│ Beschäftigungsverhältnisse?     │                               │
└─────────────────────────────────┘                               │
        │           │                                             │
       nein         ja                                            │
        │           ▼                                             │
        │    ┌──────────────────┐                                 │
        │    │ Betragen die     │                                 │
        │    │ Entgelte         │ ── ja ──────────────────────────┤
        │    │ zusammen mehr    │                                 │
        │    │ als 800 EUR?     │                                 │
        │    └──────────────────┘                                 │
        │           │                                             │
        │          nein                                           │
        │           ▼                                             │
        │    ┌─────────────────────────────────────────────┐      │
        └───▶│ Hat der Beschäftigte eine Erklärung         │      │
             │ abgegeben, dass der Rentenversicherungs-    │      │
             │ beitrag aus dem vollen tatsächlichen        │      │
             │ Entgelt zu berechnen sind?                  │      │
             └─────────────────────────────────────────────┘      │
                    │                    │
                   nein                  ja
                    ▼                    ▼
┌─────────────────────────┐   ┌──────────────────────────────────────┐
│ Die Bestimmungen zum    │   │ Die Bestimmungen zum Niedriglohn-    │
│ Niedriglohnbereich sind │   │ bereich sind anwendbar für die       │
│ einheitlich für alle    │   │ Kranken-, Pflege- und                │
│ Sozialversicherungs-    │   │ Arbeitslosenversicherung.            │
│ zweige anwendbar.       │   │                                      │
│                         │   │ Die Rentenversicherungsbeiträge      │
│                         │   │ werden aus dem vollen tatsächlichen  │
│                         │   │ Entgelt berechnet.                   │
└─────────────────────────┘   └──────────────────────────────────────┘
```

6 Ausnahmen von der Gleitzonenberechnung

Die Regelungen zur Gleitzone gelten nicht für Personen, die zu ihrer Berufsausbildung beschäftigt sind, also zum Beispiel Auszubildende und Praktikanten. Werden fiktive Arbeitsentgelte zugrunde gelegt (zum Beispiel bei der Beschäftigung behinderter Menschen in anerkannten Werkstätten, Mitgliedern geistlicher Genossenschaften usw.) gilt die Gleitzonenregelung ebenfalls nicht.

Wird das Arbeitsentgelt aus besonderem Anlass nur vorübergehend abgesenkt, so wird keine besondere Berechnung vorgenommen. Dies gilt zum Beispiel bei der Wiedereingliederung nach einer Arbeitsunfähigkeit oder bei Kurzarbeit. Entscheidend für die Anwendung der Gleitzone ist in solchen Fällen das volle Entgelt, also der Betrag, der ohne die vorübergehende Verringerung als Entgelt zu zahlen wäre. Nur wenn dieser Betrag innerhalb der Gleitzone liegt können die besonderen Regelungen angewandt werden.

Geringfügige Beschäftigungen, die nur wegen des Verzichts auf die Rentenversicherungsfreiheit rentenversicherungspflichtig sind, gehören nicht zu den Gleitzonenfällen. Dies gilt auch für geringfügige Beschäftigungen, die nur aufgrund der Übergangsregelung zum 1.4.2003 versicherungspflichtig geblieben sind (siehe Teil A Schritt 4). Dabei handelt es sich um Beschäftigte mit einem Entgelt zwischen 325,01 EUR und 400,00 EUR. Das Entgelt aus diesen Übergangsfällen ist aber bei Mehrfachbeschäftigungen für die Prüfung der Gleitzonenregelung mit heranzuziehen.

7 Mehrere Beschäftigungen

Übt der Arbeitnehmer mehrere Beschäftigungen aus, so gelten die Regelungen zur Gleitzone nur, wenn das Entgelt insgesamt die Grenze von 800,00 EUR nicht übersteigt.

Beispiel Frau Sauter arbeitet bei der Firma Seller als Telefonistin. Ihr monatliches Entgelt beträgt 500 EUR. Außerdem ist sie einige Stunden für ein Call-Center tätig. Für diese Tätigkeit erhält sie monatlich 430 EUR.

Beurteilung Beide Beschäftigungen sind versicherungspflichtig in der Kranken-, Pflege-, Renten- und Arbeitslosenversicherung. Das Entgelt beträgt insgesamt 930 EUR. Frau Sauter gehört nicht zum Niedriglohnsektor da ihr beitragspflichtiges Entgelt insgesamt mehr als 800,00 EUR beträgt.

1. Schritt – Feststellung, ob es sich um eine Gleitzonenbeschäftigung handelt

Beispiel Herr Hell ist bei der Firma Lampion gegen ein Monatsentgelt von 300 EUR angestellt. Nebenher arbeitet er noch als Zählerableser bei der Strom-AG und erhält dort monatlich 350 EUR.

Beurteilung Beide Beschäftigungen sind für sich allein betrachtet geringfügig. Durch die Zusammenrechnung der Entgelte (750 EUR) wird die Geringfügigkeitsgrenze von 400 EUR überschritten, so dass beide Beschäftigungen versicherungspflichtig in der Kranken-, Pflege-, Renten- und Arbeitslosenversicherung sind. Herr Hell unterliegt mit seinem Gesamtentgelt von 750 EUR den besonderen Regelungen der Gleitzone.

Eine versicherungsfreie geringfügige Beschäftigung bleibt bei der Zusammenrechnung unberücksichtigt.

Beispiel Frau Sommer ist bei der Firma Duftshop-AG als Verkäuferin beschäftigt und erhält ein Monatsgehalt von 650 EUR. Nebenher verkauft sie für Bauer Harms Gemüse auf dem Wochenmarkt. Hier erzielt sie ein Monatsgehalt von 400 EUR.

Beurteilung Die Beschäftigung bei der Duftshop-AG ist mehr als geringfügig und daher versicherungspflichtig in der Kranken-, Pflege-, Renten- und Arbeitslosenversicherung. Die Tätigkeit für Bauer Harms ist geringfügig und daher versicherungsfrei (es werden allerdings Pauschalbeiträge zur Kranken- und Rentenversicherung abgeführt). Insgesamt erzielt Frau Sommer also ein monatliches Entgelt von 1.050 EUR. Die Beschäftigung bei Bauer Harms zählt für die Prüfung der Gleitzonenregelung nicht mit. Die Beschäftigung von Frau Sommer bei der Duftshop-AG fällt daher in den Niedriglohnsektor, da ihr anrechenbares Entgelt lediglich 650 EUR beträgt.

Praxistipp Um zu vermeiden, dass Sie in der Annahme einer Beschäftigung im Niedriglohnsektor zu geringe Beiträge berechnen, sollten Sie Ihre betroffenen Mitarbeiter eine entsprechende Erklärung ausfüllen lassen. Hierfür haben wir einen Vordruck vorbereitet. Diesen finden Sie im Anhang und auf der Internetseite. Sie können so Nachforderungen im Rahmen von Betriebsprüfungen weitgehend vermeiden. Bei falschen Angaben des Mitarbeiters können Sie ggf. Schadenersatzansprüche gegen diesen geltend machen und die nachzuzahlenden Beiträge nachträglich von ihm fordern. Die Erklärung sollten Sie regelmäßig (mindestens einmal jährlich) abgeben lassen und in den Lohnunterlagen dokumentieren.

Mit Ausnahme der geringfügigen Beschäftigungen zählen grundsätzlich auch versicherungsfreie Beschäftigungen (beispielsweise als Beamter) mit. Geringfügige Beschäftigungen bleiben auch dann außer Betracht, wenn der Beschäftigte auf die Rentenversicherungsfreiheit verzichtet hat und der Aufstockungsbeitrag gezahlt wird.

Im Einzelfall kann die unterschiedliche Zusammenrechnung bei der Prüfung der Geringfügigkeit in den einzelnen Versicherungszweigen dazu führen, dass in der Arbeitslosenversicherung die Voraussetzungen für die Gleitzonenberechnung erfüllt ist, in den anderen Zweigen aber nicht.

Beispiel Frau Klein ist bei der Firma Salmie als Verkäuferin beschäftigt und erhält ein Monatsgehalt von 750 EUR. Nebenher hat sie zwei weitere Beschäftigungen bei Firma Möller für 320 EUR und bei Firma Lollie für 300 EUR monatlich.

Beurteilung Die Beschäftigung bei Salmie ist eine versicherungspflichtige Hauptbeschäftigung. Die Tätigkeit bei Firma Möller ist als zuerst aufgenommene geringfügige Beschäftigung versicherungsfrei. Bei der Firma Lollie ist Frau Klein durch die Zusammenrechnung mit der Hauptbeschäftigung versicherungspflichtig in der Kranken-, Pflege- und Rentenversicherung. In der Arbeitslosenversicherung erfolgt keine Zusammenrechnung. Für die Prüfung der Gleitzone kann in der Arbeitslosenversicherung nur das Entgelt aus der Hauptbeschäftigung herangezogen werden (da nur dort Versicherungspflicht besteht), so dass das Entgelt innerhalb der Gleitzone liegt. In den anderen Versicherungszweigen wird die Grenze von 800 EUR durch die Zusammenrechnung überschritten.

8 So geht es weiter

Um die notwendigen Informationen über weitere Beschäftigungsverhältnisse zu erhalten, sollten Sie alle in Frage kommenden Arbeitnehmer befragen. Am einfachsten und sichersten können Sie dies mit dem von uns entwickelten Fragebogen tun. Damit kommen Sie zugleich auch Ihrer Informationspflicht gegenüber dem Beschäftigten nach und haben ein Dokument für die Gehaltsunterlagen.

Sie haben jetzt festgestellt, ob die Beschäftigung grundsätzlich in die Gleitzonenregelung fällt oder nicht. Wenn ja, müssen Sie nun für die Monatsabrechnung die besondere Beitragsberechnung für diese Beschäftigung umsetzen. Wie das geht, zeigt Ihnen Schritt 2.

2. Schritt –
Die Beitragsberechnung

Aus welchem Entgelt werden die Beiträge in der Gleitzone berechnet? Wie werden Teilzeiträume berücksichtigt? Wie ist in einzelnen Monaten zu verfahren, in denen das Entgelt außerhalb der Gleitzone liegt? Wie werden die Beiträge zwischen Arbeitgeber und Arbeitnehmer aufgeteilt?

Schlagworte
- Gleitzone
- Niedriglohnsektor
- Entgelt
- Mehrfachbeschäftigung
- Teilzeiträume
- Faktor »F«

Situation
Der Gehaltsabrechner hat im ersten Schritt festgestellt, welche Beschäftigten von der Gleitzonenregelung betroffen sind. Jetzt geht es darum im Rahmen der Gehaltsabrechnung die Höhe der Beiträge festzustellen und die von Arbeitgeber und Arbeitnehmer zu tragenden Anteile zu bestimmen.

Definitionen

▶ Teilzeitraum	Teil eines vollständigen Gehaltsabrechnungszeitraums (in der Regel eines Kalendermonats)
▶ Nettolohnvereinbarung	Vereinbarung zwischen Arbeitgeber und Arbeitnehmer, bei der der Nettolohn bestimmt wird und der Arbeitgeber alle Beiträge und Steuern übernimmt.
▶ Faktor »F«	Multiplikator, der als Bestandteil innerhalb einer Formel die Kürzung des Entgelts bestimmt

Rechtsgrundlagen
▶ SGB III, IV, V, VI, XI

Ergänzende Grundlagen:
▶ Verlautbarung der Spitzenverbände zu Beschäftigungen in der Gleitzone
▶ Verlautbarung der Spitzenverbände zum Auswendungsausgleichsgesetz

Die Verlautbarungen finden Sie im Volltext auf der Internetseite.

Checkliste
1. Berechnung des beitragspflichtigen Entgelts
2. Berechnung bei Teilzeiträumen
3. Entgelt außerhalb der Gleitzone
4. Einmalzahlungen berücksichtigen
5. Verteilung der Beitragslast
6. Berechnung bei Mehrfachbeschäftigten
7. Besonderheiten in der knappschaftlichen Rentenversicherung
8. Berechnung bei Nettolohnvereinbarungen
9. Beiträge zur Entgeltfortzahlungsversicherung
10. So geht es weiter

Hinweis Die für die Berechnung der Beiträge in der Gleitzone maßgebenden Werte haben sich zum 1.7.2006 verändert. Die Beispiele und Modellrechnungen beziehen sich ausschließlich auf Zeiträume ab 1.7.2006.

1 Berechnung des beitragspflichtigen Entgelts

Bei Beschäftigungen innerhalb der Gleitzone wird das beitragspflichtige Entgelt reduziert. Der Arbeitgeber berechnet seinen Beitragsanteil aus dem tatsächlichen Arbeitsentgelt. Der Arbeitnehmeranteil ergibt sich aus der Differenz aus dem Gesamtbeitrag (berechnet aus dem verringerten Entgelt) und dem Arbeitgeberanteil (errechnet aus dem vollen Entgelt).

Für die Kürzung des tatsächlich erzielten auf das beitragspflichtige Arbeitsentgelt dient ein jährlich neu zu errechnender Faktor. Der Faktor wird für jedes Kalenderjahr spätestens zum 31. Dezember des Vorjahres vom Bundesministerium für Gesundheit und Soziales bekannt gegeben. Diese Information erhalten Sie aber natürlich auch bei jeder Krankenkasse.

Für die Ermittlung des beitragspflichtigen Entgelts dient die folgende Formel:

$$F \times 400 + (2-F) \times (AE-400)$$

Dabei ist AE das tatsächlich erzielte Arbeitsentgelt. »F« ist der oben beschriebene Faktor.

Der Faktor »F« errechnet sich aus dem durchschnittlichen Gesamtsozial-Versicherungsbeitragssatz. Er wird vierstellig angegeben. Der Faktor wurde für das Jahr 2006 wie folgt festgesetzt:

- für die Zeit vom 01.01. bis 30.06.2006: 0,5967
- für die Zeit vom 01.07. bis 31.12.2006: 0,7160

Die Änderung im Laufe des Jahres ergibt sich durch die Anhebung der pauschalen Beitragssätze zur Kranken- und Rentenversicherung für geringfügig Beschäftigte zum 1.7.2006.

Der Faktor wird einheitlich angewandt, auch wenn der Beschäftigte in einzelnen Versicherungszweigen nicht versicherungspflichtig ist.

Diese oben dargestellte Formel ist für die tägliche Arbeit kaum anwendbar. Sie kann unter Berücksichtigung des bekannten Faktors reduziert und vereinfacht werden. Es können zwei verschiedene Berechnungen verwendet werden, die zum selben – richtigen – Ergebnis führen (dargestellt ist die Berechnungsweise für Zeiträume ab 1.7.2006).

Variante A:
(Arbeitsentgelt – 400 EUR) × 1,2840 + 286,40 EUR = beitragspflichtiges Arbeitsentgelt

Der Faktor 1,2840 und der hinzuzurechnende Betrag von 286,40 EUR gelten für das Kalenderjahr 2006 (ab 1.7.). Sie müssen für jedes Jahr neu berechnet werden.

Beispiel Arbeitsentgelt 700,00 EUR – 400 = 300,00 EUR × 1,2840 =
385,20 EUR
+ 286,40 EUR
beitragspflichtiges Entgelt = 671,60 EUR

Hintergrundinformation
Die Umrechnung in die verkürzte Formel wird wie folgt vorgenommen:

F × 400 + (2-F) × (AE-400)
= (0,7160 × 400) + (2 – 0,7160) × (AE – 400)
= (286,40)   + (1,2840)   × (AE – 400)
= 286,40   + (AE – 400) × 1,2840

Variante B:
Arbeitsentgelt × 1,2840 – 227,20 EUR = beitragspflichtiges Arbeitsentgelt

Der Faktor 1,2840 und der hinzuzurechnende Betrag von 227,20 EUR gelten für das Kalenderjahr 2006 (ab 1.7.). Sie müssen für jedes Jahr neu berechnet werden.

Beispiel Arbeitsentgelt 700 EUR × 1,2840 =   898,80 EUR
    – 227,20 EUR
beitragspflichtiges Entgelt   = 671,60 EUR

Hintergrundinformation
Die Umrechnung wird wie folgt vorgenommen:

$F \times 400 + (2-F) \times (AE-400)$
$= F \times 400 + 2 \times AE - 800 - F \times AE + F \times 400$
$= 2 \times AE - F \times AE + 800 \times F - 800$
$= AE \times (2-F) + 800 \times F - 800$

Wird jetzt für F der Faktor 0,7160 eingesetzt ergibt sich folgende Rechnung:
$AE \times (2 - 0,7160) + 800 \times 0,7160 - 800$
$AE \times 1,2840 + 572,80 - 800$
$AE \times 1,2840 - 227,20$

Praxistipp Beide verkürzten Formeln führen zum selben Ergebnis (in der weiteren Darstellung wird Variante A verwendet). Die von den Spitzenverbänden der Sozialversicherung entwickelte Variante B erfordert in der Anwendung einen Rechenschritt weniger, ist allerdings ohne weitergehende mathematische Kenntnisse kaum nachzuvollziehen. Der Vorteil der Variante A liegt darin, dass jeder Arbeitgeber sich die verkürzte Formel nach Bekanntgabe des Faktors selbst errechnen kann.

Praxistipp Im Anhang und auf der Internetseite finden Sie je einen Berechnungsvordruck für die erste und zweite Jahreshälfte 2006 und ein Muster für weitere Jahre, in den Sie die für das Kalenderjahr einheitlichen Variablen selbst eintragen können (nach Variante A).

Die meisten Krankenkassen bieten auf ihren Internetseiten einen Gleitzonenrechner an, mit dem die Umrechnung des tatsächlichen auf das beitragspflichtige Entgelt schnell und sicher durchgeführt werden kann.

Einen einfachen Gleitzonenrechner (MS-Excel) finden Sie auch auf der Internetseite zum Buch.

2 Berechnung bei Teilzeiträumen

Wird die Beschäftigung nicht den vollen Monat ausgeübt, ist zunächst das monatliche Entgelt zu ermitteln (zur Umrechnung siehe auch Schritt 1). Dann wird mit Hilfe der Umrechnungsformel das monatliche beitragspflichtige Entgelt ermittelt. Dieser Wert wird wieder auf die beitragspflichtige Zeit umgerechnet. Wegen der Komplexität der Formel führt ein anderer Weg leider nicht zum richtigen Ergebnis.

Beispiel Frau Demut nimmt am 20.9.2006 eine Beschäftigung im Niedriglohnbereich auf. Ihr monatliches Gehalt beträgt 600 EUR. Für den Teilmonat Juni erhält sie ein anteiliges Entgelt 220 EUR.

Beurteilung Das monatliche Entgelt von 600 EUR wird auf das beitragspflichtige Entgelt umgerechnet:

Arbeitsentgelt 600,00 EUR − 400 = 200,00 EUR × 1,2840
$$= 256,80 \text{ EUR}$$
$$+ 286,40 \text{ EUR}$$

beitragspflichtiges Entgelt $= 543,20$ EUR

Der so ermittelte Monatsbetrag wird jetzt auf den Teilzeitraum umgerechnet:

$$\frac{543{,}20 \text{ EUR} \times 11 \text{ Kalendertage}}{30 \text{ Kalendertage}} = 199{,}17 \text{ EUR}$$

Die Sozialversicherungsbeiträge September 2006 für Frau Demut sind aus 199,17 EUR zu errechnen.

3 Entgelt außerhalb der Gleitzone

Es kann vorkommen, dass in einzelnen Monaten das Entgelt außerhalb des Niedriglohnsektors liegt, obwohl für die Beschäftigung insgesamt die Regelungen zur Gleitzone anzuwenden sind. Die Formel ist allerdings nur für Entgelte innerhalb der Spanne von 400,01 EUR bis 800,00 EUR anwendbar. Bei anderen Ausgangswerten würden unplausible Ergebnisse erzielt.

3.1 Entgelt über 800,00 EUR

Liegt das Arbeitsentgelt in einzelnen Monaten oberhalb der Gleitzone, werden die Sozialversicherungsbeiträge aus dem tatsächlichen Entgelt berechnet.

3.2 Entgelt bis 400,00 EUR

Liegt das tatsächliche Entgelt in einzelnen Monaten unterhalb der Gleitzone, soll zwar der Arbeitnehmer auch entlastet werden, jedoch ist hier die Umrechnungsformel nicht anwendbar. In diesen Fällen wird das erzielte Arbeitsentgelt direkt mit dem Faktor »F« multipliziert. Die prozentuale Belastung des Arbeitnehmers entspricht dabei der Belastung bei 400,01 EUR und wird nicht weiter abgesenkt.

Umrechnungsformel für 2006 (ab 1.7.):
Arbeitsentgelt × 0,7160 = beitragspflichtiges Entgelt

Beispiel Frau Nedder ist versicherungspflichtig beschäftigt. Ihre Beschäftigung fällt unter die Gleitzonenregelung. Im Monat August 2006 erzielt sie ein Entgelt von 380 EUR.

Beurteilung Das Entgelt im Monat August liegt außerhalb der Gleitzone, so dass die allgemeine Formel nicht anwendbar ist. Das Entgelt wird nach der für Entgelte unterhalb von 400,01 EUR geltenden Formel umgerechnet:

380 EUR × 0,7160 = 272,08 EUR

Im August 2006 beträgt das beitragspflichtige Entgelt der Frau Nedder 272,08 EUR.

Beispiel Herr Soltau ist versicherungspflichtig beschäftigt. Er erzielt ein schwankendes monatliches Entgelt. Seine Beschäftigung fällt aber unter die Gleitzonenregelung. Im Monat Oktober 2006 erhält er ein Entgelt von 820 EUR.

Beurteilung Das Entgelt im Monat Oktober liegt außerhalb der Gleitzone, so dass die Umrechnungsformel nicht anzuwenden ist. Da in diesem Monat das Entgelt oberhalb der Gleitzone liegt, werden die Beiträge aus dem tatsächlichen Arbeitsentgelt errechnet.

4 Einmalzahlungen berücksichtigen

Wird in einem Beschäftigungsverhältnis, das unter die Gleitzonenregelung fällt, eine einmalige Zuwendung ausgezahlt, so wird sie im Monat der Auszahlung bei der Beitragsberechnung und damit auch bei der Berechnung des beitragspflichtigen Entgelts berücksichtigt.

Beispiel Frau Soller erhält monatlich ein Entgelt in Höhe von 600 EUR. Die Beschäftigung fällt in die Gleitzonenregelung. Im Oktober 2006 erhält sie von ihrem Arbeitgeber eine Sonderzahlung in Höhe von 100 EUR.

Beurteilung Im Monat Oktober beträgt das tatsächliche Arbeitsentgelt unter Berücksichtigung der Einmalzahlung 700 EUR. Die Umrechnung auf das beitragspflichtige Entgelt ergibt einen Wert von 671,60 EUR.

Wird durch die Einmalzahlung die Obergrenze der Gleitzone überschritten, erfolgt in dem betreffenden Monat die Beitragsberechnung aus dem tatsächlichen Entgelt einschließlich der Einmalzahlung.

Beispiel Frau Teak erhält monatlich ein Entgelt in Höhe von 700 EUR. Die Beschäftigung fällt in die Gleitzonenregelung. Im Oktober 2006 erhält sie von ihrem Arbeitgeber eine Sonderzahlung in Höhe von 150 EUR.

Beurteilung Im Monat Oktober beträgt das tatsächliche Arbeitsentgelt unter Berücksichtigung der Einmalzahlung 850 EUR. Dadurch wird die Entgeltgrenze von 800 EUR für die Gleitzonenregelung überschritten. Im Oktober werden die Beiträge aus dem tatsächlichen Entgelt von 850 EUR berechnet.

Eine besondere Regelung gilt, wenn das laufende Entgelt nur für einen Teil des Monats gezahlt wird und dadurch eine anteilige beitragspflichtige Einnahme ermittelt wird (siehe Punk 2). In diesen Fällen wird die Sonderzahlung dem monatlichen Entgelt hinzugerechnet und daraus das anteilige beitragspflichtige Entgelt ermittelt. Da der Arbeitgeberanteil aus dem tatsächlichen Entgelt errechnet wird, kann es zu ungewollten Ergebnissen kommen.

Beispiel Herr Sturm hat ein monatliches Entgelt von 600 EUR. Die Beschäftigung, die unter die Gleitzonenregelung fällt, endet am 2.9.2006. Für den September erhält er daher nur noch ein Entgelt von 40 EUR. Zusätzlich wird eine Urlaubsabgeltung von 100 EUR ausgezahlt.

Beurteilung Das anteilige beitragspflichtige Entgelt wird wie folgt berechnet:

700 EUR − 400 EUR = 300 EUR × 1,2840 =	385,20 EUR
zuzüglich	286,40 EUR
beitragspflichtiges Entgelt (monatsbezogen)	671,60 EUR

$$\frac{671{,}60 \text{ EUR} \times 2 \text{ Kalendertage}}{30 \text{ Kalendertage}} = 44{,}77 \text{ EUR}$$

Die Beiträge werden also aus 44,77 EUR berechnet, der Arbeitgeberanteil hingegen aus 140 EUR.

Das Beispiel macht deutlich, dass der Arbeitgeberanteil höher wäre als der insgesamt zu zahlende Beitrag. In diesen Fällen hat der Arbeitgeber nur den errechneten Gesamtbeitrag zu zahlen. Der Arbeitnehmer wird an der Aufbringung des Beitrages grundsätzlich nicht beteiligt, muss aber den Zusatzbeitrag zur Krankenversicherung und gegebenenfalls den Beitragszuschlag für Kinderlose in der Pflegeversicherung tragen (siehe Punkt 5).

Fortsetzung des Beispiels Das beitragspflichtige Entgelt beträgt für den Monat Juni 44,77 EUR. Hieraus werden jetzt die Beiträge berechnet.

	Berechnungs-grundlage	Beitragssatz	Beitrag	Verteilung
Krankenversicherung	44,77 EUR	14,0 v.H.	6,16 EUR	AG-Anteil: 9,80 EUR gekürzt auf 6,16 EUR AN-Anteil: 0,40 EUR (nur Zusatzbeitrag)
Pflegeversicherung	44,77 EUR	1,7 v.H.	0,75 EUR	AG-Anteil: 1,19 EUR gekürzt auf 0,75 EUR AN-Anteil: 0,11 EUR (nur Beitragszuschlag)
Rentenversicherung	44,77 EUR	19,5 v.H.	8,58 EUR	AG-Anteil: 13,65 EUR gekürzt auf 8,58 EUR AN-Anteil: 0 EUR
Arbeitslosenversicherung	44,77 EUR	6,5 v.H.	2,86 EUR	AG-Anteil: 4,55 EUR gekürzt auf 2,86 EUR AN-Anteil: 0 EUR
Entgeltfortzahlungsversicherung – U1	44,77 EUR	0,1 v.H.	0,05 EUR	AG-Anteil: 0,05 EUR AN-Anteil: 0 EUR
Entgeltfortzahlungsversicherung – U2	44,77 EUR	0,0 v.H.	0 EUR	AG-Anteil: 0 EUR AN-Anteil: 0 EUR
Gesamtbeträge			18,35 EUR	AG-Anteil: 18,35 EUR AN-Anteil: 0,51 EUR

Der Arbeitgeberanteil wird jeweils aus dem vollen Entgelt von 140 EUR berechnet, dann aber auf den tatsächlichen Beitrag gekürzt. Der Arbeitnehmer muss in diesem Fall keinen Beitragsanteil zahlen, aber den Zusatzbeitrag zur Krankenversicherung und gegebenenfalls den Beitragszuschlag für Kinderlose in der Pflegeversicherung entrichten.

Wird eine Einmalzahlung in einer beitragsfreien Zeit ausgezahlt (beispielsweise während des Bezuges von Krankengeld) und sind deshalb keine sozialversicherungspflichtigen Tage vorhanden, ist die Sonderzahlung gleichwohl beitragspflichtig. Für die Einmalzahlung gelten die besonderen Regelungen der Gleitzone, wenn

- die Beschäftigung unter Berücksichtigung des ausgefallenen Entgelts in der Gleitzone liegt und
- das ausgefallene laufende Entgelt zusammen mit der Einmalzahlung die Grenze von 800 EUR nicht übersteigt.

Liegt die Einmalzahlung unter 400,01 EUR, wird sie unmittelbar mit dem Faktor multipliziert.

Beispiel Frau Stern arbeitet bei der Firma Müller für ein monatliches Entgelt von 500 EUR. Sie ist seit längerer Zeit arbeitsunfähig und erhält seit dem 13.7.2006 Krankengeld von der Krankenkasse. Im August zahlt der Arbeitgeber Urlaubsgeld aus, das bei Frau Stern 150 EUR beträgt.

Beurteilung Im Monat August liegt kein laufendes sozialversicherungspflichtiges Arbeitsentgelt vor. Insgesamt fällt die Beschäftigung in den Niedriglohnbereich, da das regelmäßige monatliche Entgelt zwischen 400 EUR und 800 EUR liegt.

Das im Juni ausgefallene Entgelt von 500 EUR übersteigt zusammen mit dem Urlaubsgeld die Grenze von 800 EUR nicht. Damit sind alle Voraussetzungen erfüllt, um die Einmalzahlung nach der Gleitzonenregelung abzurechnen. Da die Einmalzahlung aber unter 400,01 EUR liegt, wird sie direkt mit dem Faktor multipliziert: 150 EUR × 0,7160 = 107,40 EUR. Im August 2006 beträgt das beitragspflichtige Entgelt also 107,40 EUR.

5 Verteilung der Beitragslast

Die Sozialversicherungsbeiträge werden aus dem beitragspflichtigen Arbeitsentgelt berechnet. In den folgenden Beispielen werden folgende Beitragssätze (2006) zu Grunde gelegt:

- 13,3 v.H. Krankenversicherung
- 0,9 v.H. Zusatzbeitrag Krankenversicherung
- 1,7 v.H. Pflegeversicherung
- 0,25 v.H. Beitragszuschlag für Kinderlose in der Pflegeversicherung
- 19,5 v.H. Rentenversicherung
- 6,5 v.H. Arbeitslosenversicherung
- 0,1 v.H. Entgeltfortzahlungsversicherung – U1
- 0,0 v.H. Entgeltfortzahlungsversicherung – U2

Die Verteilung der Beiträge auf Arbeitgeber und Arbeitnehmer macht zwei Berechnungen notwendig. Der Beitragsanteil des Arbeitgebers wird aus dem tatsächlichen Arbeitsentgelt errechnet, der Gesamtbeitrag hingegen aus dem verkürzten beitragspflichtigen Entgelt. Der Arbeitnehmer trägt die Differenz zwischen den beiden Werten.

Ausnahmen Der Zusatzbeitrag in der gesetzlichen Krankenversicherung ist ausschließlich vom Arbeitnehmer aufzubringen. Der Arbeitgeber beteiligt sich hieran grundsätzlich nicht. Der Zusatzbeitrag beträgt einheitlich 0,9 v.H. bei allen gesetzlichen Krankenkassen.

Der Beitragszuschlag in der Pflegeversicherung wird für kinderlose Versicherte erhoben (0,25 v.H.). Auch diesen Beitragsteil hat der Beschäftigte allein, also ohne Beteiligung des Arbeitgebers zu tragen.

Abbildung: Verteilung der Beitragslast zwischen Arbeitgeber und Arbeitnehmer

	Ausgangswert für die Beitragsberechnung	Arbeitgeberanteil	Arbeitnehmeranteil
Krankenversicherungsbeitrag	voller Beitragssatz aus vermindertem Entgelt	halber Beitragssatz aus tatsächlichem Entgelt	Differenz aus Beitrag und Arbeitgeberanteil
Zusatzbeitrag Krankenversicherung	0,9 v.H. aus vermindertem Entgelt	keine Beteiligung	trägt Zusatzbeitrag allein
Pflegeversicherungsbeitrag	voller Beitragssatz aus vermindertem Entgelt	halber Beitragssatz aus tatsächlichem Entgelt	Differenz aus Beitrag und Arbeitgeberanteil
Beitragszuschlag Pflegeversicherung	0,25 v.H. aus vermindertem Engelt	keine Beteiligung	trägt Beitragszuschlag allein
Rentenversicherungsbeitrag	voller Beitragssatz aus vermindertem Entgelt	halber Beitragssatz aus tatsächlichem Entgelt	Differenz aus Beitrag und Arbeitgeberanteil
Rentenversicherungsbeitrag bei Verzicht auf Entgeltminderung	voller Beitragssatz aus **tatsächlichem** Entgelt	halber Beitragssatz aus tatsächlichem Entgelt	halber Beitragssatz aus tatsächlichem Entgelt
Arbeitslosenversicherungsbeitrag	voller Beitragssatz aus vermindertem Entgelt	halber Beitragssatz aus tatsächlichem Entgelt	Differenz aus Beitrag und Arbeitgeberanteil
Entgeltfortzahlungsversicherung – U1	vermindertes Entgelt; bei Verzicht auf die Entgeltminderung in der Rentenversicherung das volle Entgelt	voller Beitragssatz	keine Beteiligung des Arbeitnehmers
Entgeltfortzahlungsversicherung – U2	vermindertes Entgelt; bei Verzicht auf die Entgeltminderung in der Rentenversicherung das volle Entgelt	voller Beitragssatz	keine Beteiligung des Arbeitnehmers

Berechnung von Arbeitgeber- und Arbeitnehmeranteil in der Gleitzone

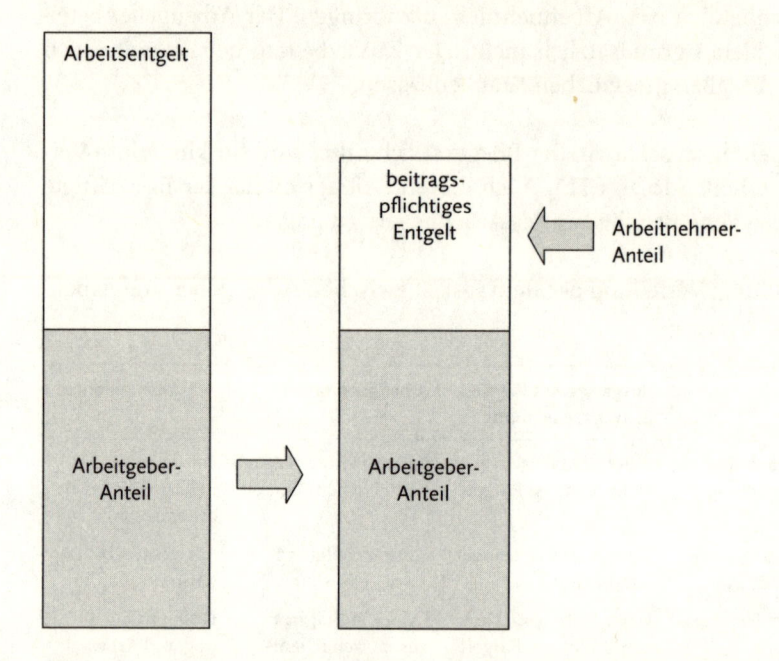

Beispiel Frau Dolzer arbeitet in Teilzeit bei der Firma Einzelkauf. Sie erhält monatlich 650 EUR als Arbeitsentgelt. Es handelt sich um eine Beschäftigung im Niedriglohnsektor.

Beurteilung Die Beschäftigung von Frau Dolzer ist mehr als geringfügig und daher versicherungspflichtig in der Kranken-, Pflege-, Renten- und Arbeitslosenversicherung.

Aus dem Entgelt von 650 EUR ergibt sich durch die Umrechnungsformel ein beitragspflichtiger Betrag in Höhe von 607,40 EUR.

Folgende Beiträge sind für Oktober 2006 zu zahlen:

	Berechnungs-grundlage	Beitragssatz	Beitrag	Aufteilung
Krankenversicherung	607,40 EUR	13,3 v.H.	80,78 EUR	AG-Anteil: 43,23 EUR AN-Anteil: 37,55 EUR
Zusatzbeitrag Krankenversicherung	607,40 EUR	0,9 v.H.	5,47 EUR	AG-Anteil: ----- AN-Anteil: 5,47 EUR
Pflegeversicherung	607,40 EUR	1,7 v.H.	10,33 EUR	AG-Anteil: 5,53 EUR AN-Anteil: 4,80 EUR
Beitragszuschlag für Kinderlose	607,40 EUR	0,25 v.H.	1,52 EUR	AG-Anteil: ----- AN-Anteil: 1,52 EUR
Rentenversicherung	607,40 EUR	19,5 v.H.	118,44 EUR	AG-Anteil: 63,38 EUR AN-Anteil: 55,06 EUR
Arbeitslosenversicherung	607,40 EUR	6,5 v.H.	39,48 EUR	AG-Anteil: 21,13 EUR AN-Anteil: 18,35 EUR
Entgeltfortzahlungsversicherung – U1	607,40 EUR	0,1 v.H.	0,61 EUR	AG-Anteil: 0,61 EUR AN-Anteil: ------
Entgeltfortzahlungsversicherung – U2	607,40 EUR	0,0 v.H.	0 EUR	AG-Anteil: 0 EUR AN-Anteil: ------
Gesamtbeträge			256,63 EUR	AG-Anteil: 133,88 EUR AN-Anteil: 122,75 EUR

Besteht in einzelnen Versicherungszweigen keine Versicherungspflicht, sind hierfür grundsätzlich auch keine Beiträge zu berechnen. Ggf. ist aber der Arbeitgeberanteil wie bei Beschäftigungen außerhalb der Gleitzone zu berechnen und abzuführen. Dies betrifft zum Beispiel Altersrentner in der Rentenversicherung oder Beschäftigte über 65 Jahre in der Arbeitslosenversicherung. Ist ein solcher Arbeitgeberanteil zu zahlen, so richtet sich die Höhe nach dem tatsächlichen Arbeitsentgelt.

Beispiel Herr Schrull war Beamter der Stadtverwaltung und ist jetzt als Pensionär (63 Jahre) als Hausmeister bei der Firma Wohnwert angestellt. Sein monatliches Entgelt beträgt 500 EUR.

Beurteilung Die Beschäftigung bei der Firma Wohnwert ist mehr als nur geringfügig und somit grundsätzlich versicherungspflichtig. Aufgrund der Zahlung der Ruhegehaltsbezüge besteht allerdings in der Kranken- und Pflegeversicherung Versicherungsfreiheit. Dies gilt auch für die Rentenversicherung. Hier ist allerdings der Arbeitgeberanteil am Beitrag zu entrichten. In der Arbeitslosenversicherung besteht Versicherungspflicht.

Aus dem Entgelt von 500 EUR ergibt sich durch die Umrechnungsformel ein beitragspflichtiger Betrag in Höhe von 414,80 EUR.

Folgende Beiträge sind zu zahlen:

	Berechnungs-grundlage	Beitrags-satz	Beitrag	Aufteilung
Krankenversicherung	Versicherungsfrei			
Pflegeversicherung	Versicherungsfrei			
Rentenversicherung	500,00 EUR	9,75 v.H.	48,75 EUR	nur AG-Anteil
Arbeitslosenver-sicherung	414,80 EUR	6,5 v.H.	26,96 EUR	AG-Anteil 16,25 EUR AN-Anteil 10,71 EUR
Entgeltfortzahlungs-versicherung – U1	500,00 EUR	0,1 v.H.	0,50 EUR	AG-Anteil: 0,50 EUR AN-Anteil: ------
Entgeltfortzahlungs-versicherung – U2	500,00 EUR	0,0 v.H.	0 EUR	AG-Anteil: 0 EUR AN-Anteil: ------

6 Berechnung bei Mehrfachbeschäftigten

Bestehen mehrere Beschäftigungsverhältnisse, deren Entgelt insgesamt innerhalb der Gleitzone liegt, ist die Verwendung der Umrechnungsformel für das einzelne Arbeitsverhältnis nicht möglich. Dies würde zu unbefriedigenden Ergebnissen führen.

Deshalb wird das beitragspflichtige Entgelt zunächst aus dem Gesamtentgelt errechnet und anschließend auf die einzelnen Beschäftigungen im Verhältnis der Entgelte zueinander aufgeteilt. Aus dem so ermittelten beitragspflichtigen Entgelt errechnet jeder Arbeitgeber den auf die bei ihm ausgeübte Beschäftigung entfallenden Beiträge. Die Differenz zwischen dem so ermittelten Wert und dem aus dem vollen Entgelt errechneten Arbeitgeberanteil ist dann der für die einzelne Beschäftigung zu zahlende Arbeitnehmeranteil.

Formel:

$$\frac{\text{beitragspflichtiges Entgelt} \times \text{Einzelentgelt}}{\text{Gesamtentgelt}}$$

Beispiel Herr Horn übt zwei Beschäftigungen aus und zwar bei der Firma Angler für monatlich 350 EUR und bei Firma Netz für 370 EUR. Beitragsberechnung für Oktober 2006.

Beurteilung Es handelt sich um einen Gleitzonenfall, da das Entgelt zusammen 720 EUR beträgt. Die Berechnung ist wie folgt vorzunehmen:

720 EUR – 400 EUR = 320 EUR × 1,2840 =   410,88 EUR
zzgl. Festbetrag für 2006 (ab 1.7.):   286,40 EUR
beitragspflichtiges Entgelt: 697,28 EUR

Insgesamt ist das Entgelt in Höhe von 697,28 EUR beitragspflichtig. Dieser Wert ist auf die beiden Beschäftigungen zu verteilen:

Firma Angler

$$\frac{697{,}28\ \text{EUR} \times 350{,}00\ \text{EUR}}{720\ \text{EUR}} = 338{,}96\ \text{EUR}$$

Firma Netz

$$\frac{697{,}28\ \text{EUR} \times 370{,}00\ \text{EUR}}{720\ \text{EUR}} = 358{,}32\ \text{EUR}$$

Das beitragspflichtige Entgelt bei Firma Angler beträgt für den Monat Oktober 338,96 EUR. Hieraus werden jetzt die Beiträge berechnet.

	Berechnungs-grundlage	Beitrags-satz	Beitrag	Aufteilung
Krankenversicherung	338,96 EUR	13,3 v.H.	45,08 EUR	AG-Anteil: 23,28 EUR AN-Anteil: 21,80 EUR
Zusatzbeitrag Krankenversicherung	338,96 EUR	0,9 v.H.	3,05 EUR	AG-Anteil: ----- AN-Anteil: 3,05 EUR
Pflegeversicherung	338,96 EUR	1,7 v.H.	5,76 EUR	AG-Anteil: 2,98 EUR AN-Anteil: 2,78 EUR
Beitragszuschlag für Kinderlose	338,96 EUR	0,25 v.H.	0,85 EUR	AG-Anteil: ----- AN-Anteil: 0,85 EUR
Rentenversicherung	338,96 EUR	19,5 v.H.	66,10 EUR	AG-Anteil: 34,13 EUR AN-Anteil: 31,97 EUR
Arbeitslosenversicherung	338,96 EUR	6,5 v.H.	22,03 EUR	AG-Anteil: 11,38 EUR AN-Anteil: 10,65 EUR
Entgeltfortzahlungsversicherung – U1	338,96 EUR	0,1 v.H.	0,34 EUR	AG-Anteil: 0,34 EUR AN-Anteil: ------
Entgeltfortzahlungsversicherung – U2	338,96 EUR	0,0 v.H.	0 EUR	AG-Anteil: 0 EUR AN-Anteil: ------
Gesamtbeträge			143,21 EUR	AG-Anteil: 72,11 EUR AN-Anteil: 71,10 EUR

Der Arbeitgeberanteil wird jeweils aus dem vollen Entgelt von 350 EUR berechnet (außer U1 und U2).

Das beitragspflichtige Entgelt bei Firma Netz beträgt für den Monat Oktober 358,32 EUR. Hieraus werden jetzt die Beiträge berechnet.

	Berechnungs-grundlage	Beitrags-satz	Beitrag	Aufteilung
Krankenversicherung	358,32 EUR	13,3 v.H.	47,66 EUR	AG-Anteil: 24,61 EUR AN-Anteil: 23,05 EUR
Zusatzbeitrag Krankenversicherung	358,32 EUR	0,9 v.H.	3,22 EUR	AG-Anteil: ----- AN-Anteil: 3,22 EUR
Pflegeversicherung	358,32 EUR	1,7 v.H.	6,09 EUR	AG-Anteil: 3,15 EUR AN-Anteil: 2,94 EUR
Beitragszuschlag für Kinderlose	358,32 EUR	0,25 v.H.	0,90 EUR	AG-Anteil: ----- AN-Anteil: 0,90 EUR
Rentenversicherung	358,32 EUR	19,5 v.H.	69,87 EUR	AG-Anteil: 36,08 EUR AN-Anteil: 33,79 EUR
Arbeitslosenversicherung	358,32 EUR	6,5 v.H.	23,29 EUR	AG-Anteil: 12,03 EUR AN-Anteil: 11,26 EUR
Entgeltfortzahlungsversicherung – U1	358,32 EUR	0,1 v.H.	0,36 EUR	AG-Anteil: 0,36 EUR AN-Anteil: ------
Entgeltfortzahlungsversicherung – U2	358,32 EUR	0,0 v.H.	0 EUR	AG-Anteil: 0 EUR AN-Anteil: ------
Gesamtbeträge			151,39 EUR	AG-Anteil: 76,23 EUR AN-Anteil: 75,16 EUR

Der Arbeitgeberanteil wird jeweils aus dem vollen Entgelt von 370 EUR berechnet (außer U1 und U2).

Der Arbeitnehmer ist verpflichtet, dem Arbeitgeber die Höhe des Entgelts in der anderen Beschäftigung mitzuteilen (§ 28 o Abs. 1 SGB IV).

Kommt es durch die Zusammenrechnung mehrerer Beschäftigungen zur Versicherungspflicht, so kann die unterschiedliche Zusammenrechnung in den einzelnen Versicherungszweigen dazu führen, dass in einigen die Voraussetzungen für die Anwendung der Gleitzonenregelung erfüllt sind, in anderen hingegen nicht.

Beispiel Herr Schulte arbeitet bei der Firma Lehmann für ein Entgelt von 700 EUR. Bei der Firma Summ erhält er ein monatliches Entgelt von 320 EUR, bei Winter-AG 300 EUR.

Beurteilung Bei der Beschäftigung in der Firma Lehmann handelt es sich um eine Hauptbeschäftigung. Hier besteht Versicherungspflicht in der Kranken-, Pflege-, Renten- und Arbeitslosenversicherung. Die Tätigkeit bei Firma Summ ist als zuerst aufgenommene geringfügige Beschäftigung versicherungsfrei – sie wird nicht mit der Hauptbeschäftigung zusammengerechnet.

Die Beschäftigung bei der Winter-AG ist durch die Zusammenrechnung mit der Hauptbeschäftigung versicherungspflichtig in der Kranken-, Pflege- und Rentenversicherung. In der Arbeitslosenversicherung erfolgt keine Zusammenrechnung. Dadurch sind die zu berücksichtigenden Entgelte unterschiedlich. In der Kranken-, Pflege- und Rentenversicherung sind insgesamt 1.020 EUR als regelmäßiges monatliches Entgelt anzurechnen, so dass hier die Anwendung der Gleitzonenregelung nicht in Frage kommt. In der Arbeitslosenversicherung erfolgt keine Zusammenrechnung, Versicherungspflicht besteht nur in der Hauptbeschäftigung. Das anzurechnende Entgelt beträgt 700 EUR, so dass hier die Gleitzonenregelung anzuwenden ist.

7 Besonderheiten in der knappschaftlichen Rentenversicherung

Die Gleitzonenregelung gilt grundsätzlich auch für die Versicherten in der knappschaftlichen Rentenversicherung. Wegen des dort höheren Beitragssatzes und des höheren Arbeitgeberanteils ist allerdings eine hilfsweise Umrechnung vorzunehmen. Dabei wird zunächst der in der allgemeinen Rentenversicherung vom Arbeitnehmeranteil zu tragende Beitragsteil nach dem vorstehend beschriebenen Verfahren ermittelt. Der Arbeitgeber zahlt dann die Differenz zwischen dem Gesamtbeitrag zur Knappschaft (berechnet aus dem verkürzten Entgelt) und dem Arbeitnehmeranteil.

Beispiel Herr Schipp ist in einem knappschaftlichen Betrieb beschäftigt. Er erhält ein monatliches Entgelt von 475 EUR. Der Beitragssatz zur knappschaftlichen Rentenversicherung beträgt 25,9 v.H. (2006).

Beurteilung Die Beschäftigung ist mehr als geringfügig und daher versicherungspflichtig. Sie fällt unter die Gleitzonenregelung.

Das beitragspflichtige Arbeitsentgelt beträgt 382,70 EUR
 (475 EUR – 400 EUR = 75 EUR × 1,2840 = 96,30 EUR + 286,40 EUR)

Die Berechnung zur allgemeinen Rentenversicherung würde wie folgt vorgenommen:

Gesamtbeitrag: 382,70 EUR × 19,5 v.H. = 74,63 EUR
Arbeitgeberanteil: 475,00 EUR × 9,75 v.H. = 46,31 EUR
Differenz = Arbeitnehmeranteil 28,32 EUR

Knappschaftliche Rentenversicherung:
Gesamtbeitrag 382,70 EUR × 25,9 v.H. = 99,12 EUR
abzüglich Arbeitnehmeranteil 28,32 EUR
Differenz = Arbeitgeberanteil 70,80 EUR

Der Arbeitnehmer zahlt also einen Beitragsanteil von 28,32 EUR; denselben Betrag hätte er auch in der allgemeinen Rentenversicherung tragen müssen. Der höhere Beitragssatz der knappschaftlichen Rentenversicherung belastet ausschließlich den Arbeitgeber.

8 Berechnung bei Nettolohnvereinbarungen

Besteht eine Nettolohnvereinbarung mit dem Arbeitnehmer, ist zur Ermittlung des beitragspflichtigen Arbeitsentgelts eine Hochrechnung auf das Bruttoarbeitsentgelt vorzunehmen. Dabei ist in jedem Fall der reguläre Arbeitnehmerbeitrag heranzuziehen, nicht der reduzierte Beitrag nach der Gleitzonenregelung.

Praxistipp Nettolohnvereinbarungen führen aufgrund der Verpflichtung des Arbeitgebers die Arbeitnehmeranteile und die Steuern zusätzlich zum Entgelt zu tragen, zu erhöhten und schwer kalkulierbaren Belastungen des Arbeitgebers. Die vom Arbeitgeber übernommen Sozialversicherungsbeiträge und Steuern stellen nämlich ebenfalls steuer- und beitragspflichtiges Arbeitsentgelt dar. So wirken sich auch Faktoren auf die Höhe der vom Arbeitgeber zu zahlenden Beträge aus, auf die er gar keinen Einfluss hat (beispielsweise eine Änderung der Steuerklasse). Sie sollten solche Vereinbarungen daher möglichst vermeiden. Ermitteln Sie lieber das »normale« Bruttoarbeitsentgelt, dass zu dem gewünschten Nettoentgelt führt und treffen Sie dann eine entsprechende Bruttolohnvereinbarung.

9 Beiträge zur Entgeltfortzahlungsversicherung

Nimmt der Arbeitgeber an der Entgeltfortzahlungsversicherung teil (vgl. Teil A Schritt 3), werden die Umlagebeiträge jeweils aus dem rentenversicherungspflichtigen Arbeitsentgelt berechnet. Das nach der Gleitzonenregelung ermittelte verminderte Entgelt gilt also auch für die Umlage. Hat der Beschäftigte auf die Reduzierung des Entgelts für die Rentenversicherung verzichtet (siehe Schritt 3), so sind auch die Umlagebeiträge aus dem tatsächlichen Arbeitsentgelt zu berechnen.

10 So geht es weiter

Sie können jetzt das beitragspflichtige Entgelt auch in Sonderfällen ermitteln. Zu berücksichtigen ist noch die Besonderheit, wenn der Beschäftigte auf die Reduzierung des Rentenversicherungsbeitrages verzichtet. Welche Auswirkungen das hat, ist in Schritt 3 dargestellt.

3. Schritt –
Verzicht auf die Entgeltminderung in der Rentenversicherung

Wie wirkt sich der Verzicht des Arbeitnehmers auf die Entgeltminderung in der Rentenversicherung aus? Wie muss der Verzicht erklärt werden und ab wann wirkt er sich aus?

Schlagworte
- Verzicht auf Reduzierung des Entgelts
- Rentenversicherungsbeitrag in Gleitzone
- Erklärung
- Erklärungsfrist

Situation
Der Personalverantwortliche muss den betroffenen Arbeitnehmer über sein Recht informieren, auf die Reduzierung des Rentenversicherungsbeitrags zu verzichten. Wird der Verzicht ausgesprochen, ändert sich für die Rentenversicherung die Beitragsberechnung. Im Folgenden wird dargestellt, welche Folgen die Erklärung des Beschäftigten hat und welche Maßnahmen zu veranlassen sind.

Definitionen

▶ Verzichtserklärung   Erklärung, mit der der Beschäftigte auf die Absenkung des rentenversicherungspflichtigen Entgelts verzichtet.

Rechtsgrundlagen
▶ SGB VI

Ergänzende Grundlagen:
▶ Verlautbarung der Spitzenverbände zu Beschäftigungen in der Gleitzone

Die Verlautbarung finden Sie im Volltext auf der Internetseite

Checkliste
1. Information des Beschäftigten
2. Abgabe der Verzichtserklärung
3. Wirkung der Erklärung

1 Information des Beschäftigten

Statt vom tatsächlich erzielten Arbeitsentgelt werden die Sozialversicherungsbeiträge im Niedriglohnsektor nur von einem verkürzten Entgelt berechnet. Dies hat in der Kranken-, Pflege- und Arbeitslosenversicherung keine nachteiligen Auswirkungen auf die Leistungsansprüche. Auch einkommensabhängige Leistungen wie Krankengeld oder Arbeitslosengeld fallen dadurch nicht niedriger aus – sie werden aus dem vollen Entgelt berechnet.

Anders in der Rentenversicherung. Hier wird für die Rentenberechnung nur das Entgelt berücksichtigt, für das tatsächlich Beiträge gezahlt worden sind. Daher hat der Beschäftigte die Möglichkeit auf die Reduzierung des Rentenversicherungsbeitrages zu verzichten. Der Arbeitgeber muss den Beschäftigten auf die Möglichkeit zum Verzicht hinweisen.

Macht der Arbeitnehmer von dem Verzicht auf die Entgeltverringerung in der Rentenversicherung Gebrauch, wird der Rentenversicherungsbeitrag aus dem tatsächlichen Entgelt berechnet und der Beschäftigte hat den vollen Arbeitnehmerbeitrag zu zahlen. Die übrigen Versicherungszweige werden dadurch nicht berührt.

Praxistipp Lassen Sie sich von allen Mitarbeitern im Niedriglohnsektor eine Erklärung ausfüllen, dass sie über die Verzichtsmöglichkeit informiert sind und wie sie sich entscheiden. Einen entsprechenden Mustervordruck finden Sie im Anhang und auf der Internetseite. Damit erklärt der Beschäftigte zugleich, dass er keine weitere Beschäftigung ausübt und Sie bei eventuellen Veränderungen unterrichtet. Auf dieser Basis können Sie ggf. Schadenersatzansprüche geltend machen, wenn die Angaben unzutreffend waren.

Am besten lassen Sie diese Erklärung mindestens einmal jährlich neu abgeben. Auch für diese Folgeerklärung finden Sie ein Muster im Internet.

2 Abgabe der Verzichtserklärung

Der Beschäftigte muss seinen Verzicht gegenüber dem Arbeitgeber schriftlich erklären. Die Erklärung kann nur für die Zukunft abgegeben werden. Wird sie innerhalb von zwei Wochen nach Beginn der Beschäftigung abgegeben, gilt sie ab deren Beginn. Die Erklärung wirkt für die Dauer der Beschäftigung und kann für diese nicht widerrufen werden. Übt der Arbeitnehmer mehrere Beschäftigungen aus, gilt der Verzicht einheitlich für alle Beschäftigungsverhältnisse. Die Erklärung des Beschäftigten ist zu den Lohnunterlagen zu nehmen.

3 Wirkung der Erklärung

Durch den Verzicht auf die Reduzierung des Rentenversicherungsbeitrages erhöht sich der Gesamtbeitrag auf die „normale" Beitragshöhe. Zugleich steigt der Arbeitnehmeranteil auf die üblichen 50 v.H.. Für den Arbeitgeberanteil ändert sich nichts.

Beispiel Zum Vergleich verwenden wir das Beispiel mit Frau Dolzer (siehe Schritt 2 Punkt 5). Sie arbeitet in Teilzeit bei der Firma Einzelkauf und erhält monatlich 650 EUR als Arbeitsentgelt. Es handelt sich um eine Beschäftigung im Niedriglohnsektor. Sie hat auf die Reduzierung der Rentenversicherungsbeiträge verzichtet.

Beurteilung Die Beschäftigung von Frau Dolzer ist mehr als geringfügig und daher versicherungspflichtig in der Kranken-, Pflege-, Renten- und Arbeitslosenversicherung.

Aus dem Entgelt von 650 EUR ergibt sich durch die Umrechnungsformel ein beitragspflichtiger Betrag in Höhe von 607,40 EUR. Dieser gilt nur für die Kranken-, Pflege- und Arbeitslosenversicherung. In der Rentenversicherung werden die Beiträge aus dem tatsächlichen Arbeitsentgelt von 650 EUR errechnet.

Folgende Beiträge sind für Oktober 2006 zu zahlen:

	Berechnungsgrundlage	Beitragssatz	Beitrag	Aufteilung
Krankenversicherung	607,40 EUR	13,3 v.H.	80,78 EUR	AG-Anteil: 43,23 EUR AN-Anteil: 37,55 EUR
Zusatzbeitrag Krankenversicherung	607,40 EUR	0,9 v.H.	5,47 EUR	AG-Anteil: ----- AN-Anteil: 5,47 EUR
Pflegeversicherung	607,40 EUR	1,7 v.H.	10,33 EUR	AG-Anteil: 5,53 EUR AN-Anteil: 4,80 EUR
Beitragszuschlag für Kinderlose	607,40 EUR	0,25 v.H.	1,52 EUR	AG-Anteil: ----- AN-Anteil: 1,52 EUR
Rentenversicherung	650,00 EUR	19,5 v.H.	126,76 EUR	AG-Anteil: 63,38 EUR AN-Anteil: 63,38 EUR
Arbeitslosenversicherung	607,40 EUR	6,5 v.H.	39,48 EUR	AG-Anteil: 21,13 EUR AN-Anteil: 18,35 EUR
Entgeltfortzahlungsversicherung – U1	650,00 EUR	0,1 v.H.	0,65 EUR	AG-Anteil: 0,65 EUR AN-Anteil: -----
Entgeltfortzahlungsversicherung – U2	650,00 EUR	0,0 v.H.	0 EUR	AG-Anteil: 0 EUR AN-Anteil: -----
Gesamtbeträge			264,99 EUR	AG-Anteil: 133,92 EUR AN-Anteil: 131,07 EUR

Die Änderungen im Vergleich zur Berechnung ohne die Verzichtserklärung sind grau hinterlegt.

4. Schritt – Besonderheiten im Meldeverfahren und in der Dokumentation berücksichtigen

Wie wirkt sich die Gleitzone bei der Erstellung der Entgeltmeldungen aus? Welche besonderen Unterlagen müssen in den Gehaltsunterlagen dokumentiert werden?

Schlagworte
- Entgeltmeldung
- Schlüsselzahl
- Lohnunterlagen

Situation
Der Gehaltsabrechner muss bei Beschäftigten in der Gleitzone einige Besonderheiten beachten. Der Beitrag beschreibt welche Kennzeichnung bei Entgeltmeldungen erforderlich ist und welche zusätzlichen Unterlagen in den Lohnunterlagen dokumentiert werden müssen.

Definitionen

▶ Entgeltmeldung   Meldung nach der DEÜV, bei der das rentenversicherungspflichtige Entgelt angegeben wird – Abmeldung, Ummeldung oder Jahresmeldung

Rechtsgrundlagen
▶ SGB III, IV, V, VI, XI

Ergänzende Grundlagen:
▶ Verlautbarung der Spitzenverbände zu Beschäftigungen in der Gleitzone

Sie finden die Verlautbarung im Volltext auf der Internetseite zum Buch.

Checkliste
1. Angaben im Feld »Gleitzone«
2. Einzutragendes Entgelt ermitteln
3. Dokumentation in den Lohnunterlagen

1 Angaben im Feld ›Gleitzone‹

In den Datensätzen für die Meldungen nach der DEÜV ist ein Feld »Gleitzone« enthalten. Dies ist nur bei Entgeltmeldungen zu verwenden. Der Wechsel von einer Gleitzonenbeschäftigung in eine »normale« Beschäftigung oder umgekehrt ist kein meldepflichtiger Tatbestand. Besondere Personengruppenschlüssel oder Beitragsgruppen gibt es für den Niedriglohnsektor nicht.

Das Feld »Gleitzone« hat folgende Ausprägungen:

»0« = Keine Gleitzone oder Verzicht auf die Anwendung der Gleitzonenregelung in der gesetzlichen Rentenversicherung.
»1« = Gleitzone; tatsächliche Arbeitsentgelte in allen Entgeltabrechnungszeiträumen (auf die sich die Meldung bezieht) von 400,01 EUR bis 800,00 EUR.
»2« = Gleitzone; Meldung umfasst sowohl Entgeltabrechnungszeiträume mit Arbeitsentgelten von 400,01 EUR bis 800,00 EUR als auch solche mit Arbeitsentgelten unter 400,01 EUR und/oder über 800,00 EUR.

Die Kennzeichnung richtet sich immer nach der versicherungs- und beitragsrechtlichen Beurteilung in der Rentenversicherung.

Beispiel Herr Huck arbeitet bei der Firma Berg und erhält ein Entgelt von 600 EUR. Er hat auf die Anwendung der Gleitzonenregelung verzichtet.

Beurteilung Obgleich die Gleitzonenregelung in der Kranken-, Pflege- und Arbeitslosenversicherung anzuwenden ist, erhält das Feld »Gleitzone« in der Entgeltmeldung den Eintrag »0«.

2 Einzutragendes Entgelt ermitteln

Als Entgelt wird in die Meldung der Betrag eingetragen, aus dem tatsächlich die Rentenversicherungsbeiträge berechnet wurden. Das bedeutet, dass im Normalfall die Summe des reduzierten Entgelts anzugeben ist. Hat der Beschäftigte aber auf die Anwendung der Gleitzonenregelung verzichtet, ist das tatsächlich erzielte Entgelt maßgebend.

Eine Besonderheit ist allerdings zu beachten: Ist lediglich der Arbeitgeberanteil zur Rentenversicherung zu zahlen (bei einem Altersrentner), wird in die Meldung das reduzierte Entgelt eingetragen, obgleich der Arbeitgeberanteil ja aus dem vollen Entgelt berechnet wird.

3 Dokumentation in den Lohnunterlagen

Im Rahmen der Beitragsabrechnung ist die Berechnung des beitragspflichtigen Entgelts und der Beiträge zu dokumentieren. Hat der Arbeitnehmer auf die Anwendung der Gleitzonenregelung verzichtet, ist die entsprechende Erklärung zu den Lohnunterlagen zu nehmen.

Einen Vordruck für die Erklärung des Versicherten finden Sie im Anhang und im Internet.

Für eine regelmäßige Wiederholungsbefragung der Beschäftigten, insbesondere nach weiteren Beschäftigungsverhältnissen, haben wir ebenfalls einen Vordruck entwickelt. Auch diesen finden Sie im Internet. Anders als bei geringfügigen Beschäftigungen schützt Sie die vorliegende Erklärung des Arbeitnehmers, dass er keine weitere Beschäftigung hat, nicht vor Nachforderungen im Rahmen von Betriebsprüfungen. Eine falsche Angabe des Mitarbeitern gibt Ihnen aber die Möglichkeit gegebenenfalls Schadenersatzansprüche geltende zu machen. Auf jeden Fall schützt die Erklärung mit der darin enthaltenen Information des Beschäftigten vor eventuellen späteren Schadenersatzforderungen wegen mangelnder Aufklärung des Mitarbeiters.

Teil C – Kurzfristige Beschäftigungen

1. Schritt – Der Arbeitsvertrag

Muss auch für Aushilfen ein Arbeitsvertrag abgeschlossen werden? Welche Ausnahmen gibt es? Welche Inhalte müssen schriftlich niedergelegt werden? Ist eine Befristung in jedem Fall zulässig? Wie ist die Entgeltfortzahlung im Krankheitsfall geregelt? Besteht ein Anspruch auf Erholungsurlaub?

Schlagworte
- Vertragsgestaltung
- Arbeitsvertrag
- Vertrag
- Anstellungsvertrag (schriftliche Niederlegung)
- Befristung
- Kündigung
- Nachweisgesetz
- Arbeitszeit
- Überstunden
- Jugendliche
- Entgelt

Situation
Nachdem die Entscheidung für die Einstellung einer Aushilfe gefallen und die Auswahl eines Bewerbers getroffen wurde, muss nun der rechtliche Rahmen der – befristeten – Zusammenarbeit niedergelegt werden. Dabei ist insbesondere von Interesse welche Regelungen schriftlich niedergelegt werden müssen und welche Formen und Fristen einzuhalten sind.

Grundsätzlich gelten hier dieselben Regelungen wie für geringfügig entlohnte Beschäftigte (siehe Teil A, Schritt 1). In diesem Abschnitt werden die Abweichungen von den dort beschriebenen Regeln und einige besondere Hinweise behandelt.

Definitionen

- Nachweisgesetz — Das Nachweisgesetz regelt, welche Mindestinhalte eines Arbeitsvertrages schriftlich fixiert werden müssen, für wen das gilt und bis wann dies zu geschehen hat
- Arbeitszeitgesetz — Das Arbeitszeitgesetz ist ein Schutzgesetz, dass die zeitlichen Arbeitsbedingungen und die damit verbundene maximale zeitliche Belastung von Arbeitnehmern regelt.
- Überstunden — Mehrarbeit die über die vereinbarte Arbeitszeit hinaus geleistet wird.

Rechtsgrundlagen:
- Arbeitszeitgesetz
- Bundesurlaubsgesetz
- Entgeltfortzahlungsgesetz
- Jugendarbeitsschutzgesetz
- Nachweisgesetz
- Teilzeitgesetz
- § 622 BGB

Die Rechtsgrundlagen finden Sie in relevanten Auszügen im Anhang.

Checkliste:
1. Form und Inhalt der Vereinbarung
2. Befristung/Grund der Befristung
3. Benachteiligungsverbot
4. Entgeltfortzahlungsanspruch
5. Urlaubsanspruch
6. Musterarbeitsvertrag

1 Form und Inhalt der Vereinbarung

Bei kurzfristigen Beschäftigungen ist – anders als bei Minijobs – ein schriftlicher Arbeitsvertrag unbedingt erforderlich. Zwar wird im Nachweisgesetz bei befristeten Beschäftigungen von nicht mehr als einem Monat auf die Anwendung verzichtet, jedoch hat das Bundesarbeitsgericht bereits entschieden, dass sich das (befristete) Arbeitsverhältnis automatisch in eine unbefristete Anstellung wandelt, wenn die Befristung nicht im Arbeitsvertrag vereinbart wird.

Praxistipp Schließen Sie den befristeten Arbeitsvertrag unbedingt vor Aufnahme der Beschäftigung! Allein die Tatsache der Arbeitsaufnahme vor einer schriftlichen Befristung reicht aus, um ein Dauerarbeitsverhältnis zu erzeugen.

2 Befristung/Grund der Befristung

Die wesentlichen gesetzlichen Grundlagen befristeter Beschäftigungen sind im Teilzeit- und Befristungsgesetz geregelt. Die meisten Bestimmungen sind allerdings für den klassischen Aushilfsjob nicht relevant. So ist eine Befristung grundsätzlich nur aus sachlichem Grund möglich, den der Arbeitgeber gegebenenfalls nachzuweisen hat. Sachliche Gründe für eine Befristung können zum Beispiel sein:

- Vertretung eines anderen Arbeitnehmers (bei Krankheit, Mutterschaft oder Elternzeit)
- Befristung zur Erprobung des Beschäftigten (hier gelten noch zusätzliche Bedingungen)
- Eigenart der Beschäftigung (beispielsweise Erntehelfer oder Saisonarbeiter)
- Wunsch des Arbeitnehmers nach einer befristeten Beschäftigung

Ohne sachlichen Grund ist eine Befristung nur bei einer Neueinstellung zulässig. Hat also bereits in der Vergangenheit einmal eine Beschäftigung mit diesem Arbeitgeber bestanden, ist eine Befristung ohne sachlichen Grund nicht zulässig. War die Befristung nicht zulässig, wandelt sich der Vertrag in einen unbefristeten Arbeitsvertrag.

Bei den Aushilfen spielen diese Überlegungen meist keine große Rolle, da es sich in der Regel entweder um Beschäftigungen für einen bestimmten Zweck handelt oder die Befristung im beiderseitigen Interesse liegt. Gleichwohl sollten Sie bei der Begründung der Befristung große Sorgfalt beachten, um spätere Probleme mit dem Arbeitnehmer zu vermeiden.

Steht nicht genau fest, wie lange die Beschäftigung andauern wird (z.B. bei der Ernte), sollten Sie zusätzlich zur Befristung eine vorzeitige Kündigungsmöglichkeit in den Arbeitsvertrag aufnehmen. Sonst müssen Sie nämlich die Beschäftigung in jedem Fall bis zum Ende des vereinbarten Zeitraums vergüten. Eine vorzeitige Kündigung einer befristeten Beschäftigung ist nur möglich, wenn diese im Arbeitsvertrag ausdrücklich vereinbart wurde.

3 Benachteiligungsverbot

Wichtig ist, dass befristete Beschäftigte (wie auch Teilzeitbeschäftigte) gegenüber anderen Arbeitnehmern nicht benachteiligt werden dürfen. Auch befristet Beschäftigte haben daher grundsätzlich Anspruch auf alle Leistungen, die unbefristeten Arbeitnehmern zugestanden werden – gegebenenfalls anteilig.

4 Entgeltfortzahlungsanspruch

Zu den Rechten des befristet Beschäftigten gehört auch und insbesondere der Anspruch auf Entgeltfortzahlung im Krankheitsfall. Dieser endet allerdings spätestens mit dem vereinbarten Ende der Beschäftigung. Sofern keine abweichende tarif- oder einzelvertragliche Regelung besteht, entsteht der Anspruch auf Entgeltfortzahlung erst nach Ablauf der ersten vier Wochen der Beschäftigung (vergleiche Teil A Schritt 8 Punkt 5).

Ist die Beschäftigung auf nicht mehr als vier Wochen befristet, so entsteht in diesen Fällen kein Anspruch auf Entgeltfortzahlung im Krankheitsfall.

Hinweis Falls bei einem auf nicht mehr als zwei Monate befristeten Arbeitsverhältnis die Voraussetzungen für die Versicherungsfreiheit nicht gegeben sind (beispielsweise weil die Beschäftigung berufsmäßig ausgeübt wird) ist in diesen Fällen der erhöhte Beitragssatz zur Krankenversicherung für die Beitragsberechnung heranzuziehen. Besteht ein Entgeltfortzahlungsanspruch ab Beginn der Beschäftigung, gilt das nur, wenn diese auf nicht mehr als sechs Wochen befristet ist. Entscheidend ist immer, ob im Laufe der Beschäftigung zumindest theoretisch ein Anspruch auf sechs Wochen Entgeltfortzahlung besteht (bei einer Arbeitsunfähigkeit vom ersten Tag der Beschäftigung an).

5 Urlaubsanspruch

Auch für kurzfristig Beschäftigte besteht ein – anteiliger – Anspruch auf Erholungsurlaub. In der Regel wird dieser nicht während der Dauer der Beschäftigung erfüllt, sondern erst zum Ende, oder der Urlaubsanspruch wird abgegolten. Sie sollten nach Möglichkeit bereits im Arbeitsvertrag regeln, wie der Anspruch erfüllt werden soll.

6 Musterarbeitsvertrag

Für die klassische Aushilfe finden Sie einen entsprechenden Muster-Anstellungsvertrag im Anhang und als Download im Internet.

2. Schritt –
Sozialversicherungsrechtliche Beurteilung

In welchen Fällen handelt es sich um eine versicherungsfreie kurzfristige Beschäftigung? Wann gilt welche Befristung? Welche anderen Beschäftigungen werden angerechnet? Wann beginnt die Versicherungspflicht beim Überschreiten der Zwei-Monats-Grenze?

Schlagworte
- Versicherungsfreiheit
- Befristung
- Jahresfrist
- zwei Monate oder 50 Arbeitstage
- Mehrfachbeschäftigung
- Zusammenrechnung von Beschäftigungen
- Hauptbeschäftigung
- Beginn der Versicherungspflicht bei Überschreiten der zwei Monate
- Ultimoaushilfen

Situation
Nach Abschluss des Arbeitsvertrages erhält der Gehaltsabrechner die Unterlagen, oft mit dem Hinweis, dass es sich um eine versicherungsfreie Aushilfsbeschäftigung handelt. Der Abrechner hat jetzt als erstes zu prüfen, ob es sich tatsächlich um eine solche sozialversicherungsfreie Beschäftigung handelt. Dabei sind zu berücksichtigen

- die Angaben aus dem Arbeitsvertrag, insbesondere die Dauer der Beschäftigung
- zusätzliche Informationen des Mitarbeiters über eventuell bereits ausgeübte Beschäftigungen für das Unternehmen
- zusätzliche Informationen über eventuell bereits zuvor ausgeübte Beschäftigungen bei anderen Arbeitgebern

Die folgende Darstellung zeigt die Vorgehensweise bei dieser Prüfung und macht auf mögliche Fehlerquellen aufmerksam. Am Ende steht die Feststellung, ob es sich tatsächlich um eine versicherungsfreie kurzfristige Beschäftigung handelt.

Definitionen

▶ kurzfristige Beschäftigung   Beschäftigung, die von vornherein auf nicht mehr als zwei Monate oder 50 Arbeitstage befristet ist und deshalb versicherungsfrei ist.

Rechtsgrundlagen
Zentrale Vorschrift ist § 8 Abs. 1 SGB IV (auf diese Vorschrift beziehen sich die jeweiligen Regelungen für die einzelnen Versicherungszweige):

§ 8 Geringfügige Beschäftigung und geringfügige selbständige Tätigkeit
(1) Eine geringfügige Beschäftigung liegt vor, wenn
1. das Arbeitsentgelt aus dieser Beschäftigung regelmäßig im Monat 400 EUR nicht übersteigt,
2. die Beschäftigung innerhalb eines Kalenderjahres auf längstens zwei Monate oder 50 Arbeitstage nach ihrer Eigenart begrenzt zu sein pflegt oder im Voraus vertraglich begrenzt ist, es sei denn, dass die Beschäftigung berufsmäßig ausgeübt wird und ihr Entgelt 400 EUR im Monat übersteigt.

▶ Sozialgesetzbuch III, IV, V, VI, XI

Ergänzende Grundlagen:
▶ Geringfügigkeitsrichtlinien
Die ergänzenden Grundlagen finden Sie im vollständigen Wortlaut im Internet.

Checkliste:
1. Welche Grundsätze gelten?
2. Ermittlung der zutreffenden Zeitgrenze
3. Berücksichtigung des Kalenderjahres
4. Zusammenrechnung mit parallel ausgeübten Beschäftigungen
5. Beginn der Versicherungspflicht bei Überschreiten der Zeitgrenze
6. Besonderheiten
7. So geht es weiter

1 Welche Grundsätze gelten?

Nachdem die Befristung der Beschäftigung im Arbeitsvertrag dokumentiert ist, muss nun geprüft werden, ob die Befristung Auswirkungen auf die sozialversicherungsrechtliche Beurteilung hat. Ist die Beschäftigung auf nicht mehr als zwei Monate oder 50 Arbeitstage innerhalb eines Kalenderjahres befristet, besteht grundsätzlich Versicherungsfreiheit in der Kranken, Pflege-, Renten- und Arbeitslosenversicherung. Das gilt allerdings nicht, wenn die Beschäftigung berufsmäßig ausgeübt wird (siehe Schritt 3). Anders als bei den Minijobs gibt es bei den Aushilfen keine Sonderregelungen für Beschäftigte in Privathaushalten. Bei der Beurteilung der Zeitgrenze werden auch Beschäftigungsverhältnisse bei anderen Arbeitgebern angerechnet. Es ist also unbedingt notwendig, den Beschäftigten nach im laufenden Kalenderjahr bereits ausgeübten Beschäftigungsverhältnissen zu befragen.

Ein Probearbeitsverhältnis gilt nicht als kurzfristige Beschäftigung, auch wenn es von vornherein befristet ist, da es grundsätzlich auf Dauer ausgelegt ist.

Wird eine unbefristete Beschäftigung nach kurzer Zeit wieder beendet, kann sie nicht rückwirkend in eine kurzfristige befristete Beschäftigung umgedeutet werden. In einem solchen Fall besteht daher Versicherungspflicht.

Beispiel Frau Sommer ist seit Jahren Hausfrau. Sie nimmt eine Beschäftigung bei der Firma Blumentau ab 1.8.2006 auf. Eine Befristung wurde nicht vereinbart. Bereits nach kurzer Zeit stellt sich heraus, dass Frau Sommer für die Tätigkeit nicht geeignet ist. Im beiderseitigen Einvernehmen wird die Beschäftigung zum 31.8.2006 wieder beendet.

Die Beschäftigung ist versicherungspflichtig. Eine Befristung lag bei Beginn der Beschäftigung nicht vor, eine rückwirkende Veränderung des Vertragsverhältnisses ist nicht möglich.

2 Ermittlung der zutreffenden Zeitgrenze

Der Zweimonatszeitraum (entsprechend 60 Kalendertagen) ist immer dann maßgebend, wenn die Beschäftigung an mindestens fünf Wochentagen ausgeübt wird. Wird die Beschäftigung an vier oder weniger Wochentagen ausgeübt, werden die 50 Arbeitstage als Grenze herangezogen. Müssen mehrere Beschäftigungen berücksichtigt werden (siehe auch Punkt 4) müssen alle Beschäftigungen an mindestens fünf Wochentagen ausgeübt werden, damit die 60 Kalendertage herangezogen werden können. Teilmonate werden mit den tatsächlichen Kalendertagen berücksichtigt, volle Kalendermonate mit 30 Tagen.

Beispiel Herr Grün ist Rentner und nimmt eine Beschäftigung bei der Firma Tagtraum auf. Die Beschäftigung ist befristet vom 1.8. bis 15.8.2006. Es wurde eine Wochenarbeitszeit von 40 Stunden an fünf Arbeitstagen vereinbart (insgesamt 12 Arbeitstage). Zuvor hat Herr Grün schon zweimal bei der Firma Tagtraum ausgeholfen, und zwar wie folgt:

vom	bis	wöchentliche Arbeitstage	Arbeitstage gesamt	Kalendertage
1.3.2006	12.3.2006	5	10	12
2.5.2006	14.5.2006	3	6	13

Da die Beschäftigung bei Firma Tagtraum im Mai 2006 lediglich an drei Arbeitstagen wöchentlich ausgeübt wurde, gilt die Grenze von 50 Arbeitstagen. Nun werden die beiden früheren Beschäftigungszeiten und die zu beurteilende Beschäftigung zusammengerechnet. Insgesamt wird die Beschäftigung an 28 Arbeitstagen ausgeübt. Die Beschäftigung ist auf nicht mehr als 50 Arbeitstage im Kalenderjahr befristet. Es besteht Versicherungsfreiheit in der Kranken-, Pflege-, Renten- und Arbeitslosenversicherung.

3 Berücksichtigung des Kalenderjahres

Maßgebend für die Beurteilung der Versicherungsfreiheit ist stets das Kalenderjahr. Das bedeutet aber nicht, dass eine Beschäftigung von drei Monaten über den Jahreswechsel hinaus (einen Monat im alten Jahr, zwei Monate im neuen Jahr) versicherungsfrei bleiben kann. Hier fehlt es vielmehr an der Befristung auf nicht mehr als zwei Monate. Ein unmittelbarer Anschluss einer befristeten Beschäftigung von zwei Monaten (November, Dezember) an eine weitere (Januar, Februar) ist zumindest beim selben Arbeitgeber problematisch. Rein formal wäre eine solche Regelung denkbar, sie führt aber mit Sicherheit zu Problemen mit dem Betriebsprüfer. Davon kann nur abgeraten werden. Eine »Schamfrist« von einem Monat sollte zwischen zwei befristeten Beschäftigungen liegen. Sonst könnte der Betriebsprüfer leicht zu dem Ergebnis kommen, dass die Beschäftigung berufsmäßig ausgeübt wird (siehe Schritt 3).

Eine Sonderregelung gilt bei der Beschäftigung von Studenten (siehe Schritt 4).

4 Zusammenrechnung mit parallel ausgeübten Beschäftigungen

Werden zwei kurzfristige Beschäftigungen parallel ausgeübt, so zählen sie insgesamt nur einmal für die Prüfung der Versicherungspflicht. Nicht angerechnet wird eine parallel ausgeübte Hauptbeschäftigung (unbefristet, Entgelt über 400 EUR).

Beispiel Herr Sander übt eine versicherungspflichtige Hauptbeschäftigung bei der Firma Tinnum aus. In seinem Urlaub nimmt er eine befristete Beschäftigung für die Zeit vom 1.7. bis 31.7.2006 bei der Firma Alpha auf. Zeitgleich arbeitet er noch – ebenfalls befristet – vom 20.7. bis 31.7.2006 bei der Firma Beta. In beiden Beschäftigungen beträgt das monatliche Entgelt mehr als 400 EUR.

Die Beschäftigungen werden nicht zusammengerechnet. Insgesamt hat Herr Sander im Jahr 2006 an 31 Kalendertagen eine kurzfristige Beschäftigung ausgeübt. Beide kurzfristigen Beschäftigungen sind versicherungsfrei.

5 Beginn der Versicherungspflicht bei Überschreiten der Zeitgrenze

Waren zunächst die Voraussetzungen für die Versicherungsfreiheit aufgrund der Kurzfristigkeit gegeben, endet diese, wenn erkennbar wird, dass die Zeitgrenze überschritten wird. Die Versicherungsfreiheit bleibt also nicht zunächst bis zum Ende der ursprünglichen Befristung bestehen. Allerdings wird auch rückwirkend keine Änderung vorgenommen.

Beispiel Frau Kern ist Hausfrau und nimmt eine befristete Beschäftigung bei der Firma Most für die Zeit vom 1.7. bis 31.8.2006 auf. Weitere Beschäftigungsverhältnisse haben im Jahr 2006 nicht bestanden. Am 10.8.2006 vereinbart der Geschäftsführer mit Frau Kern eine Verlängerung der Beschäftigung bis zum 30.9.2006.

Die Beschäftigung von Frau Kern ist für die Zeit vom 1.7. bis 9.8.2006 versicherungsfrei, da es sich um eine kurzfristige Beschäftigung handelt. Vom 10.8.2006 an besteht Versicherungspflicht, da hier bereits erkennbar ist, dass die Beschäftigung länger als zwei Monate andauern wird. Für die Vergangenheit bleibt es bei der bisherigen Beurteilung.

Stellen die Minijobzentrale oder der Betriebsprüfer der Rentenversicherung Versicherungspflicht fest, weil frühere Beschäftigungsverhältnisse anderer Arbeitgeber berücksichtigt werden müssen (siehe auch Schritt 3) beginnt diese erst nach entsprechendem Bescheid an den Arbeitgeber. Wie auch bei der Zusammenrechnung von Minijobs (siehe Teil A) soll die Versicherungspflicht grundsätzlich nicht rückwirkend eintreten. Das setzt allerdings voraus, dass der Arbeitgeber die entsprechende Sorgfalt (Befragung des Beschäftigten) beachtet hat und nicht aufgrund eines Beurteilungsfehlers auf Versicherungsfreiheit erkannt hat. Weitere Hinweise dazu finden Sie auch im Schritt 3.

Für die Befragung der kurzfristig Beschäftigten finden Sie einen Musterfragebogen im Anhang und auf der Internetseite.

6 Besonderheiten

6.1 Ultimo Aushilfen

Trotz einer Begrenzung auf maximal 50 Arbeitstage im Kalenderjahr ist eine auf Dauer angelegte Beschäftigung nicht kurzfristig und damit nicht versicherungsfrei (sofern sie mehr als nur geringfügig entlohnt ist). Das gilt für Rahmenarbeitsverträge ebenso wie für die so genannten Ultimo-Aushilfen.

Beispiel Frau Herbst ist Hausfrau, arbeitet gelegentlich bei ihrem früheren Arbeitgeber, der A-Bank. Dort wird sie zum Monatsende für die Bearbeitung der Abschlüsse der Bankkunden eingesetzt. Sie arbeitet jeweils an den ersten vier Werktagen eines Kalendermonats, insgesamt also 48 Arbeitstage im Jahr. Das Entgelt beträgt 450 EUR monatlich.

Die Beschäftigung ist nicht versicherungsfrei. Trotz der geringen Anzahl an Arbeitstagen handelt es sich um ein Dauerarbeitsverhältnis und nicht um eine kurzfristige Beschäftigung. Da das Entgelt die Geringfügigkeitsgrenze von 400 EUR übersteigt, ist die Beschäftigung versicherungspflichtig in der Kranken-, Pflege-, Renten- und Arbeitslosenversicherung.

6.2 Nachtarbeit

Wird die Beschäftigung nachts ausgeübt und beginnt sie am Abend eines Tages und endet am Morgen des nächsten Tages, so wird hierfür nur ein Arbeitstag angerechnet.

7 So geht es weiter

Sie haben jetzt festgestellt, dass es sich um eine kurzfristige Beschäftigung handelt, für die grundsätzlich Versicherungsfreiheit besteht. Es ist aber noch zu prüfen, ob die Beschäftigung möglicherweise berufsmäßig ausgeübt wird und deshalb doch Versicherungspflicht besteht. Das geschieht im Schritt 3. Möglicherweise gehört der Beschäftigte auch zu einer Personengruppe, für die besondere Regelungen gelten – dies wird im Schritt 4 geprüft.

3. Schritt –
Prüfung der Berufsmäßigkeit

In welchen Fällen handelt es sich um eine berufsmäßige Beschäftigung? Welche Konsequenzen hat das für die versicherungsrechtliche Beurteilung?

Schlagworte
- Versicherungsfreiheit
- Befristung
- Mehrfachbeschäftigung
- Zusammenrechnung von Beschäftigungen
- Arbeitslose
- Arbeitssuchende
- Rentner

Situation
Die bisherige Feststellung hat ergeben, dass es sich um eine kurzfristige Beschäftigung handelt, die grundsätzlich versicherungsfrei ist. Der Abrechner hat jetzt aber noch zu prüfen, ob der Arbeitnehmer die Beschäftigung nicht möglicherweise berufsmäßig ausübt.

Definitionen

▶	kurzfristige Beschäftigung	Beschäftigung, die von vornherein auf nicht mehr als zwei Monate oder 50 Arbeitstage befristet ist und deshalb versicherungsfrei ist.
▶	Arbeitsloser	Person, die bei der Arbeitsagentur arbeitssuchend gemeldet ist – unabhängig davon, ob eine Leistung bezogen wird oder nicht.

Rechtsgrundlagen
Zentrale Vorschrift ist § 8 Abs. 1 SGB IV (auf diese Vorschrift beziehen sich die jeweiligen Regelungen für die einzelnen Versicherungszweige):

▶ Sozialgesetzbuch III, IV, V, VI, XI

Minijobs. Jürgen Heidenreich
Copyright © 2006, WILEY-VCH Verlag GmbH & Co. KGaA, Weinheim
ISBN: 3-527-50242-4

Ergänzende Grundlagen:
► Geringfügigkeitsrichtlinien

Die ergänzenden Grundlagen finden Sie im vollständigen Wortlaut im Internet.

Checkliste:
1. Wann handelt es sich um eine berufsmäßige Beschäftigung?
2. Bezieher von Arbeitslosengeld
3. Ausscheiden aus dem Erwerbsleben
4. So geht es weite

1 Wann handelt es sich um eine berufsmäßige Beschäftigung?

Eine geringfügige Beschäftigung kann nicht versicherungsfrei sein, wenn sie berufsmäßig ausgeübt wird. Daher muss bei kurzfristigen Beschäftigungen geprüft werden, ob andere, zuvor ausgeübte Beschäftigungen, berücksichtigt werden müssen.

Die Forderung nach der Befristung auf nicht mehr als zwei Monate bezieht sich zunächst auf ein konkretes Beschäftigungsverhältnis, also auf einen Arbeitgeber. Bei der Prüfung der Berufsmäßigkeit werden aber auch die Beschäftigungsverhältnisse bei anderen Unternehmen und weitere Sachverhalte berücksichtigt.

Berufsmäßigkeit liegt vor, wenn innerhalb eines Kalenderjahres Beschäftigungen insgesamt mehr als zwei Monate oder 50 Arbeitstage ausgeübt werden. Dabei zählen nicht nur kurzfristige, sondern grundsätzlich alle Beschäftigungen, also auch solche, die versicherungspflichtig waren.

Beispiel Frau Sonntag nimmt eine befristete Beschäftigung bei der Firma Sonne für die Zeit vom 1.8. bis zum 30.9.2006 auf. Das Entgelt beträgt 2.000 EUR monatlich. Frau Sonntag ist seit Jahren Hausfrau. Auf Befragen gibt sie an, dass sie bereits in der Zeit vom 1.3. bis 20.3.2006 eine – unbefristete – Beschäftigung bei der Firma Winter ausgeübt hat. Diese Beschäftigung wurde zwar nach kurzer Zeit wieder beendet, war aber aufgrund der fehlenden Befristung versicherungspflichtig.

Die Beschäftigung bei der Firma Sonne ist versicherungspflichtig in der Kranken-, Pflege-, Renten- und Arbeitslosenversicherung. Frau Sonntag übt die Beschäftigung berufsmäßig aus, da innerhalb des Kalenderjahres insgesamt an mehr als zwei Monaten oder 50 Arbeitstagen eine Beschäftigung ausgeübt wird.

Eine Zusammenrechnung der kurzfristigen Beschäftigung erfolgt jedoch nicht mit

- einer geringfügig entlohnten Beschäftigung

Ausnahme Die geringfügig entlohnte Beschäftigung war zugleich eine kurzfristige Beschäftigung – dann wird sie ohne Rücksicht auf das geringe Entgelt mitgezählt.

- einer parallel ausgeübten Hauptbeschäftigung.

Beispiel Herr Wild übt eine versicherungspflichtige Beschäftigung bei der Klempnerei Tanne aus. Für die Zeit vom 1.7. bis 31.8.2006 übernimmt er – befristet – die Vertretung des Hausmeisters in seiner Wohnanlage. Das Entgelt beträgt 2.000 EUR. Weitere Beschäftigungen hat Herr Wild im laufenden Kalenderjahr nicht ausgeübt.

Die Beschäftigung als Hausmeister ist versicherungsfrei. Sie ist von vornherein auf nicht mehr als zwei Monate befristet, eine Zusammenrechnung mit der Hauptbeschäftigung erfolgt nicht, weitere Nebentätigkeiten wurden nicht ausgeübt.

Beispiel Frau Grün ist als Buchhalterin bei der Firma Wiese versicherungspflichtig beschäftigt. Nebenher übt sie eine geringfügig entlohnte Beschäftigung bei der Firma Soll-Buch aus (Entgelt 400 EUR). In der Zeit vom 1.8. bis 30.9.2006 übernimmt sie zusätzlich eine befristete Aushilfsbeschäftigung beim Steuerberater Haase. Das Entgelt hierfür beträgt monatlich 1.000 EUR. Weitere Beschäftigungen bestehen und bestanden nicht.

Die Beschäftigung bei der Firma Soll-Buch ist geringfügig entlohnt und daher versicherungsfrei. Die Beschäftigung beim Steuerberater ist von vornherein auf nicht mehr als zwei Monate befristet und daher versicherungsfrei. Eine Zusammenrechnung erfolgt weder mit der Hauptbeschäftigung, noch mit dem Minijob.

2 Bezieher von Arbeitslosengeld

Grundsätzlich berufsmäßig beschäftigt sind Personen, die bei der Arbeitsagentur als Arbeitssuchende gemeldet sind. Das gilt unabhängig davon, ob sie eine Leistung aus der Arbeitslosenversicherung beziehen oder nicht.

Wichtig! Der Betriebsprüfer geht im Zweifel immer von einer berufsmäßigen Beschäftigung aus. Die Versicherungsfreiheit ist die Ausnahme. Daher ist der Arbeitgeber in der Pflicht den Nachweis der Versicherungsfreiheit zu führen. Dazu gehört auch der Nachweis, dass keine berufsmäßige Beschäftigung ausgeübt wird.

3 Ausscheiden aus dem Erwerbsleben

Nach dem Ausscheiden aus dem Erwerbsleben werden bei der Prüfung der Berufsmäßigkeit nur Beschäftigungen berücksichtigt, die nach diesem Termin liegen.

Beispiel Herr Grau hat seine Beschäftigung bei der Firma Maler zum 30.6.2006 beendet. Ab 1.7.2006 bezieht er sein Altersruhegeld. Wegen Krankheit und Urlaub kommt es in der Firma Maler zu Personalengpässen. Der Chef bittet Herrn Grau für die Zeit vom 1.10. bis 30.11.2006 eine befristete Vertretung wahrzunehmen. Das Entgelt beträgt monatlich 2.000 EUR.

Die Beschäftigung vom 1.10. bis 30.11.2006 ist von vornherein auf nicht mehr als zwei Monate befristet und damit sozialversicherungsfrei. Zwar hat Herr Grau im laufenden Kalenderjahr bereits für sechs Monate eine Beschäftigung ausgeübt, diese lag jedoch vor seinem Ausscheiden aus dem Erwerbsleben und wird nicht angerechnet. Deshalb liegt keine Berufsmäßigkeit vor.

Übt ein Arbeitnehmer während der gesetzlichen Dienstpflicht (Wehr- oder Zivildienst) eine kurzfristige Beschäftigung aus, so liegt Berufsmäßigkeit vor, wenn durch die Dienstpflicht ein Beschäftigungsverhältnis unterbrochen wird. Dabei spielt es keine Rolle, ob die Beschäftigung bei dem bisherigen oder bei einem anderen Arbeitgeber ausgeübt wird.

Gleiches gilt für Beschäftigungen, die während der Elternzeit oder während eines unbezahlten Urlaubs ausgeübt werden.

**Berufsmäßigkeit bei kurzfristigen Beschäftigungen
(gilt nicht für Studentenbeschäftigungen)**

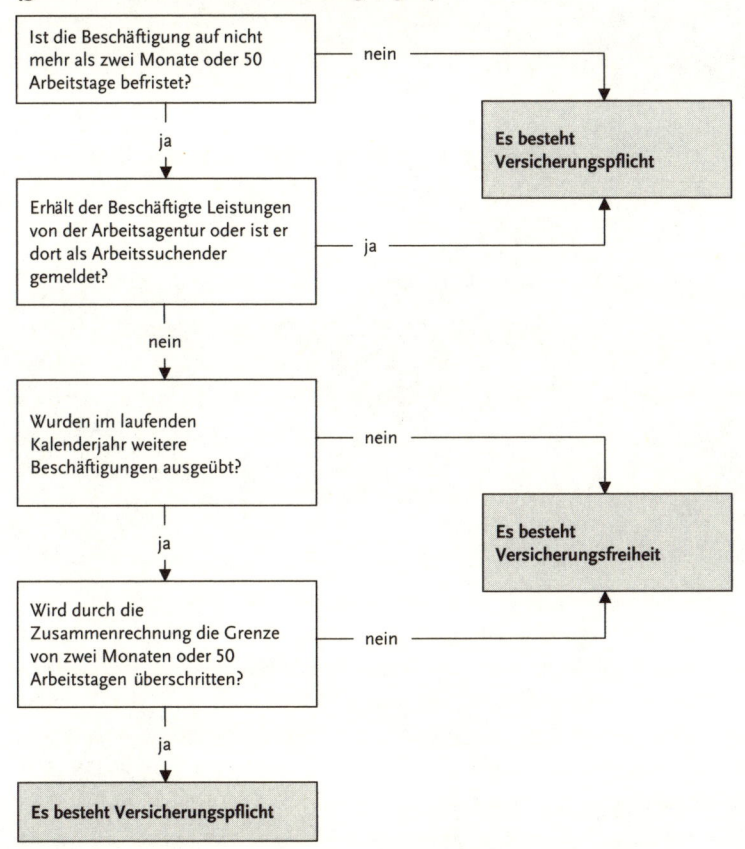

```
┌─────────────────────────┐
│ Ist die Beschäftigung   │       nein
│ auf nicht mehr als zwei │──────────────┐
│ Monate oder 50          │              │
│ Arbeitstage befristet?  │              │
└───────────┬─────────────┘              │
            │ ja                         ▼
            ▼                  ┌──────────────────┐
┌─────────────────────────┐    │ Es besteht       │
│ Erhält der Beschäftigte │    │ Versicherungs-   │
│ Leistungen von der      │    │ pflicht          │
│ Arbeitsagentur oder ist │ ja └──────────────────┘
│ er dort als Arbeits-    │──────────────▲
│ suchender gemeldet?     │              │
└───────────┬─────────────┘              │
            │ nein                       │
            ▼                            │
┌─────────────────────────┐              │
│ Wurden im laufenden     │    nein      │
│ Kalenderjahr weitere    │──────────────┐
│ Beschäftigungen         │              │
│ ausgeübt?               │              │
└───────────┬─────────────┘              ▼
            │ ja                ┌──────────────────┐
            ▼                   │ Es besteht       │
┌─────────────────────────┐     │ Versicherungs-   │
│ Wird durch die          │     │ freiheit         │
│ Zusammenrechnung die    │ nein└──────────────────┘
│ Grenze von zwei Monaten │──────────────▲
│ oder 50 Arbeitstagen    │              │
│ überschritten?          │              │
└───────────┬─────────────┘
            │ ja
            ▼
┌─────────────────────────────┐
│ Es besteht Versicherungspflicht │
└─────────────────────────────┘
```

4 So geht es weiter

Sie müssen jetzt noch feststellen, ob Regelungen für besondere Personenkreise zu beachten sind. Diese sind in Schritt 4 dargestellt.

4. Schritt –
Prüfung, ob Sonderregelungen zu beachten sind
(besondere Personenkreise)

Für welche Personenkreise gelten Sonderregelungen? Was ist dabei zu beachten?

Schlagworte
- Versicherungsfreiheit
- Befristung
- Rentner
- Hinzuverdienstgrenze
- Schüler
- Schulentlassene
- Wehrdienst
- Studenten
- Ausländische Saisonarbeitskräfte

Situation
Die bisherige Feststellung hat ergeben, dass es sich um eine kurzfristige Beschäftigung handelt, die grundsätzlich versicherungsfrei ist. Der Abrechner hat jetzt aber noch zu prüfen, ob der Arbeitnehmer zu einem Personenkreis gehört, für den Sonderregelungen zu beachten sind.

Definitionen

▶	kurzfristige Beschäftigung	Beschäftigung, die von vornherein auf nicht mehr als zwei Monate oder 50 Arbeitstage befristet ist und deshalb versicherungsfrei ist.
▶	Student	Person, die bei einer staatlichen oder staatlich anerkannten Hochschule oder Fachhochschule immatrikuliert ist.
▶	ausländische Saisonarbeitskräfte	Personen, die für eine begrenzte Zeit nach Deutschland kommt, um hier bestimmte Tätigkeiten zu verrichten (z.B. Erntehelfer)

Rechtsgrundlagen
Zentrale Vorschrift ist § 8 Abs. 1 SGB IV (auf diese Vorschrift beziehen sich die jeweiligen Regelungen für die einzelnen Versicherungszweige):

▶ Sozialgesetzbuch III, IV, V, VI, XI

Ergänzende Grundlagen:
▶ Geringfügigkeitsrichtlinien
Die ergänzenden Grundlagen finden Sie im vollständigen Wortlaut im Internet.

Checkliste:
1. Beschäftigung von Rentnern
2. Beschäftigung von Studenten
3. Beschäftigung von Schülern/Schulentlassenen
4. Ausländische Saisonarbeitskräfte
5. So geht es weiter

1 Beschäftigung von Rentnern

Bei der aushilfsweisen Beschäftigung von Rentnern gibt es auf Seiten des Arbeitgebers keine Besonderheiten. Da diese in der Regel aus dem Erwerbsleben ausgeschieden sind, können sie grundsätzlich eine kurzfristige versicherungsfreie Beschäftigung ausüben. Beachten Sie aber bitte die Hinweise zur Berufsmäßigkeit (Schritt 3).

Für den Rentner spielt allerdings die Entgelthöhe in der Aushilfsbeschäftigung eine wichtige Rolle. Lediglich Altersrentner, die das 65. Lebensjahr bereits vollendet haben, können unbegrenzt hinzuverdienen, ohne dass ihre Rente gekürzt oder sogar gestrichen wird. Für alle anderen gelten Hinzuverdienstgrenzen, die unbedingt zu beachten sind. Die Hinzuverdienstgrenzen richten sich individuell nach den zuletzt vor Rentenbeginn erzielten Entgelten. Es gibt allerdings auch allgemein gültige Mindesthinzuverdienstgrenzen. Die Grenzwerte sind immer von der Rentenart und dem Beginn der Rentenzahlung abhängig. Sie sollten die betroffenen Arbeitnehmer auf das Risiko hinweisen. Diese sollten sich im Einzelfall mit der Rentenversicherung in Verbindung setzen und dort die individuelle Hinzuverdienstgrenze feststellen lassen, um Rechtsnachteile zu vermeiden. In der Regel finden sich entsprechende Hinweise auch im Rentenbescheid.

2 Beschäftigung von Studenten

Studenten können im Rahmen einer auf nicht mehr als zwei Monate befristeten Beschäftigung versicherungsfrei sein. Für diesen Personenkreis gelten allerdings in der Kranken-, Pflege- und Arbeitslosenversicherung – wie auch bei den Minijobs – großzügigere Regelungen. So können Studenten auch mehrfach innerhalb eines Jahres solche zweimonatigen Beschäftigungen versicherungsfrei ausüben. Sie dürfen aber nicht berufsmäßig beschäftigt sein.

Achtung! Bei Studenten hat der Begriff der berufsmäßigen Beschäftigung eine andere Bedeutung. Hier liegt eine berufsmäßige Beschäftigung vor, wenn der Student innerhalb eines Jahres unter Einschluss der zu beurteilenden Beschäftigung insgesamt an mehr als 182 Tagen eine Beschäftigung mit einer wöchentlichen Arbeitszeit von mehr als 20 Stunden ausübt.

Dabei gilt auch nicht – wie bei den anderen Aushilfen – das Kalenderjahr, sondern das Zeitjahr, vom voraussichtlichen Ende der zu beurteilenden Beschäftigung ein Jahr zurückgerechnet.
Diese Sonderregelung gilt nicht für die Rentenversicherung. Hier ist die Versicherungsfreiheit nur im Rahmen der allgemeinen Regelung möglich.

Beispiel Herr Kroll ist als Student an der Hamburger Universität eingeschrieben. Für die Zeit vom 1.5. bis 30.6.2006 (61 Kalendertage) übt er eine befristete Beschäftigung bei der Firma Hafenmeier aus. Zuvor war er bereits vom 1.10.2005 bis 31.10.2005 (31 Kalendertage) und vom 1.3. bis 31.3.2006 (31 Kalendertage) bei der Firma Baukontor beschäftigt. Beide Tätigkeiten wurden mit einer wöchentliche Arbeitszeit von 40 Stunden ausgeübt.

Herr Kroll ist in der Beschäftigung bei der Firma Hafenmeier versicherungsfrei in der Kranken-, Pflege- und Arbeitslosenversicherung. Die Beschäftigung ist von vornherein auf nicht mehr als zwei Monate befristet. Da er eingeschriebener Student ist, gilt für ihn eine andere Definition der Berufsmäßigkeit. In der Zeit vom 1.7.2005 bis zum 30.6.2006 darf er insgesamt nicht mehr als 182 Kalendertage beschäftigt gewesen sein. Insgesamt hat er in dieser Zeit 123 Kalendertage gearbeitet, so dass er nicht als berufsmäßig beschäftigt gilt.

In der Rentenversicherung besteht ab Beginn der Beschäftigung Versicherungspflicht, da er im Laufe des Kalenderjahres bereits einen Monat bei der Firma Baukontor gearbeitet hat und somit insgesamt die Grenze von zwei Monaten überschritten wird.

Die Studenteneigenschaft muss durch Vorlage einer Immatrikulationsbescheinigung nachgewiesen werden. Der Arbeitgeber muss diese in Kopie zu den Lohnunterlagen nehmen.

Studentenbeschäftigung (kurzfristig)

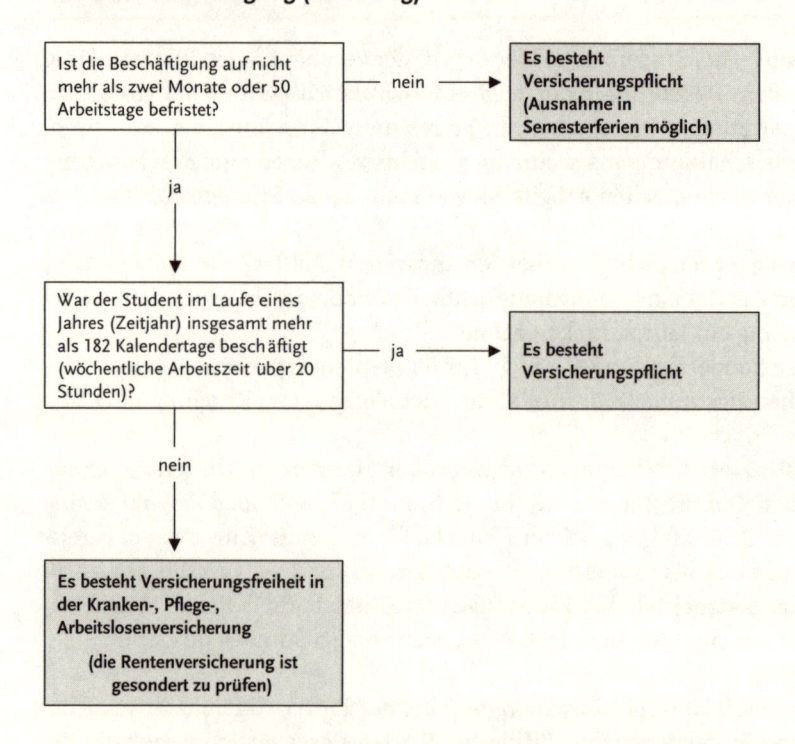

```
┌─────────────────────────┐                   ┌─────────────────────┐
│ Ist die Beschäftigung   │                   │ Es besteht          │
│ auf nicht mehr als zwei │ ──── nein ────▶  │ Versicherungspflicht│
│ Monate oder 50          │                   │ (Ausnahme in        │
│ Arbeitstage befristet?  │                   │ Semesterferien      │
└─────────────────────────┘                   │ möglich)            │
            │                                 └─────────────────────┘
            ja
            ▼
┌─────────────────────────┐
│ War der Student im      │
│ Laufe eines Jahres      │                   ┌─────────────────────┐
│ (Zeitjahr) insgesamt    │ ──── ja ─────▶   │ Es besteht          │
│ mehr als 182 Kalender-  │                   │ Versicherungspflicht│
│ tage beschäftigt        │                   └─────────────────────┘
│ (wöchentliche Arbeits-  │
│ zeit über 20 Stunden)?  │
└─────────────────────────┘
            │
           nein
            ▼
┌─────────────────────────────┐
│ Es besteht Versicherungs-   │
│ freiheit in der Kranken-,   │
│ Pflege-, Arbeitslosen-      │
│ versicherung                │
│ (die Rentenversicherung ist │
│ gesondert zu prüfen)        │
└─────────────────────────────┘
```

3 Beschäftigung von Schülern/Schulentlassenen

Für Schüler gelten grundsätzlich die allgemeinen Regelungen. Bei Schulentlassenen muss die Frage der Berufsmäßigkeit der Beschäftigung kritisch geprüft werden. Grundsätzlich gilt mit dem Ende des Schulbesuchs der Eintritt in das Erwerbsleben und damit der Beginn der berufsmäßigen Beschäftigung als vollzogen. Ausnahmen gibt es allerdings, wenn es sich lediglich um den Übergang von einer schulischen Ausbildung in ein Studium handelt.

So sind Schulabgänger ohne Hochschulreife grundsätzlich berufsmäßig tätig. Auch wenn sie zum Beispiel zwischen Schulende und Beginn einer Berufsausbildung oder zwischen Schulende und Beginn der Grundwehrdienstes eine befristete Beschäftigung ausüben.

Lediglich Abiturienten, die sich um eine Studienplatz beworben haben (Nachweis erforderlich!) können zwischen Schulende und Studienbeginn für zwei Monate befristet versicherungsfrei arbeiten. Gleiches gilt, wenn zwar ein Studium aufgenommen werden soll, zunächst aber der Grundwehrdienst abgeleistet werden muss.

4 Ausländische Saisonarbeitskräfte

Insbesondere aus den osteuropäischen Staaten kommen viele Saisonarbeitskräfte für eine befristete Beschäftigung nach Deutschland (beispielsweise als Erntehelfer). Grundsätzlich können auch diese im Rahmen einer kurzfristigen Beschäftigung versicherungsfrei arbeiten. Unproblematisch ist das bei den folgenden Personengruppen:

- Hausfrauen
- Studenten
- Schülern
- Rentnern
- selbstständig Tätigen

Diese Personengruppen gelten als nicht berufsmäßig beschäftigt (Selbstständige hinsichtlich der Arbeitnehmereigenschaft).

Wichtig! Die Zugehörigkeit zu einem solchen Personenkreis muss nachgewiesen werden, etwa durch eine Schul- oder Immatrikulationsbescheinigung, durch Rentenbescheid oder ähnliche Unterlagen. Der Nachweis muss vom Arbeitgeber in deutscher Sprache (gegebenenfalls in beglaubigter Übersetzung) zu den Lohnunterlagen genommen werden.

Ist der Saisonarbeiter in seiner Heimat als Arbeitnehmer beschäftigt, kann er in seinem *bezahlten* Urlaub kurzfristig versicherungsfrei beschäftigt werden. Dabei wird von den Betriebsprüfern eine über einen Monat hinausgehende Beschäftigung nur in Ausnahmefällen anerkannt. Im allgemeinen geht man von einem bezahlten Urlaub von maximal einem Monat aus. Bei einer längeren Beschäftigung müssen die besonderen Umstände glaubhaft gemacht werden, die zu einem längeren Urlaubsanspruch geführt haben (zum Beispiel wenn der Urlaub für zwei Kalenderjahre auf einmal genommen wird).

Vorsicht! Bei solchen Ausnahmetatbeständen sind die Betriebsprüfer erfahrungsgemäß äußerst kritisch. Der Nachweis muss in diesen Fällen wirklich glaubhaft und nachvollziehbar sein.

Aushilfskräfte, die in ihrem Heimatland arbeitslos sind, sind auf jeden Fall berufsmäßig beschäftigt und können nicht versicherungsfrei beschäftigt werden.

Ausländische Saisonarbeitskräfte (Berufsmäßigkeit)

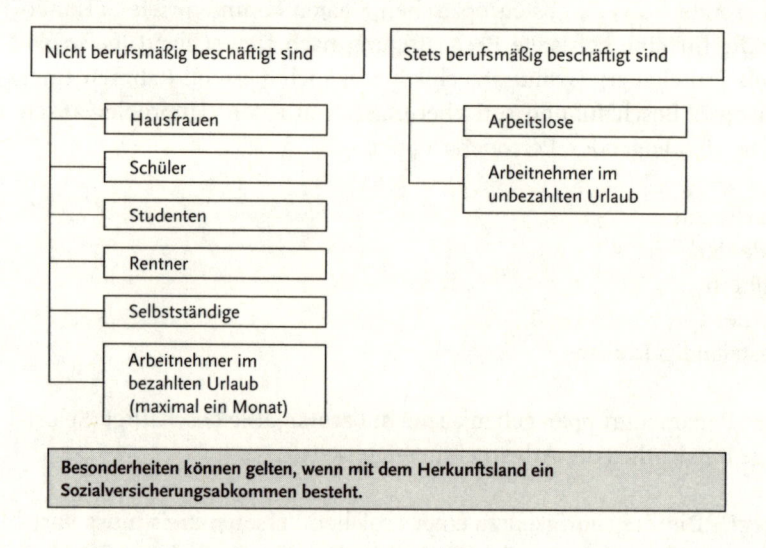

Nicht berufsmäßig beschäftigt sind	Stets berufsmäßig beschäftigt sind
Hausfrauen	Arbeitslose
Schüler	Arbeitnehmer im unbezahlten Urlaub
Studenten	
Rentner	
Selbstständige	
Arbeitnehmer im bezahlten Urlaub (maximal ein Monat)	

Besonderheiten können gelten, wenn mit dem Herkunftsland ein Sozialversicherungsabkommen besteht.

Besonderheiten können gelten, wenn mit dem Herkunftsland der Aushilfe ein Sozialversicherungsabkommen besteht (zum Beispiel mit Polen). In diesen Fällen kann die in Deutschland ausgeübte Beschäftigung nach dem Recht des Heimatlandes versicherungs- und beitragspflichtig sein.

5 So geht es weiter

Sie haben jetzt endgültig festgestellt, ob es sich um eine versicherungsfreie kurzfristige Beschäftigung handelt. Falls nicht, gelten die üblichen Grundsätze für versicherungspflichtige Arbeitnehmer. Ansonsten müssen Sie jetzt die Besonderheiten bei der monatlichen Abrechnung berücksichtigen – Schritt 5.

5. Schritt –
Die monatliche Abrechnung

Welche Besonderheiten sind bei der monatlichen Abrechnung zu beachten? Welche Steuern und Beiträge sind vom Arbeitnehmer einzubehalten, welche Zahlungen muss der Arbeitgeber übernehmen? Wann kann das Entgelt pauschal versteuert werden? Welche Pauschalsteuersätze gelten?

Schlagworte
- Pauschalsteuer
- Steuersätze
- Betriebsstättenfinanzamt
- Umlage
- Entgeltfortzahlungsversicherung
- Unfallversicherung

Situation
Sie haben abschließend festgestellt, dass es sich um eine versicherungsfreie kurzfristige Beschäftigung handelt. Jetzt geht es darum, die Grundlagen für die monatliche Abrechnung festzulegen, die Steuern zu ermitteln und den Zahlungspflichtigen zu bestimmen. Dabei muss auch geprüft werden, welche Versteuerungsform für das Unternehmen die günstigste ist.

Definitionen

▶ pauschale Lohnsteuer	Steuer, die als so genannte Abgeltungssteuer ohne Rücksicht auf individuelle Steuerklassen berechnet wird. Ist immer an bestimmte Voraussetzungen geknüpft. Wird meist vom Arbeitgeber übernommen.
▶ Kirchensteuer	Wird für Mitglieder einer kirchensteuerberechtigten Glaubensgemeinschaft zusammen mit der Lohnsteuer erhoben.

Minijobs. Jürgen Heidenreich
Copyright © 2006, WILEY-VCH Verlag GmbH & Co. KGaA, Weinheim
ISBN: 3-527-50242-4

Rechtsgrundlagen
- § 40 a Einkommenssteuergesetz (Die Vorschrift ist im Anhang abgedruckt.)
- Aufwendungsausgleichsgesetz (Das Gesetz regelt die Erstattung der Entgeltfortzahlung im Krankheitsfall und bei Mutterschaft. Ist im Anhang auszugsweise abgedruckt.)

Ergänzende Grundlagen:
- Geringfügigkeitsrichtlinien
- Verlautbarung der Spitzenverbände zum Aufwendungsausgleichsgesetz

Die ergänzenden Grundlagen finden Sie im vollständigen Wortlaut im Internet.

Checkliste:
1. Steuern
2. Sozialversicherung
3. Entgeltfortzahlungsversicherung – U1
4. Entgeltfortzahlungsversicherung – U2
5. Unfallversicherung

1 Steuern

Bei kurzfristig Beschäftigten ist neben der individuellen Versteuerung mittels Lohnsteuerkarte in einigen Fällen auch eine Pauschalversteuerung möglich.

Die Voraussetzungen für die Pauschalversteuerung sind folgende:

- der Arbeitnehmer darf bei dem Arbeitgeber nur gelegentlich und nicht regelmäßig wiederkehrend beschäftigt werden
- die Dauer der Beschäftigung darf 18 zusammenhängende Arbeitstage nicht übersteigen
- der Arbeitslohn darf durchschnittlich je Arbeitstag den Betrag von 62 EUR nicht übersteigen oder die Beschäftigung ist zu einem unvorhergesehenen Zeitpunkt sofort erforderlich
- der Arbeitslohn darf durchschnittlich 12 EUR nicht übersteigen.

Für Beschäftigte in der Land- und Forstwirtschaft gelten abweichende Bedingungen, die hier nicht im Detail dargestellt sind.

Sind die Voraussetzungen erfüllt, kann der Arbeitgeber die Pauschalversteuerung mit einem Steuersatz von 25 % (in der Land- und Forstwirtschaft mit 5 %) vornehmen. Einer besonderen Zustimmung des Finanzamtes bedarf es dafür nicht.

Steuerschuldner ist zwar der Arbeitgeber, er kann aber im Innenverhältnis eine Abwälzung der Pauschalsteuer auf den Arbeitnehmer vereinbaren. Gegebenfalls sollten Sie eine entsprechende Vereinbarung in den Arbeitsvertrag aufnehmen.

Tipp Ist der Beschäftigte nicht berufsmäßig tätig und bezieht er keine weiteren steuerpflichtigen Einkünfte, ist in der Regel eine individuelle Versteuerung günstiger. Über den Lohnsteuerjahresausgleich kann er sich dann die einbehaltenen Lohnsteuern ganz oder teilweise zurückholen.

Pauschalsteuer bei kurzfristigen Beschäftigungen (Aushilfskräften)

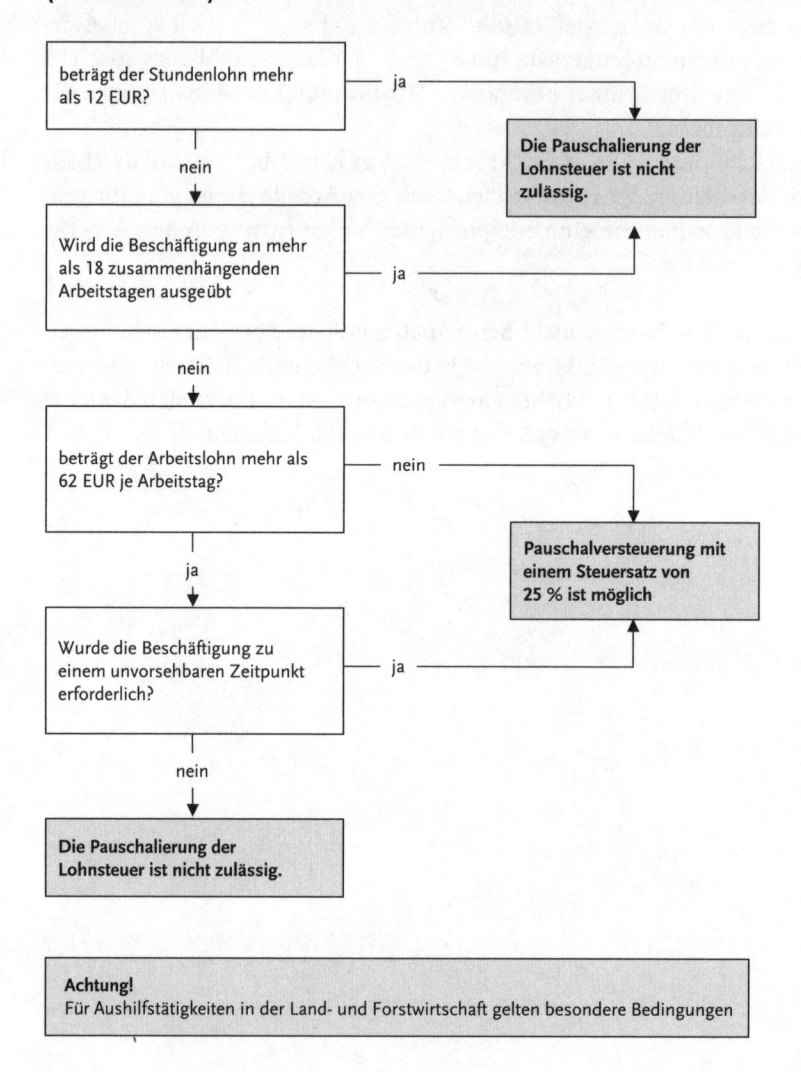

```
beträgt der Stundenlohn mehr
als 12 EUR?  ── ja ──┐
    │                │
   nein              ▼
    ▼         ┌──────────────────┐
Wird die Beschäftigung an mehr   │ Die Pauschalierung der
als 18 zusammenhängenden ── ja ──┤ Lohnsteuer ist nicht
Arbeitstagen ausgeübt            │ zulässig.
    │                └──────────────────┘
   nein                     ▲
    ▼                       │
beträgt der Arbeitslohn mehr    ┌──────────────────┐
als 62 EUR je Arbeitstag? ─ nein ─▶│ Pauschalversteuerung mit
    │                              │ einem Steuersatz von
   ja                              │ 25 % ist möglich
    ▼                              └──────────────────┘
Wurde die Beschäftigung zu              ▲
einem unvorsehbaren Zeitpunkt ── ja ────┘
erforderlich?
    │
   nein
    ▼
Die Pauschalierung der
Lohnsteuer ist nicht zulässig.
```

Achtung!
Für Aushilfstätigkeiten in der Land- und Forstwirtschaft gelten besondere Bedingungen

2 Sozialversicherung

Sie haben festgestellt, dass die Beschäftigung wegen der Kurzfristigkeit sozialversicherungsfrei ist? Dann sind weder Beiträge zur Kranken-, Pflege- oder Rentenversicherung, noch zur Arbeitslosenversicherung zu zahlen. Pauschalierte Beiträge gibt es für die kurzfristig Beschäftigten nicht.

Sind die Voraussetzungen für die Versicherungsfreiheit nicht erfüllt, sind die üblichen Beiträge, wie für alle anderen Arbeitnehmer auch, abzuführen.

3 Entgeltfortzahlungsversicherung – U1

Muss der Arbeitgeber im Falle der Arbeitsunfähigkeit das Entgelt fortzahlen, wird das Entgelt des kurzfristig Beschäftigten in die Berechnung der Umlage einbezogen (vergleiche auch Teil A Schritt 3). Auf die theoretisch mögliche Dauer der Entgeltfortzahlung kommt es dabei nicht an. Ausgenommen sind daher nur Beschäftigungen mit einer Befristung von nicht mehr als 28 Tagen, da der Arbeitgeber für diese Personen nicht zur Fortzahlung der Bezüge nach dem Entgeltfortzahlungsgesetz verpflichtet ist.

Beispiel Die Firma Lau stellt Frau Löhnert für die Zeit vom 1.7. bis 20.7.2006 befristet als Aushilfe ein. Die Firma nimmt an der Entgeltfortzahlungsversicherung teil. Ein Anspruch auf Entgeltfortzahlung nach dem Entgeltfortzahlungsgesetz besteht nicht, da die Beschäftigung auf nicht mehr als vier Wochen befristet ist. Für das Entgelt der Frau Löhnert fallen keine Beiträge zur Entgeltfortzahlungsversicherung U1 an.

4 Entgeltfortzahlungsversicherung – U2

Für die Versicherung zur Erstattung der Aufwendungen im Falle von Mutterschaft sind die Umlagebeiträge auch für kurzfristig Beschäftigte zu entrichten.

Beiträge zur Entgeltfortzahlungsversicherung bei Aushilfskräften

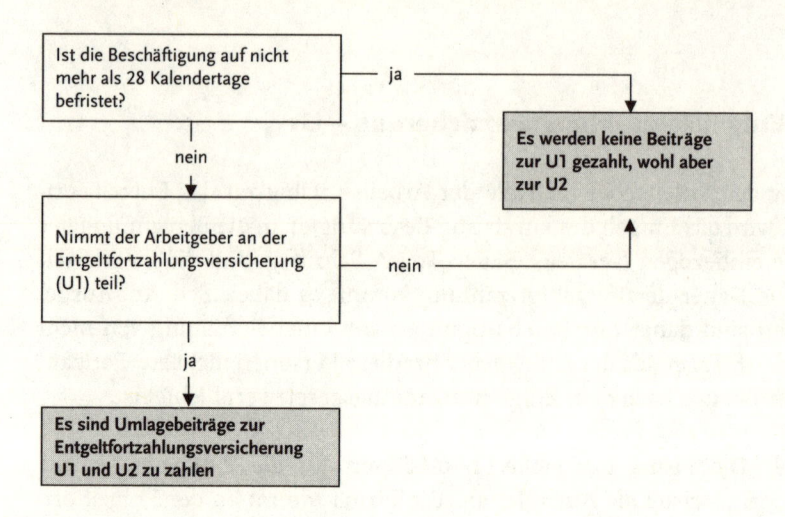

```
┌─────────────────────────┐
│ Ist die Beschäftigung   │      ja      ┌─────────────────────────┐
│ auf nicht mehr als 28   │─────────────▶│ Es werden keine Beiträge│
│ Kalendertage befristet? │              │ zur U1 gezahlt, wohl    │
└─────────────────────────┘              │ aber zur U2             │
            │                            └─────────────────────────┘
           nein                                       ▲
            ▼                                         │
┌─────────────────────────┐                           │
│ Nimmt der Arbeitgeber   │      nein                 │
│ an der Entgeltfortzah-  │───────────────────────────┘
│ lungsversicherung       │
│ (U1) teil?              │
└─────────────────────────┘
            │
           ja
            ▼
┌─────────────────────────┐
│ Es sind Umlagebeiträge  │
│ zur Entgeltfortzahlungs-│
│ versicherung U1 und U2  │
│ zu zahlen               │
└─────────────────────────┘
```

5 Unfallversicherung

Auch kurzfristig Beschäftigte unterliegen dem Schutz der gesetzlichen Unfallversicherung. Der Arbeitgeber muss auch für diese Arbeitnehmer die Beiträge zur Berufsgenossenschaft entrichten – die Entgelte müssen also in die Beitragsberechnung einbezogen werden. Dies geschieht unabhängig von der versicherungsrechtlichen Beurteilung in der Sozialversicherung.

6. Schritt – Meldungen zur Sozialversicherung

Welche Meldungen zur Sozialversicherung müssen abgegeben werden?

Schlagworte
- Anmeldung
- Abmeldung
- Jahresmeldung
- Minijobzentrale

Situation
Unter anderem müssen Beginn und Ende einer Beschäftigung – auch einer kurzfristigen Beschäftigung an die Minijobzentrale gemeldet werden. In diesem Abschnitt geht es darum, welche Meldungen für diesen Personenkreis erforderlich sind und welche Besonderheiten berücksichtigt werden müssen.

Definitionen

▶ Abgabegrund	Gibt die Art und den Grund der Meldung an.
▶ Beitragsgruppenschlüssel	Gibt an, in welchen Versicherungszweigen Versicherungs- oder Beitragspflicht besteht.
▶ Personengruppenschlüssel	Definiert, um welchen besonderen Personenkreis es sich handelt. Legt auch den Empfänger der Meldung fest.
▶ Minijobzentrale	Empfänger der Meldungen für kurzfristig Beschäftigte
▶ Entgeltmeldung	Abmeldung, Jahresmeldung oder Unterbrechungsmeldung, in der das im Meldezeitraum aufgelaufene rentenversicherungspflichtige Entgelt angegeben wird.

Rechtsgrundlagen
- ▶ SGB IV
- ▶ Datenerfassungs- und Übermittlungsverordnung - DEÜV

Checkliste:
1. Grundsatz
2. Abweichungen

1 Grundsatz

Grundsätzlich gelten dieselben Regelungen wir für die Minijobs (siehe Teil A – Schritte 6 und 9). Das bedeutet, dass auch für kurzfristig Beschäftigte die üblichen Meldungen zur Sozialversicherung abzugeben sind. Empfänger der Meldungen ist die Minijobzentrale. Die Abgabe der Meldungen ist auch für die Aushilfen nur im Wege der Datenübermittlung zulässig. Ausnahmeregelungen davon wie bei den im Haushalt beschäftigten Minijobbern gibt es nicht.

2 Abweichungen

Einige Besonderheiten gibt es allerdings, die bei der Abgabe der Meldungen zu beachten sind.

- In den Meldungen ist als Personengruppenschlüssel die Ziffer »110« (Geringfügig Beschäftigte – kurzfristig – nicht mehr als zwei Monate) anzugeben.
- Es ist kein Arbeitsentgelt anzugeben – auch nicht in einer Abmeldung. Als Entgelt wird vielmehr »000000« eingetragen. Grund dafür ist, dass keine Beiträge (auch keine Pauschalbeiträge) entrichtet werden und somit keinerlei beitragspflichtiges Entgelt vorliegt.
- Als Beitragsgruppe ist dementsprechend in den Meldungen »0000« anzugeben.
- Eine Jahresmeldung ist auch dann nicht abzugeben, wenn die kurzfristige Beschäftigung sich über den Jahreswechsel erstreckt.

Beispiel Frau Warm ist Hausfrau und wird von der Firma Dongel befristet für die Zeit vom 1.12.2006 bis zum 31.1.2007 beschäftigt. Da Frau Warm nicht berufsmäßig beschäftigt ist und keine weiteren Beschäftigungen ausgeübt hat, besteht Versicherungsfreiheit.

Die Firma Dongel muss folgende Meldungen abgeben:

	Zeitraum	Personengruppe	Beitragsgruppe	Entgelt
Anmeldung	01.12.2006	110	0000	--------
Abmeldung	01.01. -31.01.2007	110	0000	000000

Eine Jahresmeldung für die Zeit vom 01.12. bis 31.12.2006 ist nicht abzugeben.

- Werden die Meldungen (auch die Abmeldung!) innerhalb der Meldefrist für die Anmeldung (sechs Wochen nach Beginn der Beschäftigung) abgegeben, können An- und Abmeldungen zusammen in einem Datensatz abgegeben werden.

Was passiert mit den Meldungen?

Anhand der eingehenden Meldungen prüft die Minijobzentrale, ob im laufenden Kalenderjahr bereits weitere kurzfristige Beschäftigungen gemeldet wurden, die durch Zusammenrechnung für die aktuelle Beschäftigung zur Versicherungspflicht führen. Gegebenenfalls erhält der Arbeitgeber einen entsprechenden Bescheid. Grundsätzlich tritt die Versicherungspflicht erst mit dem Eingang des Bescheides beim Arbeitgeber ein.

7. Schritt –
Die Dokumentation in den Gehaltsunterlagen

Welche Unterlagen müssen unbedingt dokumentiert werden?

Schlagworte
- Betriebsprüfung
- Erklärung des Beschäftigten
- Nachweis der fehlenden Berufsmäßigkeit
- Schulbescheinigung
- Immatrikulationsbescheinigung

Situation
Grundsätzlich besteht für jeden Beschäftigten Sozialversicherungspflicht und Steuerpflicht. Wollen Sie hiervon abweichen, müssen Sie beweisen können, dass die Voraussetzungen für die Versicherungsfreiheit gegeben sind. Dazu müssen Sie Ihre Ermittlungen sorgfältig und für den Prüfer nachvollziehbar dokumentieren.

Definitionen

▶	Lohnunterlagen	Alle Unterlagen, die Informationen über den Arbeitnehmer, das Beschäftigungsverhältnis und die Abrechnungsdaten geben
▶	Betriebsprüfung	Wird alle vier Jahre von der Rentenversicherung durchgeführt. Überprüfung der versicherungs- und beitragsrechtlichen Beurteilung
▶	Immatrikulationsbescheinigung	Bescheinigung der Hochschule oder Fachhochschule über die Einschreibung als Student.

Rechtsgrundlagen
- ▶ Beitragsverfahrensverordnung
- ▶ SGB IV

Checkliste:
1. Lohnunterlagen
2. Betriebsprüfung

1 Lohnunterlagen

Grundsätzlich gelten die selben Grundsätze wie für geringfügig entlohnte Beschäftigte (siehe Teil A, Schritt 7).

Für die Versicherungsfreiheit von kurzfristig Beschäftigten ist der Nachweis wichtig, dass die Beschäftigung von vornherein befristet war (Arbeitsvertrag) und das im laufenden Kalenderjahr keine weiteren Beschäftigungen (oder nur im Rahmen der Zwei-Monats-Grenze) bestanden haben. Dazu bedarf es einer entsprechenden schriftlichen Erklärung des Arbeitnehmers. Eine solche Mustererklärung finden Sie im Anhang und auf der Internetseite zum Buch.

Von entscheidender Bedeutung ist darüber hinaus, dass Sie beweisen können, dass es sich nicht um eine berufsmäßige Ausübung der Beschäftigung handelt. Der Prüfer geht davon aus, dass grundsätzlich jeder Arbeitnehmer berufsmäßig tätig ist. Das Gegenteil müssen Sie beweisen. Dazu dienen Bescheinigungen der Schulen oder Hochschulen, der Nachweis einer Hauptbeschäftigung, im Einzelfall auch eine Erklärung des Arbeitnehmers. Denn eine Hausfrau kann natürlich keinen Nachweis eines Dritten beibringen.

Besonders wichtig ist die Dokumentation auch bei ausländischen Saisonarbeitskräften (Schritt 4). Hier ist darauf zu achten, dass die Unterlagen in deutscher Sprache (gegebenenfalls in beglaubigter Übersetzung) vorliegen.

2 Betriebsprüfung

Für die Vorbereitung der Betriebsprüfung sollten Sie alle Nachweise über die Versicherungsfreiheit zusammenstellen und für den Prüfer bereit legen. Sind die Unterlagen sorgfältig und vollständig geführt, kommt es normalerweise nicht zu Problemen. Bei unvollständigen oder unsortierten Unterlagen wird der Prüfer hingegen schnell misstrauisch und wird dann besonders intensiv ermitteln.

Weitere Hinweise zur Betriebsprüfung finden Sie im Teil A, Schritt 7.

Anhang

Anhang 1

Inhalt

Gesetz über den Ausgleich der Arbeitgeberaufwendungen
für Entgeltfortzahlung (Aufwendungsausgleichsgesetz – AAG)   237

Arbeitszeitgesetz (ArbZG)   240

Verordnung über die Berechnung, Zahlung, Weiterleitung,
Abrechnung und Prüfung des Gesamtsozialversicherungsbeitrages (Beitragsverfahrensverordnung – BVV)   241

Bürgerliches Gesetzbuch – BGB   247

Bundesurlaubsgesetz vom 8. Januar 1963   249

Gesetz über die Zahlung des Arbeitsentgelts an Feiertagen und im
Krankheitsfall (Entgeltfortzahlungsgesetz)   251

Einkommenssteuergesetz (EStG)   254

Gesetz zum Schutze der arbeitenden Jugend
(Jugendarbeitsschutzgesetz) – JArbSchG   256

Gesetz über den Nachweis der für ein Arbeitsverhältnis geltenden
wesentlichen Bedingungen (Nachweisgesetz – NachwG)   259

Gesetz über Teilzeitarbeit und befristete Arbeitsverträge
(Teilzeit- und Befristungsgesetz – TzBfG)   261

Anhang 1
Rechtsvorschriften – Auszüge

Gesetz über den Ausgleich der Arbeitgeberaufwendungen für Entgeltfortzahlung (Aufwendungsausgleichsgesetz – AAG)
Vom 22. Dezember 2005 (BGBl. I S. 3686) – Auszug

§ 1 Erstattungsanspruch
(1) Die Krankenkassen mit Ausnahme der landwirtschaftlichen Krankenkassen erstatten den Arbeitgebern, die in der Regel ausschließlich der zu ihrer Berufsausbildung Beschäftigten nicht mehr als 30 Arbeitnehmer und Arbeitnehmerinnen beschäftigen, 80 Prozent
1. des für den in § 3 Abs. 1 und 2 und den in § 9 Abs. 1 des Entgeltfortzahlungsgesetzes bezeichneten Zeitraum an Arbeitnehmer und Arbeitnehmerinnen fortgezahlten Arbeitsentgelts,
2. der auf die Arbeitsentgelte nach der Nummer 1 entfallenden von den Arbeitgebern zu tragenden Beiträge zur Bundesagentur für Arbeit und der Arbeitgeberanteile an Beiträgen zur gesetzlichen Kranken- und Rentenversicherung, zur sozialen Pflegeversicherung und nach § 172 Abs. 2 des Sechsten Buches Sozialgesetzbuch sowie der Beitragszuschüsse nach § 257 des Fünften und nach § 61 des Elften Buches Sozialgesetzbuch.

(2) Die Krankenkassen mit Ausnahme der landwirtschaftlichen Krankenkassen erstatten den Arbeitgebern in vollem Umfang
1. den vom Arbeitgeber nach § 14 Abs. 1 des Mutterschutzgesetzes gezahlten Zuschuss zum Mutterschaftsgeld,
2. das vom Arbeitgeber nach § 11 des Mutterschutzgesetzes bei Beschäftigungsverboten gezahlte Arbeitsentgelt,
3. die auf die Arbeitsentgelte nach der Nummer 2 entfallenden von den Arbeitgebern zu tragenden Beiträge zur Bundesagentur für Arbeit und die Arbeitgeberanteile an Beiträgen zur gesetzlichen Kranken- und Rentenversicherung, zur sozialen Pflegeversicherung und nach § 172 Abs. 2 des Sechsten Buches Sozialgesetzbuch sowie der Beitragszuschüsse nach § 257 des Fünften und nach § 61 des Elften Buches Sozialgesetzbuch.

(3) Am Ausgleich der Arbeitgeberaufwendungen nach den Absätzen 1 (U1-Verfahren) und 2 (U2-Verfahren) nehmen auch die Arbeitgeber teil, die nur Auszubildende beschäftigen.

§ 2 Erstattung

(1) Die zu gewährenden Beträge werden dem Arbeitgeber von der Krankenkasse ausgezahlt, bei der die Arbeitnehmer und Arbeitnehmerinnen, die Auszubildenden oder die nach § 11 oder § 14 Abs. 1 des Mutterschutzgesetzes anspruchsberechtigten Frauen versichert sind. Für geringfügig Beschäftigte nach dem Vierten Buch Sozialgesetzbuch ist zuständige Krankenkasse die Deutsche Rentenversicherung Knappschaft-Bahn-See als Träger der knappschaftlichen Krankenversicherung. Für Arbeitnehmer und Arbeitnehmerinnen, die nicht Mitglied einer Krankenkasse sind, gilt § 175 Abs. 3 Satz 2 des Fünften Buches Sozialgesetzbuch entsprechend.

(2) Die Erstattung wird auf Antrag erbracht. Sie ist zu gewähren, sobald der Arbeitgeber Arbeitsentgelt nach § 3 Abs. 1 und 2 und § 9 Abs. 1 des Entgeltfortzahlungsgesetzes, Arbeitsentgelt nach § 11 des Mutterschutzgesetzes oder Zuschuss zum Mutterschaftsgeld nach § 14 Abs. 1 des Mutterschutzgesetzes gezahlt hat. Abweichend von Satz 2 können die Krankenkassen durch Satzungsregelung für die Zeit vom 1. Januar bis längstens 31. März 2006 einen anderen Zeitpunkt für eine erstmalige Erstattung festlegen.

(3) Die Verfahrensbeteiligten können vereinbaren, dass die für das Erstattungsverfahren maßgeblichen Unterlagen durch Datenübertragung ausgetauscht werden.

§ 7 Aufbringung der Mittel

(1) Die Mittel zur Durchführung der U1- und U2-Verfahren werden von den am Ausgleich beteiligten Arbeitgebern jeweils durch gesonderte Umlagen aufgebracht, die die erforderlichen Verwaltungskosten angemessen berücksichtigen.

(2) Die Umlagen sind jeweils in einem Prozentsatz des Entgelts (Umlagesatz) festzusetzen, nach dem die Beiträge zur gesetzlichen Rentenversicherung für die im Betrieb beschäftigten Arbeitnehmer, Arbeitnehmerinnen und Auszubildenden bemessen werden oder bei Versicherungspflicht in der gesetzlichen Rentenversicherung zu bemessen wären. Bei der Berechnung der Umlage für Aufwendungen nach § 1 Abs. 1 sind Entgelte von Arbeitnehmern und Arbeitnehmerinnen, deren Beschäftigungsverhältnis bei einem

Arbeitgeber nicht länger als vier Wochen besteht und bei denen wegen der Art des Beschäftigungsverhältnisses aufgrund des § 3 Abs. 3 des Entgeltfortzahlungsgesetzes kein Anspruch auf Entgeltfortzahlung im Krankheitsfall entstehen kann, sowie einmalig gezahlte Arbeitsentgelte nach § 23a des Vierten Buches Sozialgesetzbuch nicht zu berücksichtigen. Für die Zeit des Bezugs von Kurzarbeitergeld oder Winterausfallgeld bemessen sich die Umlagen nach dem tatsächlich erzielten Arbeitsentgelt bis zur Beitragsbemessungsgrenze in der gesetzlichen Rentenversicherung.

Arbeitszeitgesetz (ArbZG)
(Vom 6. Juni 1994 (BGBl. I S. 1170, 1171) – zuletzt geändert durch Gesetz vom 22. Dezember 2005) – Auszug

§ 3 Arbeitszeit der Arbeitnehmer
Die werktägliche Arbeitszeit der Arbeitnehmer darf acht Stunden nicht überschreiten. Sie kann auf bis zu zehn Stunden nur verlängert werden, wenn innerhalb von sechs Kalendermonaten oder innerhalb von 24 Wochen im Durchschnitt acht Stunden werktäglich nicht überschritten werden.

§ 4 Ruhepausen
Die Arbeit ist durch im Voraus feststehende Ruhepausen von mindestens 30 Minuten bei einer Arbeitszeit von mehr als sechs bis zu neun Stunden und 45 Minuten bei einer Arbeitszeit von mehr als neun Stunden insgesamt zu unterbrechen. Die Ruhepausen nach Satz 1 können in Zeitabschnitte von jeweils mindestens 15 Minuten aufgeteilt werden. Länger als sechs Stunden hintereinander dürfen Arbeitnehmer nicht ohne Ruhepause beschäftigt werden.

§ 5 Ruhezeit
(1) Die Arbeitnehmer müssen nach Beendigung der täglichen Arbeitszeit eine ununterbrochene Ruhezeit von mindestens elf Stunden haben.

(2) Die Dauer der Ruhezeit des Absatzes 1 kann in Krankenhäusern und anderen Einrichtungen zur Behandlung, Pflege und Betreuung von Personen, in Gaststätten und anderen Einrichtungen zur Bewirtung und Beherbergung, in Verkehrsbetrieben, beim Rundfunk sowie in der Landwirtschaft und in der Tierhaltung um bis zu eine Stunde verkürzt werden, wenn jede Verkürzung der Ruhezeit innerhalb eines Kalendermonats oder innerhalb von vier Wochen durch Verlängerung einer anderen Ruhezeit auf mindestens zwölf Stunden ausgeglichen wird.

(3) Abweichend von Absatz 1 können in Krankenhäusern und anderen Einrichtungen zur Behandlung, Pflege und Betreuung von Personen Kürzungen der Ruhezeit durch Inanspruchnahmen während der Rufbereitschaft, die nicht mehr als die Hälfte der Ruhezeit betragen, zu anderen Zeiten ausgeglichen werden.

(4) Soweit Vorschriften der Europäischen Gemeinschaften für Kraftfahrer und Beifahrer geringere Mindestruhezeiten zulassen, gelten abweichend von Absatz 1 diese Vorschriften.

Verordnung über die Berechnung, Zahlung, Weiterleitung, Abrechnung und Prüfung des Gesamtsozialversicherungsbeitrages (Beitragsverfahrensverordnung – BVV)
Vom 3. Mai 2006 – Auszug

§ 1 Berechnungsgrundsätze

(1) Der Gesamtsozialversicherungsbeitrag und die Beitragsbemessungsgrenzen werden je Kalendermonat für die Kalendertage berechnet, an denen eine versicherungspflichtige Beschäftigung besteht (Sozialversicherungstage); ein voller Kalendermonat wird mit 30 Sozialversicherungstagen angesetzt. Berechnungsbasis ist das aus der Beschäftigung erzielte Arbeitsentgelt bis zur monatlichen Beitragsbemessungsgrenze.

(2) Die Rechengänge werden ohne Rundung der einzelnen Zwischenergebnisse durchgeführt. Das Gesamtergebnis wird auf zwei Dezimalstellen berechnet; die zweite Dezimalstelle wird um 1 erhöht, wenn sich in der dritten Dezimalstelle eine der Zahlen 5 bis 9 ergibt.

§ 2 Berechnungsvorgang

(1) Beiträge, die der Arbeitgeber und der Beschäftigte je zur Hälfte tragen, werden durch Anwendung des halben Beitragssatzes auf das Arbeitsentgelt und anschließender Verdoppelung des gerundeten Ergebnisses berechnet. Auf Beiträge, die der Arbeitgeber allein trägt, kann Satz 1 entsprechend angewandt werden. Werden Beiträge vom Arbeitgeber und vom Beschäftigten nicht je zur Hälfte getragen, ergibt sich der Beitrag aus der Summe der getrennt berechneten gerundeten Anteile. Beiträge, die vom Beschäftigten allein zu tragen sind, werden durch Anwendung des für diese Beiträge geltenden Beitragssatzes oder Beitragszuschlags auf das Arbeitsentgelt berechnet; Satz 3 zweiter Halbsatz gilt entsprechend. Wird die Mindestbeitragsbemessungsgrundlage des § 163 Abs. 8 des Sechsten Buches Sozialgesetzbuch nicht überschritten, wird der Beitragssatz auf die Mindestbeitragsbemessungsgrundlage angewandt und der vom Arbeitgeber zu tragende Beitragsanteil berechnet und gerundet; durch Abzug des Arbeitgeberanteils vom Beitrag ergibt sich der Beitragsanteil des Beschäftigten.

(2) In den Fällen der Gleitzone wird der vom Arbeitgeber zu zahlende Beitrag durch Anwendung des halben Beitragssatzes auf die beitragspflichtige Einnahme und anschließender Verdoppelung des gerundeten Ergebnisses berechnet. Der vom Arbeitgeber zu tragende Beitragsanteil wird durch Anwendung des halben Beitragssatzes auf das der Beschäftigung zugrunde

liegende Arbeitsentgelt berechnet und gerundet. Der Abzug des Arbeitgeberanteils von dem nach Satz 1 errechneten Beitrag ergibt den Beitragsanteil des Beschäftigten. Bei Entgelten bis zu 400 Euro ergibt sich die beitragspflichtige Einnahme durch Anwendung des Faktors F (§ 163 Abs. 10 des Sechsten Buches Sozialgesetzbuch) auf das der Beschäftigung zugrunde liegende Arbeitsentgelt. Vom Beschäftigten allein zu tragende Beitragsanteile werden durch Anwendung des maßgebenden Beitragssatzes oder Beitragszuschlags auf die beitragspflichtige Einnahme berechnet und gerundet.

§ 3 Tag der Zahlung, Zahlungsmittel
(1) Die Zahlungen der Arbeitgeber oder sonstiger Zahlungspflichtiger sind an die zuständige Einzugsstelle zu leisten. Als Tag der Zahlung gilt
  1. bei Barzahlung der Tag des Geldeingangs,
  2. bei Zahlung durch Scheck, bei Überweisung oder Einzahlung auf ein Konto der Einzugsstelle der Tag der Wertstellung zugunsten der Einzugsstelle, bei rückwirkender Wertstellung das Datum des elektronischen Kontoauszuges des Geldinstituts der Einzugsstelle,
  3. bei Vorliegen einer Einzugsermächtigung der Tag der Fälligkeit:
Abweichend von Satz 1 und 2 tritt in den Fällen des § 28f Abs. 4 des Vierten Buches Sozialgesetzbuch an die Stelle der Einzugsstelle die beauftragte Stelle.

(2) Zahlungen in fremder Währung und durch Wechsel sind nicht zugelassen.

(3) ...

Prüfung beim Arbeitgeber

§ 7 Grundsätze
(1) Die Prüfung nach § 28p des Vierten Buches Sozialgesetzbuch erfolgt grundsätzlich nach vorheriger Ankündigung durch die Versicherungsträger. Die Ankündigung soll möglichst einen Monat, sie muss jedoch spätestens 14 Tage vor der Prüfung erfolgen. Mit Zustimmung des Arbeitgebers kann von Satz 2 abgewichen werden., In den Fällen des .§ 98 Abs. 1 Satz 4 des Zehnten Buches Sozialgesetzbuch kann die Prüfung ohne Ankündigung durchgeführt werden. Der Prüfer oder die Prüferin des Versicherungsträgers hat sich auszuweisen.

(2) Für die Prüfung dürfen auf Kosten des Versicherungsträgers schriftliche Unterlagen des Arbeitgebers vervielfältigt und elektronische Unterlagen gespeichert werden, soweit es für die Aufgabenerfüllung erforderlich ist. Der Arbeitgeber oder der Auftragnehmer nach § 28p Abs. 6 des Vierten Buches Sozialgesetzbuch hat einen zur Durchführung der Prüfung geeigneten Raum oder Arbeitsplatz sowie die erforderlichen Hilfsmittel kostenlos zur Verfügung zu stellen; Kosten oder Verdienstausfall, die durch die Prüfung entstehen, werden nicht erstattet.

(3) Jeder Versicherungsträger, der eine Prüfung durchgeführt hat, hat den Umfang und das Ergebnis der Prüfung in einem Bericht festzuhalten. Im Bericht sind neben den für die Übersicht nach § 28p Abs. 7 des Vierten Buches Sozialgesetzbuch erforderlichen Daten insbesondere auch die Gründe für die fehlerhafte Berechnung von Beiträgen und die Personen im Einzelfall namentlich zu nennen, für die Beiträge nachberechnet oder zu Unrecht gezahlt und daher zu beanstanden sind.

(4) Das Ergebnis der Prüfung ist dem Arbeitgeber schriftlich mitzuteilen; die Mitteilung soll innerhalb von zwei Monaten nach Abschluss der Prüfung dem Arbeitgeber zugehen. Die Mitteilung ist vom Arbeitgeber bis zur nächsten Prüfung aufzubewahren. Die Prüfberichte sind in den Fällen des § 28p Abs. 3 des Vierten Buches Sozialgesetzbuch und auf begründete Anforderung den Einzugsstellen zu übersenden.

§ 8 Entgeltunterlagen

(1) Der Arbeitgeber hat in den Entgeltunterlagen folgende Angaben über den Beschäftigten aufzunehmen:
1. den Familien- und Vornamen und gegebenenfalls das betriebliche Ordnungsmerkmal,
2. das Geburtsdatum,
3. bei Ausländern aus Staaten außerhalb des Europäischen Wirtschaftsraums die Staatsangehörigkeit und den Aufenthaltstitel,
4. die Anschrift,
5. den Beginn und das Ende der Beschäftigung,
6. den Beginn und das Ende der Altersteilzeitarbeit,
7. das Wertguthaben aus flexibler Arbeitszeit einschließlich der Änderungen (Zu- und Abgänge), den Abrechnungsmonat der ersten Gutschrift sowie den Abrechnungsmonat für jede Änderung; besondere Aufzeichnungen über beitragspflichtige Arbeitsentgelte sind entbehrlich, soweit das Wertguthaben 250 Stunden Freistellung von der Arbeitsleistung nicht über-

schreitet; bei auf Dritte übertragenen Wertguthaben sind diese beim Dritten zu kennzeichnen,

8. die Beschäftigungsart,

9. die für die Versicherungsfreiheit oder die Befreiung von der Versicherungspflicht maßgebenden Angaben,

10. das Arbeitsentgelt nach § 14 des Vierten Buches Sozialgesetzbuch, seine Zusammensetzung und zeitliche Zuordnung, ausgenommen sind Sachbezüge und Belegschaftsrabatte, soweit für sie eine Aufzeichnungspflicht nach dem Einkommensteuergesetz nicht besteht,

11. das beitragspflichtige Arbeitsentgelt bis zur Beitragsbemessungsgrenze der Rentenversicherung, seine Zusammensetzung und zeitliche Zuordnung,

12. den Betrag nach § 3 Abs. 1 Nr. 1 Buchstabe b des Altersteilzeitgesetzes,

13. den Beitragsgruppenschlüssel,

14. die Einzugsstelle für den Gesamtsozialversicherungsbeitrag,

15. den vom Beschäftigten zu tragenden Anteil am Gesamtsozialversicherungsbeitrag, nach Beitragsgruppen getrennt,

16. die für die Erstattung von Meldungen erforderlichen Daten, soweit sie in den Nummern 1 bis 14 nicht enthalten sind,

17. bei Entsendung Eigenart und zeitliche Begrenzung der Beschäftigung,

18. gezahltes Kurzarbeitergeld und die hierauf entfallenden beitragspflichtigen Einnahmen.

Bestehen die Entgeltunterlagen aus mehreren Teilen, sind diese Teile durch ein betriebliches Ordnungsmerkmal zu verbinden. Die Angaben nach Satz 1 Nr. 10 bis 15 und 18 sind für jeden Entgeltabrechnungszeitraum erforderlich. Die Beträge nach Satz 1 Nr. 11 und 12 sind für die Meldungen zu summieren. Berichtigungen zu den Angaben nach Satz 1 Nr. 10 bis 15 und 18 oder Stornierungen sind besonders kenntlich zu machen. Die Angaben nach Satz 1 Nr. 8, 9 und 14 können verschlüsselt werden.

(2) Folgende Unterlagen sind zu den Entgeltunterlagen zu nehmen:

1. Unterlagen, aus denen die nach Absatz 1 Satz 1 Nr. 3, 9 und 17 erforderlichen Angaben ersichtlich sind,

2. die für den Arbeitgeber bestimmte Bescheinigung nach § 175 Abs. 2 des Fünften Buches Sozialgesetzbuch,

3. die Daten der erstatteten Meldungen,

4. die Erklärung des geringfügig Beschäftigten gegenüber dem Arbeitgeber, dass auf Versicherungsfreiheit in der Rentenversicherung verzichtet wird,

5. die Erklärung des Beschäftigten gegenüber dem Arbeitgeber, dass auf die Anwendung der Gleitzonenberechnung in der Rentenversicherung verzichtet wird,

6. die Niederschrift nach § 2 des Nachweisgesetzes,

7. die Erklärung des kurzfristig geringfügigen Beschäftigten über weitere kurzfristige Beschäftigungen im Kalenderjahr,

8. eine Kopie des Antrags nach § 7a Abs. 1 des Vierten Buches Sozialgesetzbuch mit den von der Deutschen Rentenversicherung Bund für ihre Entscheidung benötigten Unterlagen sowie deren Bescheid nach § 7a Abs. 2 des Vierten Buches Sozialgesetzbuch,

9. den Bescheid der zuständigen Einzugsstelle über die Feststellung der Versicherungspflicht nach § 28h Abs. 2 des Vierten Buches Sozialgesetzbuch,

10. Aufzeichnungen über Wertguthaben bis 250 Stunden Freistellung von der Arbeitsleistung,

11. die Aufzeichnung nach § 2 Abs. 2a des Arbeitnehmer-Entsendegesetzes,

12. den Nachweis der Elterneigenschaft nach § 55 Abs.3 des Elften Buches Sozialgesetzbuch;

13. die Erklärung über den Auszahlungsverzicht von zustehenden Entgeltansprüchen.

§ 9 Beitragsabrechnung

(1) Der Arbeitgeber hat zur Prüfung der Vollständigkeit der Entgeltabrechnung für jeden Abrechnungszeitraum ein Verzeichnis aller Beschäftigten in der Sortierfolge der Entgeltunterlagen mit den folgenden Angaben und nach Einzugsstellen getrennt zu erfassen und lesbar zur Verfügung zu stellen:

1. dem Familien- und Vornamen und gegebenenfalls dem betrieblichen Ordnungsmerkmal,

2. dem beitragspflichtigen Arbeitsentgelt bis zur Beitragsbemessungsgrenze der Rentenversicherung,

3. dem Betrag nach § 3 Abs. 1 Nr. 1 Buchstabe b des Altersteilzeitgesetzes,

4. dem Beitragsgruppenschlüssel,

5. den Sozialversicherungstagen,

6. dem Gesamtsozialversicherungsbeitrag, nach Arbeitgeber- und Arbeitnehmeranteilen je Beitragsgruppe getrennt,

7. dem gezahlten Kurzarbeitergeld und die hierauf entfallenden beitragspflichtigen Einnahmen,

8. den beitragspflichtigen Sonn-, Feiertags- und Nachtzuschlägen,

9. den Umlagesätzen nach dem Aufwendungsausgleichsgesetz und das umlagepflichtige Arbeitsentgelt,

10. den Parametern zur Berechnung der voraussichtlichen Höhe der Beitragsschuld.

Die Beträge nach Satz 1 Nr. 7 sind zu summieren und die hierauf entfallenden Beiträge zur Kranken-, Pflege- und Rentenversicherung anzugeben; die Beträge nach Satz 1 Nr. 6 sind nach Beitragsgruppen zu summieren; aus den Einzelsummen ist die Gesamtsumme aller Beiträge zu bilden. Berichtigungen oder Stornierungen sind besonders zu kennzeichnen.

(2) Im Beitragsnachweis nach Absatz 1 sind Beschäftigte mit den Angaben nach Absatz 1 Satz 1 Nr. 1 und dem erzielten Arbeitsentgelt nach § 14 des Vierten Buches Sozialgesetzbuch gesondert zu erfassen, für die Beiträge nicht oder nach den Vorschriften der Gleitzone (§ 20 Abs. 2 des Vierten Buches Sozialgesetzbuch) gezahlt werden. Sind Beitragsnachweise für mehrere Einzugsstellen zu erstellen, hat die Erfassung nach Satz 1 gesondert zu erfolgen.

(3) Berechnet die Einzugsstelle die Beiträge, hat ihr der Arbeitgeber die für die Berechnung der Beiträge notwendigen Angaben mitzuteilen.

(4) Im Beitragsnachweis sind die als gezahlt geltenden Beiträge nach § 28e Abs. 1 Satz 2 des Vierten Buches Sozialgesetzbuch nicht aufzunehmen.

Bürgerliches Gesetzbuch – BGB
(zuletzt geändert durch Gesetz vom 7. Juli 2005) – Auszug

§ 622 Kündigungsfristen bei Arbeitsverhältnissen

(1) Das Arbeitsverhältnis eines Arbeiters oder eines Angestellten (Arbeitnehmers) kann mit einer Frist von vier Wochen zum Fünfzehnten oder zum Ende eines Kalendermonats gekündigt werden.

(2) Für eine Kündigung durch den Arbeitgeber beträgt die Kündigungsfrist, wenn das Arbeitsverhältnis in dem Betrieb oder Unternehmen
1. zwei Jahre bestanden hat, einen Monat zum Ende eines Kalendermonats,
2. fünf Jahre bestanden hat, zwei Monate zum Ende eines Kalendermonats,
3. acht Jahre bestanden hat, drei Monate zum Ende eines Kalendermonats,
4. zehn Jahre bestanden hat, vier Monate zum Ende eines Kalendermonats,
5. zwölf Jahre bestanden hat, fünf Monate zum Ende eines Kalendermonats,
6. 15 Jahre bestanden hat, sechs Monate zum Ende eines Kalendermonats,
7. 20 Jahre bestanden hat, sieben Monate zum Ende eines Kalendermonats.

Bei der Berechnung der Beschäftigungsdauer werden Zeiten, die vor der Vollendung des 25.Lebensjahres des Arbeitnehmers liegen, nicht berücksichtigt.

(3) Während einer vereinbarten Probezeit, längstens für die Dauer von sechs Monaten, kann das Arbeitsverhältnis mit einer Frist von zwei Wochen gekündigt werden.

(4) Von den Absätzen 1 bis 3 abweichende Regelungen können durch Tarifvertrag vereinbart werden. Im Geltungsbereich eines solchen Tarifvertrages gelten die abweichenden tarifvertraglichen Bestimmungen zwischen nicht tarifgebundenen Arbeitgebern und Arbeitnehmern, wenn ihre Anwendung zwischen ihnen vereinbart ist.

(5) Einzelvertraglich kann eine kürzere als die in Absatz 1 genannte Kündigungsfrist nur vereinbart werden,

1. wenn ein Arbeitnehmer zur vorübergehenden Aushilfe eingestellt ist; dies gilt nicht, wenn das Arbeitsverhältnis über die Zeit von drei Monaten hinaus fortgesetzt wird;

2. wenn der Arbeitgeber in der Regel nicht mehr als 20 Arbeitnehmer ausschließlich der zu ihrer Berufsbildung Beschäftigten beschäftigt und die Kündigungsfrist vier Wochen nicht unterschreitet.

Bei der Feststellung der Zahl der beschäftigten Arbeitnehmer sind teilzeitbeschäftigte Arbeitnehmer mit einer regelmäßigen wöchentlichen Arbeitszeit von nicht mehr als 20 Stunden mit 0,5 und nicht mehr als 30 Stunden mit 0,75 zu berücksichtigen. Die einzelvertragliche Vereinbarung längerer als der in den Absätzen 1 bis 3 genannten Kündigungsfristen bleibt hiervon unberührt.

(6) Für die Kündigung des Arbeitsverhältnisses durch den Arbeitnehmer darf keine längere Frist vereinbart werden als für die Kündigung durch den Arbeitgeber.

Bundesurlaubsgesetz vom 8. Januar 1963
zuletzt geändert durch Gesetz vom 7. Mai 2002 – Auszug

§ 1 Urlaubsanspruch
Jeder Arbeitnehmer hat in jedem Kalenderjahr Anspruch auf bezahlten Erholungsurlaub.

§ 3 Dauer des Urlaubs
(1) Der Urlaub beträgt jährlich mindestens 24 Werktage.

(2) Als Werktage gelten alle Kalendertage, die nicht Sonn- oder gesetzliche Feiertage sind.

§ 5 Teilurlaub
(1) Anspruch auf ein Zwölftel des Jahresurlaubs für jeden vollen Monat des Bestehens des Arbeitsverhältnisses hat der Arbeitnehmer
   a) für Zeiten eines Kalenderjahres, für die er wegen Nichterfüllung der Wartezeit in diesem Kalenderjahr keinen vollen Urlaubsanspruch erwirbt;
   b) wenn er vor erfüllter Wartezeit aus dem Arbeitsverhältnis ausscheidet;
   c) wenn er nach erfüllter Wartezeit in der ersten Hälfte eines Kalenderjahres aus dem Arbeitsverhältnis ausscheidet.

(2) Bruchteile von Urlaubstagen, die mindestens einen halben Tag ergeben, sind auf volle Urlaubstage aufzurunden.

(3) Hat der Arbeitnehmer im Falle des Absatzes 1 Buchstabe c bereits Urlaub über den ihm zustehenden Umfang hinaus erhalten, so kann das dafür gezahlte Urlaubsentgelt nicht zurückgefordert werden.

§ 11 Urlaubsentgelt
(1) Das Urlaubsentgelt bemisst sich nach dem durchschnittlichen Arbeitsverdienst, das der Arbeitnehmer in den letzten dreizehn Wochen vor dem Beginn des Urlaubs erhalten hat, mit Ausnahme des zusätzlich für Überstunden gezahlten Arbeitsverdienstes. Bei Verdiensterhöhungen nicht nur vorübergehender Natur, die während des Berechnungszeitraums oder des Urlaubs eintreten, ist von dem erhöhten Verdienst auszugehen. Verdienstkürzungen, die im Berechnungszeitraum infolge von Kurzarbeit, Arbeitsausfällen oder unverschuldeter Arbeitsversäumnis eintreten, bleiben

für die Berechnung des Urlaubsentgelts außer Betracht. Zum Arbeitsentgelt gehörende Sachbezüge, die während des Urlaubs nicht weitergewährt werden, sind für die Dauer des Urlaubs angemessen in bar abzugelten.

(2) Das Urlaubsentgelt ist vor Antritt des Urlaubs auszuzahlen.

Gesetz über die Zahlung des Arbeitsentgelts an Feiertagen und im Krankheitsfall (Entgeltfortzahlungsgesetz)
Vom 26. Mai 1994 (BGBl. I S. 1014, 1065) –
zuletzt geändert durch Artikel 38 des Gesetzes
vom 23. Dezember 2003 – Auszug

§ 1 Anwendungsbereich

(1) Dieses Gesetz regelt die Zahlung des Arbeitsentgelts an gesetzlichen Feiertagen und die Fortzahlung des Arbeitsentgelts im Krankheitsfall an Arbeitnehmer sowie die wirtschaftliche Sicherung im Bereich der Heimarbeit für gesetzliche Feiertage und im Krankheitsfall.

(2) Arbeitnehmer im Sinne dieses Gesetzes sind Arbeiter und Angestellte sowie die zu ihrer Berufsbildung Beschäftigten.

§ 2 Entgeltzahlung an Feiertagen

(1) Für Arbeitszeit, die infolge eines gesetzlichen Feiertages ausfällt, hat der Arbeitgeber dem Arbeitnehmer das Arbeitsentgelt zu zahlen, das er ohne den Arbeitsausfall erhalten hätte.

(2) Die Arbeitszeit, die an einem gesetzlichen Feiertag gleichzeitig infolge von Kurzarbeit ausfällt und für die an anderen Tagen als an gesetzlichen Feiertagen Kurzarbeitergeld geleistet wird, gilt als infolge eines gesetzlichen Feiertages nach Absatz 1 ausgefallen.

(3) Arbeitnehmer, die am letzten Arbeitstag vor oder am ersten Arbeitstag nach Feiertagen unentschuldigt der Arbeit fernbleiben, haben keinen Anspruch auf Bezahlung für diese Feiertage.

§ 3 Anspruch auf Entgeltfortzahlung im Krankheitsfall

(1) Wird ein Arbeitnehmer durch Arbeitsunfähigkeit infolge Krankheit an seiner Arbeitsleistung verhindert, ohne dass ihn ein Verschulden trifft, so hat er Anspruch auf Entgeltfortzahlung im Krankheitsfall durch den Arbeitgeber für die Zeit der Arbeitsunfähigkeit bis zur Dauer von sechs Wochen. Wird der Arbeitnehmer infolge derselben Krankheit erneut arbeitsunfähig, so verliert er wegen der erneuten Arbeitsunfähigkeit den Anspruch nach Satz 1 für einen weiteren Zeitraum von höchstens sechs Wochen nicht, wenn

1. er vor der erneuten Arbeitsunfähigkeit mindestens sechs Monate nicht infolge derselben Krankheit arbeitsunfähig war oder

2. seit Beginn der ersten Arbeitsunfähigkeit infolge derselben Krankheit eine Frist von zwölf Monaten abgelaufen ist.

(2) Als unverschuldete Arbeitsunfähigkeit im Sinne des Absatzes 1 gilt auch eine Arbeitsverhinderung, die infolge einer nicht rechtswidrigen Sterilisation oder eines nicht rechtswidrigen Abbruchs der Schwangerschaft eintritt. Dasselbe gilt für einen Abbruch der Schwangerschaft, wenn die Schwangerschaft innerhalb von zwölf Wochen nach der Empfängnis durch einen Arzt abgebrochen wird, die schwangere Frau den Abbruch verlangt und dem Arzt durch eine Bescheinigung nachgewiesen hat, dass sie sich mindestens drei Tage vor dem Eingriff von einer anerkannten Beratungsstelle hat beraten lassen.

(3) Der Anspruch nach Absatz 1 entsteht nach vierwöchiger ununterbrochener Dauer des Arbeitsverhältnisses.

§ 4 Höhe des fortzuzahlenden Arbeitsentgelts

(1) Für den in § 3 Abs. 1 bezeichneten Zeitraum ist dem Arbeitnehmer das ihm bei der für ihn maßgebenden regelmäßigen Arbeitszeit zustehende Arbeitsentgelt fortzuzahlen.

(1a) Zum Arbeitsentgelt nach Absatz 1 gehören nicht das zusätzlich für Überstunden gezahlte Arbeitsentgelt und Leistungen für Aufwendungen des Arbeitnehmers, soweit der Anspruch auf sie im Falle der Arbeitsfähigkeit davon abhängig ist, dass dem Arbeitnehmer entsprechende Aufwendungen tatsächlich entstanden sind, und dem Arbeitnehmer solche Aufwendungen während der Arbeitsunfähigkeit nicht entstehen. Erhält der Arbeitnehmer eine auf das Ergebnis der Arbeit abgestellte Vergütung, so ist der von dem Arbeitnehmer in der für ihn maßgebenden regelmäßigen Arbeitszeit erzielbare Durchschnittsverdienst der Berechnung zu Grunde zu legen.

(2) Ist der Arbeitgeber für Arbeitszeit, die gleichzeitig infolge eines gesetzlichen Feiertages ausgefallen ist, zur Fortzahlung des Arbeitsentgelts nach § 3 verpflichtet, bemisst sich die Höhe des fortzuzahlenden Arbeitsentgelts für diesen Feiertag nach § 2.

(3) Wird in dem Betrieb gekürzt gearbeitet und würde deshalb das Arbeitsentgelt des Arbeitnehmers im Falle seiner Arbeitsfähigkeit gemindert, so ist die verkürzte Arbeitszeit für ihre Dauer als die für den Arbeitnehmer

maßgebende regelmäßige Arbeitszeit im Sinne des Absatzes 1 anzusehen. Dies gilt nicht im Falle des § 2 Abs. 2.

(4) Durch Tarifvertrag kann eine von den Absätzen 1, 1a und 3 abweichende Bemessungsgrundlage des fortzuzahlenden Arbeitsentgelts festgelegt werden. Im Geltungsbereich eines solchen Tarifvertrages kann zwischen nichttarifgebundenen Arbeitgebern und Arbeitnehmern die Anwendung der tarifvertraglichen Regelung über die Fortzahlung des Arbeitsentgelts im Krankheitsfalle vereinbart werden.

§ 9 Maßnahmen der medizinischen Vorsorge und Rehabilitation

(1) Die Vorschriften der §§ 3 bis 4a und 6 bis 8 gelten entsprechend für die Arbeitsverhinderung infolge einer Maßnahme der medizinischen Vorsorge oder Rehabilitation, die ein Träger der gesetzlichen Renten-, Kranken- oder Unfallversicherung, eine Verwaltungsbehörde der Kriegsopferversorgung oder ein sonstiger Sozialleistungsträger bewilligt hat und die in einer Einrichtung der medizinischen Vorsorge oder Rehabilitation durchgeführt wird. Ist der Arbeitnehmer nicht Mitglied einer gesetzlichen Krankenkasse oder nicht in der gesetzlichen Rentenversicherung versichert, gelten die §§ 3 bis 4a und 6 bis 8 entsprechend, wenn eine Maßnahme der medizinischen Vorsorge oder Rehabilitation ärztlich verordnet worden ist und in einer Einrichtung der medizinischen Vorsorge oder Rehabilitation oder einer vergleichbaren Einrichtung durchgeführt wird.

(2) Der Arbeitnehmer ist verpflichtet, dem Arbeitgeber den Zeitpunkt des Antritts der Maßnahme, die voraussichtliche Dauer und die Verlängerung der Maßnahme im Sinne des Absatzes 1 unverzüglich mitzuteilen und ihm
  a) eine Bescheinigung über die Bewilligung der Maßnahme durch einen Sozialleistungsträger nach Absatz 1 Satz 1 oder
  b) eine ärztliche Bescheinigung über die Erforderlichkeit der Maßnahme im Sinne des Absatzes 1 Satz 2

§ 12 Unabdingbarkeit

Abgesehen von § 4 Abs. 4 kann von den Vorschriften dieses Gesetzes nicht zu Ungunsten des Arbeitnehmers oder der nach § 10 berechtigten Personen abgewichen werden.

Einkommensteuergesetz (EStG)
(In der Fassung der Bekanntmachung vom 19. Oktober 2002, zuletzt geändert durch Gesetz vom 22. Dezember 2005) – Auszug

§ 40a Pauschalierung der Lohnsteuer für Teilzeitbeschäftigte und geringfügig Beschäftigte

(1) Der Arbeitgeber kann unter Verzicht auf die Vorlage einer Lohnsteuerkarte bei Arbeitnehmern, die nur kurzfristig beschäftigt werden, die Lohnsteuer mit einem Pauschsteuersatz von 25 vom Hundert des Arbeitslohns erheben. Eine kurzfristige Beschäftigung liegt vor, wenn der Arbeitnehmer bei dem Arbeitgeber gelegentlich, nicht regelmäßig wiederkehrend beschäftigt wird, die Dauer der Beschäftigung 18 zusammenhängende Arbeitstage nicht übersteigt und

1. der Arbeitslohn während der Beschäftigungsdauer 62 Euro durchschnittlich je Arbeitstag nicht übersteigt oder

2. die Beschäftigung zu einem unvorhersehbaren Zeitpunkt sofort erforderlich wird.

(2) Der Arbeitgeber kann unter Verzicht auf die Vorlage einer Lohnsteuerkarte die Lohnsteuer einschließlich Solidaritätszuschlag und Kirchensteuern (einheitliche Pauschsteuer) für das Arbeitsentgelt aus geringfügigen Beschäftigungen im Sinne des § 8 Abs. 1 Nr. 1 oder des § 8a des Vierten Buches Sozialgesetzbuch, für das er Beiträge nach § 168 Abs. 1 Nr. 1b oder 1c (geringfügig versicherungspflichtig Beschäftigte) oder nach § 172 Abs. 3 oder 3a (versicherungsfrei geringfügig Beschäftigte) des Sechsten Buches Sozialgesetzbuch zu entrichten hat, mit einem einheitlichen Pauschsteuersatz in Höhe von insgesamt 2 vom Hundert des Arbeitsentgelts erheben.

(2a) Hat der Arbeitgeber in den Fällen des Absatzes 2 keine Beiträge nach § 168 Abs. 1 Nr. 1b oder 1c oder nach § 172 Abs. 3 oder 3a des Sechsten Buches Sozialgesetzbuch zu entrichten, kann er unter Verzicht auf die Vorlage einer Lohnsteuerkarte die Lohnsteuer mit einem Pauschsteuersatz in Höhe von 20 vom Hundert des Arbeitsentgelts erheben.

(3) Abweichend von den Absätzen 1 und 2a kann der Arbeitgeber unter Verzicht auf die Vorlage einer Lohnsteuerkarte bei Aushilfskräften, die in Betrieben der Land- und Forstwirtschaft im Sinne des § 13 Abs. 1 Nr. 1 bis 4 ausschließlich mit typisch land- oder forstwirtschaftlichen Arbeiten beschäftigt werden, die Lohnsteuer mit einem Pauschsteuersatz von 5 vom Hundert des Arbeitslohns erheben. Aushilfskräfte im Sinne dieser Vorschrift sind

Personen, die für die Ausführung und für die Dauer von Arbeiten, die nicht ganzjährig anfallen, beschäftigt werden; eine Beschäftigung mit anderen land- und forstwirtschaftlichen Arbeiten ist unschädlich, wenn deren Dauer 25 vom Hundert der Gesamtbeschäftigungsdauer nicht überschreitet. Aushilfskräfte sind nicht Arbeitnehmer, die zu den land- und forstwirtschaftlichen Fachkräften gehören oder die der Arbeitgeber mehr als 180 Tage im Kalenderjahr beschäftigt.

(4) Die Pauschalierungen nach den Absätzen 1 und 3 sind unzulässig
1. bei Arbeitnehmern, deren Arbeitslohn während der Beschäftigungsdauer durchschnittlich je Arbeitsstunde 12 Euro übersteigt,
2. bei Arbeitnehmern, die für eine andere Beschäftigung von demselben Arbeitgeber Arbeitslohn beziehen, der nach den §§ 39b bis 39d dem Lohnsteuerabzug unterworfen wird.

(5) Auf die Pauschalierungen nach den Absätzen 1 bis 3 ist § 40 Abs. 3 anzuwenden.

(6) Für die Erhebung der einheitlichen Pauschsteuer nach Absatz 2 ist die Deutsche Rentenversicherung Knappschaft-Bahn-See/Verwaltungsstelle Cottbus zuständig. Die Regelungen zum Steuerabzug vom Arbeitslohn sind entsprechend anzuwenden. Für die Anmeldung und Abführung der einheitlichen Pauschsteuer gelten dabei die Regelungen für die Beiträge nach § 168 Abs. 1 Nr. 1b oder 1c oder nach § 172 Abs. 3 oder 3a des Sechsten Buches Sozialgesetzbuch . Die Deutsche Rentenversicherung Knappschaft-Bahn-See/Verwaltungsstelle Cottbus hat die einheitliche Pauschsteuer auf die erhebungsberechtigten Körperschaften aufzuteilen; dabei entfallen aus Vereinfachungsgründen 90 vom Hundert der einheitlichen Pauschsteuer auf die Lohnsteuer, 5 vom Hundert auf den Solidaritätszuschlag und 5 vom Hundert auf die Kirchensteuern. Die erhebungsberechtigten Kirchen haben sich auf eine Aufteilung des Kirchensteueranteils zu verständigen und diesen der Deutschen Rentenversicherung Knappschaft-Bahn-See/Verwaltungsstelle Cottbus mitzuteilen. Die Deutsche Rentenversicherung Knappschaft-Bahn-See/Verwaltungsstelle Cottbus ist berechtigt, die einheitliche Pauschsteuer nach Absatz 2 zusammen mit den Sozialversicherungsbeiträgen beim Arbeitgeber einzuziehen.

Gesetz zum Schutze der arbeitenden Jugend (Jugendarbeitsschutzgesetz) — JArbSchG
(vom 12. April 1976, zuletzt geändert durch Gesetz vom 21. Juni 2005) – Auszug

§ 4 Arbeitszeit

(1) Tägliche Arbeitszeit ist die Zeit vom Beginn bis zum Ende der täglichen Beschäftigung ohne die Ruhepausen (§ 11).

(2) Schichtzeit ist die tägliche Arbeitszeit unter Hinzurechnung der Ruhepausen (§ 11).

(3) Im Bergbau unter Tage gilt die Schichtzeit als Arbeitszeit. Sie wird gerechnet vom Betreten des Förderkorbes bei der Einfahrt bis zum Verlassen des Förderkorbes bei der Ausfahrt oder vom Eintritt des einzelnen Beschäftigten in das Stollenmundloch bis zu seinem Wiederaustritt.

(4) Für die Berechnung der wöchentlichen Arbeitszeit ist als Woche die Zeit von Montag bis einschließlich Sonntag zugrunde zu legen. Die Arbeitszeit, die an einem Werktag infolge eines gesetzlichen Feiertags ausfällt, wird auf die wöchentliche Arbeitszeit angerechnet.

(5) Wird ein Kind oder ein Jugendlicher von mehreren Arbeitgebern beschäftigt, so werden die Arbeits- und Schichtzeiten sowie die Arbeitstage zusammengerechnet.

§ 8 Dauer der Arbeitszeit

(1) Jugendliche dürfen nicht mehr als acht Stunden täglich und nicht mehr als 40 Stunden wöchentlich beschäftigt werden.

(2) Wenn in Verbindung mit Feiertagen an Werktagen nicht gearbeitet wird, damit die Beschäftigten eine längere zusammenhängende Freizeit haben, so darf die ausfallende Arbeitszeit auf die Werktage von fünf zusammenhängenden, die Ausfalltage einschließenden Wochen nur dergestalt verteilt werden, dass die Wochenarbeitszeit im Durchschnitt dieser fünf Wochen 40 Stunden nicht überschreitet. Die tägliche Arbeitszeit darf hierbei achteinhalb Stunden nicht überschreiten.

(2 a) Wenn an einzelnen Werktagen die Arbeitszeit auf weniger als acht Stunden verkürzt ist, können Jugendliche an den übrigen Werktagen derselben Woche achteinhalb Stunden beschäftigt werden.

(3) In der Landwirtschaft dürfen Jugendliche über 16 Jahre während der Erntezeit nicht mehr als neun Stunden täglich und nicht mehr als 85 Stunden in der Doppelwoche beschäftigt werden.

§ 11 Ruhepausen, Aufenthaltsräume
(1) Jugendlichen müssen im voraus feststehende Ruhepausen von angemessener Dauer gewährt werden. Die Ruhepausen müssen mindestens betragen
1. 30 Minuten bei einer Arbeitszeit von mehr als viereinhalb bis zu sechs Stunden,
2. 60 Minuten bei einer Arbeitszeit von mehr als sechs Stunden.

Als Ruhepause gilt nur eine Arbeitsunterbrechung von mindestens 15 Minuten.

(2) Die Ruhepausen müssen in angemessener zeitlicher Lage gewährt werden, frühestens eine Stunde nach Beginn und spätestens eine Stunde vor Ende der Arbeitszeit. Länger als viereinhalb Stunden hintereinander dürfen Jugendliche nicht ohne Ruhepause beschäftigt werden.

(3) Der Aufenthalt während der Ruhepausen in Arbeitsräumen darf den Jugendlichen nur gestattet werden, wenn die Arbeit in diesen Räumen während dieser Zeit eingestellt ist und auch sonst die notwendige Erholung nicht beeinträchtigt wird.

(4) Absatz 3 gilt nicht für den Bergbau unter Tage.

§ 15 Fünf-Tage-Woche
Jugendliche dürfen nur an fünf Tagen in der Woche beschäftigt werden. Die beiden wöchentlichen Ruhetage sollen nach Möglichkeit aufeinander folgen.

§ 19 Urlaub
(1) Der Arbeitgeber hat Jugendlichen für jedes Kalenderjahr einen bezahlten Erholungsurlaub zu gewähren.

(2) Der Urlaub beträgt jährlich
1. mindestens 30 Werktage, wenn der Jugendliche zu Beginn des Kalenderjahres noch nicht 16 Jahre alt ist,
2. mindestens 27 Werktage, wenn der Jugendliche zu Beginn des Kalenderjahres noch nicht 17 Jahre alt ist,
3. mindestens 25 Werktage, wenn der Jugendliche zu Beginn des Kalenderjahres noch nicht 18 Jahre alt ist.
Jugendliche, die im Bergbau unter Tage beschäftigt werden, erhalten in jeder Altersgruppe einen zusätzlichen Urlaub von drei Werktagen.

(3) Der Urlaub soll Berufsschülern in der Zeit der Berufsschulferien gegeben werden. Soweit er nicht in den Berufsschulferien gegeben wird, ist für jeden Berufsschultag, an dem die Berufsschule während des Urlaubs besucht wird, ein weiterer Urlaubstag zu gewähren.

(4) Im übrigen gelten für den Urlaub der Jugendlichen § 3 Abs. 2, §§ 4 bis 12 und § 13 Abs. 3 des Bundesurlaubsgesetzes. Der Auftraggeber oder Zwischenmeister hat jedoch abweichend von § 12 Nr. 1 des Bundesurlaubsgesetzes den jugendlichen Heimarbeitern für jedes Kalenderjahr einen bezahlten Erholungsurlaub entsprechend Absatz 2 zu gewähren; das Urlaubsentgelt 8der jugendlichen Heimarbeiter beträgt bei einem Urlaub von 30 Werktagen 11,6 vom Hundert, bei einem Urlaub von 27 Werktagen 10,3 vom Hundert und bei einem Urlaub von 25 Werktagen 9,5 vom Hundert.

Gesetz über den Nachweis der für ein Arbeitsverhältnis geltenden wesentlichen Bedingungen (Nachweisgesetz – NachwG)
(vom 20 Juli 1995, zuletzt geändert durch Gesetz vom 13. Juli 2001)

§ 1 Anwendungsbereich

Dieses Gesetz gilt für alle Arbeitnehmer, es sei denn, dass sie nur zur vorübergehenden Aushilfe von höchstens einem Monat eingestellt werden.

§ 2 Nachweispflicht

(1) Der Arbeitgeber hat spätestens einen Monat nach dem vereinbarten Beginn des Arbeitsverhältnisses die wesentlichen Vertragsbedingungen schriftlich niederzulegen, die Niederschrift zu unterzeichnen und dem Arbeitnehmer auszuhändigen. In die Niederschrift sind mindestens aufzunehmen:
1. der Name und die Anschrift der Vertragsparteien,
2. der Zeitpunkt des Beginns des Arbeitsverhältnisses,
3. bei befristeten Arbeitsverhältnissen: die vorhersehbare Dauer des Arbeitsverhältnisses,
4. der Arbeitsort oder, falls der Arbeitnehmer nicht nur an einem bestimmten Arbeitsort tätig sein soll, ein Hinweis darauf, dass der Arbeitnehmer an verschiedenen Orten beschäftigt werden kann,
5. eine kurze Charakterisierung oder Beschreibung der vom Arbeitnehmer zu leistenden Tätigkeit,
6. die Zusammensetzung und die Höhe des Arbeitsentgelts einschließlich der Zuschläge, der Zulagen, Prämien und Sonderzahlungen sowie anderer Bestandteile des Arbeitsentgelts und deren Fälligkeit,
7. die vereinbarte Arbeitszeit,
8. die Dauer des jährlichen Erholungsurlaubs,
9. die Fristen für die Kündigung des Arbeitsverhältnisses,
10. ein in allgemeiner Form gehaltener Hinweis auf die Tarifverträge, Betriebs- oder Dienstvereinbarungen, die auf das Arbeitsverhältnis anzuwenden sind.

Der Nachweis der wesentlichen Vertragsbedingungen in elektronischer Form ist ausgeschlossen. Bei Arbeitnehmern, die eine geringfügige Beschäftigung nach § 8 Abs. 1 Nr. 1 des Vierten Buches Sozialgesetzbuch ausüben, ist außerdem der Hinweis aufzunehmen, dass der Arbeitnehmer in der gesetzlichen Rentenversicherung die Stellung eines versicherungspflichtigen Arbeitnehmers erwerben kann, wenn er nach § 5 Abs. 2 Satz 2 des Sechsten Buches Sozialgesetzbuch auf die Versicherungsfreiheit durch Erklärung gegenüber dem Arbeitgeber verzichtet.

(2) Hat der Arbeitnehmer seine Arbeitsleistung länger als einen Monat außerhalb der Bundesrepublik Deutschland zu erbringen, so muss die Niederschrift dem Arbeitnehmer vor seiner Abreise ausgehändigt werden und folgende zusätzliche Angaben enthalten:
1. die Dauer der im Ausland auszuübenden Tätigkeit,
2. die Währung, in der das Arbeitsentgelt ausgezahlt wird,
3. ein zusätzliches mit dem Auslandsaufenthalt verbundenes Arbeitsentgelt und damit verbundene zusätzliche Sachleistungen,
4. die vereinbarten Bedingungen für die Rückkehr des Arbeitnehmers.

(3) Die Angaben nach Absatz 1 Satz 2 Nr. 6 bis 9 und Absatz 2 Nr. 2 und 3 können ersetzt werden durch einen Hinweis auf die einschlägigen Tarifverträge, Betriebs- oder Dienstvereinbarungen und ähnlichen Regelungen, die für das Arbeitsverhältnis gelten. Ist in den Fällen des Absatzes 1 Satz 2 Nr. 8 und 9 die jeweilige gesetzliche Regelung maßgebend, so kann hierauf verwiesen werden.

(4) Wenn dem Arbeitnehmer ein schriftlicher Arbeitsvertrag ausgehändigt worden ist, entfällt die Verpflichtung nach den Absätzen 1 und 2, soweit der Vertrag die in den Absätzen 1 bis 3 geforderten Angaben enthält.

§ 3 Änderung der Angaben
Eine Änderung der wesentlichen Vertragsbedingungen ist dem Arbeitnehmer spätestens einen Monat nach der Änderung schriftlich mitzuteilen. Satz 1 gilt nicht bei einer Änderung der gesetzlichen Vorschriften, Tarifverträge, Betriebs- oder Dienstvereinbarungen und ähnlichen Regelungen, die für das Arbeitsverhältnis gelten.

§ 4 Übergangsvorschrift
Hat das Arbeitsverhältnis bereits bei Inkrafttreten dieses Gesetzes bestanden, so ist dem Arbeitnehmer auf sein Verlangen innerhalb von zwei Monaten eine Niederschrift im Sinne des § 2 auszuhändigen. Soweit eine früher ausgestellte Niederschrift oder ein schriftlicher Arbeitsvertrag die nach diesem Gesetz erforderlichen Angaben enthält, entfällt diese Verpflichtung.

§ 5 Unabdingbarkeit
Von den Vorschriften dieses Gesetzes kann nicht zuungunsten des Arbeitnehmers abgewichen werden.

Gesetz über Teilzeitarbeit und befristete Arbeitsverträge (Teilzeit- und Befristungsgesetz – TzBfG)
(vom 21. Dezember 2000, zuletzt geändert durch Gesetz vom 24. Dezember 2003) – Auszug

§ 2 Begriff des teilzeitbeschäftigten Arbeitnehmers

(1) Teilzeitbeschäftigt ist ein Arbeitnehmer, dessen regelmäßige Wochenarbeitszeit kürzer ist als die eines vergleichbaren vollzeitbeschäftigten Arbeitnehmers. Ist eine regelmäßige Wochenarbeitszeit nicht vereinbart, so ist ein Arbeitnehmer teilzeitbeschäftigt, wenn seine regelmäßige Arbeitszeit im Durchschnitt eines bis zu einem Jahr reichenden Beschäftigungszeitraums unter der eines vergleichbaren vollzeitbeschäftigten Arbeitnehmers liegt. Vergleichbar ist ein vollzeitbeschäftigter Arbeitnehmer des Betriebes mit derselben Art des Arbeitsverhältnisses und der gleichen oder einer ähnlichen Tätigkeit. Gibt es im Betrieb keinen vergleichbaren vollzeitbeschäftigten Arbeitnehmer, so ist der vergleichbare vollzeitbeschäftigte Arbeitnehmer auf Grund des anwendbaren Tarifvertrages zu bestimmen; in allen anderen Fällen ist darauf abzustellen, wer im jeweiligen Wirtschaftszweig üblicherweise als vergleichbarer vollzeitbeschäftigter Arbeitnehmer anzusehen ist.

(2) Teilzeitbeschäftigt ist auch ein Arbeitnehmer, der eine geringfügige Beschäftigung nach § 8 Abs. 1 Nr. 1 des Vierten Buches Sozialgesetzbuch ausübt.

§ 3 Begriff des befristet beschäftigten Arbeitnehmers

(1) Befristet beschäftigt ist ein Arbeitnehmer mit einem auf bestimmte Zeit geschlossenen Arbeitsvertrag. Ein auf bestimmte Zeit geschlossener Arbeitsvertrag (befristeter Arbeitsvertrag) liegt vor, wenn seine Dauer kalendermäßig bestimmt ist (kalendermäßig befristeter Arbeitsvertrag) oder sich aus Art, Zweck oder Beschaffenheit der Arbeitsleistung ergibt (zweckbefristeter Arbeitsvertrag).

(2) Vergleichbar ist ein unbefristet beschäftigter Arbeitnehmer des Betriebes mit der gleichen oder einer ähnlichen Tätigkeit. Gibt es im Betrieb keinen vergleichbaren unbefristet beschäftigten Arbeitnehmer, so ist der vergleichbare unbefristet beschäftigte Arbeitnehmer auf Grund des anwendbaren Tarifvertrages zu bestimmen; in allen anderen Fällen ist darauf abzustellen, wer im jeweiligen Wirtschaftszweig üblicherweise als vergleichbarer unbefristet beschäftigter Arbeitnehmer anzusehen ist.

§ 4 Verbot der Diskriminierung

(1) Ein teilzeitbeschäftigter Arbeitnehmer darf wegen der Teilzeitarbeit nicht schlechter behandelt werden als ein vergleichbarer vollzeitbeschäftigter Arbeitnehmer, es sei denn, dass sachliche Gründe eine unterschiedliche Behandlung rechtfertigen. Einem teilzeitbeschäftigten Arbeitnehmer ist Arbeitsentgelt oder eine andere teilbare geldwerte Leistung mindestens in dem Umfang zu gewähren, der dem Anteil seiner Arbeitszeit an der Arbeitszeit eines vergleichbaren vollzeitbeschäftigten Arbeitnehmers entspricht.

(2) Ein befristet beschäftigter Arbeitnehmer darf wegen der Befristung des Arbeitsvertrages nicht schlechter behandelt werden, als ein vergleichbarer unbefristet beschäftigter Arbeitnehmer, es sei denn, dass sachliche Gründe eine unterschiedliche Behandlung rechtfertigen. Einem befristet beschäftigten Arbeitnehmer ist Arbeitsentgelt oder eine andere teilbare geldwerte Leistung, die für einen bestimmten Bemessungszeitraum gewährt wird, mindestens in dem Umfang zu gewähren, der dem Anteil seiner Beschäftigungsdauer am Bemessungszeitraum entspricht. Sind bestimmte Beschäftigungsbedingungen von der Dauer des Bestehens des Arbeitsverhältnisses in demselben Betrieb oder Unternehmen abhängig, so sind für befristet beschäftigte Arbeitnehmer dieselben Zeiten zu berücksichtigen wie für unbefristet beschäftigte Arbeitnehmer, es sei denn, dass eine unterschiedliche Berücksichtigung aus sachlichen Gründen gerechtfertigt ist.

§ 5 Benachteiligungsverbot

Der Arbeitgeber darf einen Arbeitnehmer nicht wegen der Inanspruchnahme von Rechten nach diesem Gesetz benachteiligen.

§ 14 Zulässigkeit der Befristung

(1) Die Befristung eines Arbeitsvertrages ist zulässig, wenn sie durch einen sachlichen Grund gerechtfertigt ist. Ein sachlicher Grund liegt insbesondere vor, wenn

1. der betriebliche Bedarf an der Arbeitsleistung nur vorübergehend besteht,

2. die Befristung im Anschluss an eine Ausbildung oder ein Studium erfolgt, um den Übergang des Arbeitnehmers in eine Anschlussbeschäftigung zu erleichtern,

3. der Arbeitnehmer zur Vertretung eines anderen Arbeitnehmers beschäftigt wird,

4. die Eigenart der Arbeitsleistung die Befristung rechtfertigt,
5. die Befristung zur Erprobung erfolgt,
6. in der Person des Arbeitnehmers liegende Gründe die Befristung rechtfertigen,
7. der Arbeitnehmer aus Haushaltsmitteln vergütet wird, die haushaltsrechtlich für eine befristete Beschäftigung bestimmt sind, und er entsprechend beschäftigt wird oder
8. die Befristung auf einem gerichtlichen Vergleich beruht.

(2) Die kalendermäßige Befristung eines Arbeitsvertrages ohne Vorliegen eines sachlichen Grundes ist bis zur Dauer von zwei Jahren zulässig; bis zu dieser Gesamtdauer von zwei Jahren ist auch die höchstens dreimalige Verlängerung eines kalendermäßig befristeten Arbeitsvertrages zulässig. Eine Befristung nach Satz 1 ist nicht zulässig, wenn mit demselben Arbeitgeber bereits zuvor ein befristetes oder unbefristetes Arbeitsverhältnis bestanden hat. Durch Tarifvertrag kann die Anzahl der Verlängerungen oder die Höchstdauer der Befristung abweichend von Satz 1 festgelegt werden. Im Geltungsbereich eines solchen Tarifvertrages können nicht tarifgebundene Arbeitgeber und Arbeitnehmer die Anwendung der tariflichen Regelungen vereinbaren.

(2a) In den ersten vier Jahren nach der Gründung eines Unternehmens ist die kalendermäßige Befristung eines Arbeitsvertrages ohne Vorliegen eines sachlichen Grundes bis zur Dauer von vier Jahren zulässig; bis zu dieser Gesamtdauer von vier Jahren ist auch die mehrfache Verlängerung eines kalendermäßig befristeten Arbeitsvertrages zulässig. Dies gilt nicht für Neugründungen im Zusammenhang mit der rechtlichen Umstrukturierung von Unternehmen und Konzernen. Maßgebend für den Zeitpunkt der Gründung des Unternehmens ist die Aufnahme einer Erwerbstätigkeit, die nach § 138 der Abgabenordnung der Gemeinde oder dem Finanzamt mitzuteilen ist. Auf die Befristung eines Arbeitsvertrages nach Satz 1 findet Absatz 2 Satz 2 bis 4 entsprechende Anwendung.

(3) Die Befristung eines Arbeitsvertrages bedarf keines sachlichen Grundes, wenn der Arbeitnehmer bei Beginn des befristeten Arbeitsverhältnisses das 58. Lebensjahr vollendet hat. Die Befristung ist nicht zulässig, wenn zu einem vorhergehenden unbefristeten Arbeitsvertrag mit demselben Arbeitgeber ein enger sachlicher Zusammenhang besteht. Ein solcher enger sachlicher Zusammenhang ist insbesondere anzunehmen, wenn zwischen den Arbeitsverträgen ein Zeitraum von weniger als sechs Monaten liegt. Bis

zum 31. Dezember 2006 ist Satz 1 mit der Maßgabe anzuwenden, dass an die Stelle des 58. Lebensjahres das 52. Lebensjahr tritt.

(4) Die Befristung eines Arbeitsvertrages bedarf zu ihrer Wirksamkeit der Schriftform.

§ 15 Ende des befristeten Arbeitsvertrages

(1) Ein kalendermäßig befristeter Arbeitsvertrag endet mit Ablauf der vereinbarten Zeit.

(2) Ein zweckbefristeter Arbeitsvertrag endet mit Erreichen des Zwecks, frühestens jedoch zwei Wochen nach Zugang der schriftlichen Unterrichtung des Arbeitnehmers durch den Arbeitgeber über den Zeitpunkt der Zweckerreichung.

(3) Ein befristetes Arbeitsverhältnis unterliegt nur dann der ordentlichen Kündigung, wenn dies einzelvertraglich oder im anwendbaren Tarifvertrag vereinbart ist.

(4) Ist das Arbeitsverhältnis für die Lebenszeit einer Person oder für längere Zeit als fünf Jahre eingegangen, so kann es von dem Arbeitnehmer nach Ablauf von fünf Jahren gekündigt werden. Die Kündigungsfrist beträgt sechs Monate.

(5) Wird das Arbeitsverhältnis nach Ablauf der Zeit, für die es eingegangen ist, oder nach Zweckerreichung mit Wissen des Arbeitgebers fortgesetzt, so gilt es als auf unbestimmte Zeit verlängert, wenn der Arbeitgeber nicht unverzüglich widerspricht oder dem Arbeitnehmer die Zweckerreichung nicht unverzüglich mitteilt.

§ 16 Folgen unwirksamer Befristung

Ist die Befristung rechtsunwirksam, so gilt der befristete Arbeitsvertrag als auf unbestimmte Zeit geschlossen; er kann vom Arbeitgeber frühestens zum vereinbarten Ende ordentlich gekündigt werden, sofern nicht nach § 15 Abs. 3 die ordentliche Kündigung zu einem früheren Zeitpunkt möglich ist. Ist die Befristung nur wegen des Mangels der Schriftform unwirksam, kann der Arbeitsvertrag auch vor dem vereinbarten Ende ordentlich gekündigt werden.

Anhang 2
Vordrucke

Anhang 2

Inhalt

Anstellungsvertrag für geringfügig Beschäftigte 267

Befristeter Anstellungsvertrag für Aushilfen 269

Erklärung für geringfügig Beschäftigte (400 EUR-Kräfte) 271

Erklärung für kurzfristig Beschäftigte (Aushilfen) 273

Erklärung gegenüber dem Betriebsstättenfinanzamt zur Religionszugehörigkeit für die Erhebung der pauschalen Lohnsteuer nach § 40a EStG 275

Schätzung des regelmäßigen Arbeitsentgelts bei unregelmäßiger Beschäftigung 276

Haushaltsscheck (nur für Privathaushalte) 277

Antrag auf Erstattung von Entgeltfortzahlung im Krankheitsfall 279

Antrag auf Erstattung von Entgeltfortzahlung bei Mutterschaft 280

Berechnungshilfe für Zeiten vom 1.1. bis 30.6.2006 281

Berechnungshilfe für Zeiten vom 1.7. bis 31.12.2006 282

Berechnungshilfe (neutrale Fassung zur Berechnung in jedem Kalenderjahr) 283

Erklärung für Beschäftigte in der Gleitzone 284

Anstellungsvertrag für geringfügig Beschäftigte

Zwischen der Firma _____
(nachfolgend Firma genannt)

und

Herrn/Frau _____
(nachfolgend ArbeitnehmerIn genannt)

wird folgender Arbeitsvertrag geschlossen:

§ 1
Der/Die ArbeitnehmerIn wird vom _____ an als _____ eingestellt. Die Firma kann den/die ArbeitnehmerIn auch anderweitig im Unternehmen beschäftigen, sofern die Aufgabe seinen/ihren Fähigkeiten entspricht. Als Beschäftigungsort wird _____ vereinbart. Im Rahmen der Zumutbarkeit kann die Firma den/die ArbeitnehmerIn auch an anderen Orten einsetzen.

§ 2
Das Arbeitsentgelt beträgt _____ EUR monatlich/täglich/pro Stunde. Die Vergütung ist am Monatsende fällig und wird auf das in der Erklärung für geringfügig Beschäftigte (Anhang zum Arbeitsvertrag) angegebene Konto überwiesen. Außerdem werden folgende Zahlungen vereinbart:

Art der Zahlung	Höhe in EUR	Fälligkeit der Auszahlung

§ 3
Die Arbeitszeit wird wie folgt vereinbart: _____
Der/die ArbeitnehmerIn ist verpflichtet darüber hinaus bei Bedarf und nach vorheriger Ankündigung Überstunden zu leisten.

§ 4
Bei Arbeitsverhinderung hat der/die ArbeitnehmerIn die Firma unverzüglich zu informieren. Im Falle der Arbeitsunfähigkeit ist spätestens am dritten Tag eine ärztliche Bescheinigung vorzulegen. Der Anspruch auf Entgeltfortzahlung im Krankheitsfall richtet sich nach den gesetzlichen Bestimmungen.

§ 5
Der/Die ArbeitnehmerIn hat einen Anspruch auf _____ Tage Urlaub in jedem Kalenderjahr. Bei Beginn oder Ende der Beschäftigung im Laufe eines Jahres wird dieser Anspruch anteilig gewährt. Die Lage des Urlaubs ist rechtzeitig mit der Firma abzustimmen.

§ 6
Weitere Beschäftigungen oder Tätigkeiten gegen Arbeitsentgelt muss der/die ArbeitnehmerIn vor deren Aufnahme der Firma mitteilen. Unterbleibt dies und kommt es dadurch zu steuerlichen oder sozialversicherungsrechtlichen Nachforderungen ist der/die ArbeitnehmerIn zum Ausgleich des entstandenen Schadens verpflichtet.

§ 7
Der/Die ArbeitnehmerIn ist verpflichtet über betriebliche Angelegenheiten gegenüber Dritten Stillschweigen zu bewahren. Dies gilt auch für die Zeit nach dem Ausscheiden aus dem Arbeitsverhältnis.

§ 8
Das Beschäftigungsverhältnis endet
☐ am _____ ohne dass es einer Kündigung bedarf.
☐ durch Kündigung mit einer Frist von ___ Wochen zum Monatsende.
Während der Probezeit kann der Vertrag mit einer Frist von ___ Wochen gekündigt werden.
Die Kündigung muss schriftlich abgegeben werden. Die Firma kann nach ausgesprochener Kündigung den/die ArbeitnehmerIn unter Fortzahlung der Bezüge bei Anrechnung restlicher Urlaubsansprüche von der Arbeit freistellen.

§ 9
Forderungen aus diesem Arbeitsvertrag müssen innerhalb eines Monats nach dessen Beendigung geltend gemacht werden, ansonsten sind sie verwirkt.

§ 10
Neben den Regelungen dieser Vereinbarung gelten folgende Tarifverträge, Betriebs- und Dienstvereinbarungen:
_____
_____
_____

§ 11
Die Erklärung zur sozialversicherungsrechtlichen Beurteilung der Beschäftigung ist Bestandteil des Anstellungsvertrages.

§ 12
Sollten einzelne Bestandteile dieser Vereinbarung ungültig sein, berührt dies nicht die Wirksamkeit der anderen Bestimmungen. Jede Änderung und Ergänzung dieser Vereinbarung bedarf der Schriftform.

§ 13
Mit der Unterschrift bestätigt der/die ArbeitnehmerIn eine Ausfertigung dieser Vereinbarung und der dazugehörenden Anlagen erhalten zu haben.

_____, den _____
Ort   Datum

_____   _____
Unterschrift Firma   Unterschrift Arbeitnehmer

Firmenstempel mit Anschrift:

Befristeter Anstellungsvertrag für Aushilfen

Zwischen der Firma _____
(nachfolgend Firma genannt)

und

Herrn/Frau_____
(nachfolgend ArbeitnehmerIn genannt)

wird folgender Arbeitsvertrag geschlossen:

§ 1
Der/Die ArbeitnehmerIn wird befristet (§ 14 Abs. 2 TzBfG) vom _____ an als _____ eingestellt. Das Arbeitsverhältnis endet am _____, ohne dass es einer Kündigung bedarf. Der/Die ArbeitnehmerIn bestätigt, dass sie noch niemals zuvor bei dieser Firma beschäftigt war. Grund der Befristung: _____
_____

Während des Beschäftigung ist eine Kündigung mit einer Frist von vier Wochen zum fünfzehnten oder zum Ende eines Monats möglich.

Die Firma kann den/die ArbeitnehmerIn auch anderweitig im Unternehmen beschäftigen, sofern die Aufgabe seinen/ihren Fähigkeiten entspricht. Als Beschäftigungsort wird _____ vereinbart. Im Rahmen der Zumutbarkeit kann die Firma den/die ArbeitnehmerIn auch an anderen Orten einsetzen.

§ 2
Das Arbeitsentgelt beträgt _____ EUR monatlich/täglich/pro Stunde. Die Vergütung ist am Monatsende fällig und wird auf das in der Erklärung für kurzfristig Beschäftigte (Anhang zum Arbeitsvertrag) angegebene Konto überwiesen. Außerdem werden folgende Zahlungen vereinbart:

Art der Zahlung	Höhe in EUR	Fälligkeit der Auszahlung

§ 3
Die Arbeitszeit wird wie folgt vereinbart: _____
Der/die ArbeitnehmerIn ist verpflichtet darüber hinaus bei Bedarf und nach vorheriger Ankündigung Überstunden zu leisten.

§ 4
Bei Arbeitsverhinderung hat der/die ArbeitnehmerIn die Firma unverzüglich zu informieren. Im Falle der Arbeitsunfähigkeit ist spätestens am dritten Tag eine ärztliche Bescheinigung vorzulegen. Der Anspruch auf Entgeltfortzahlung im Krankheitsfall richtet sich nach den gesetzlichen Bestimmungen.

§ 5
Der/Die ArbeitnehmerIn hat einen anteiligen Anspruch auf _____ Tage Urlaub.
Die Lage des Urlaubs ist rechtzeitig mit der Firma abzustimmen.

§ 6
Weitere Beschäftigungen oder Tätigkeiten gegen Arbeitsentgelt sowie im laufenden Kalenderjahr bereits ausgeübten Beschäftigungen muss der/die ArbeitnehmerIn unverzüglich der Firma mitteilen. Unterbleibt dies und kommt es dadurch zu steuerlichen oder sozialversicherungsrechtlichen Nachforderungen ist der/die ArbeitnehmerIn zum Ausgleich des entstandenen Schadens verpflichtet.

§ 7
Der/Die ArbeitnehmerIn ist verpflichtet über betriebliche Angelegenheiten gegenüber Dritten Stillschweigen zu bewahren. Dies gilt auch für die Zeit nach dem Ausscheiden aus dem Arbeitsverhältnis.

§ 8
Forderungen aus diesem Arbeitsvertrag müssen innerhalb eines Monats nach dessen Beendigung geltend gemacht werden, ansonsten sind sie verwirkt.

§ 9
Neben den Regelungen dieser Vereinbarung gelten folgende Tarifverträge, Betriebs- und Dienstvereinbarungen:

_____
_____

§ 10
Die Erklärung zur sozialversicherungsrechtlichen Beurteilung der Beschäftigung ist Bestandteil des Anstellungsvertrages.

§ 11
Sollten einzelne Bestandteile dieser Vereinbarung ungültig sein, berührt dies nicht die Wirksamkeit der anderen Bestimmungen. Jede Änderung und Ergänzung dieser Vereinbarung bedarf der Schriftform.

§ 12
Mit der Unterschrift bestätigt der/die ArbeitnehmerIn eine Ausfertigung dieser Vereinbarung und der dazugehörenden Anlagen erhalten zu haben.

_____ , den _____
       Ort   Datum

_____   _____
   Unterschrift Firma   Unterschrift Arbeitnehmer

Firmenstempel mit Anschrift:

Seite 2 von 2

Erklärung für geringfügig Beschäftigte (400 EUR-Kräfte)

Name, Vorname (ggf. Geburtsname) | Geburtsdatum

Rentenversicherungsnummer (wenn nicht bekannt bitte Geburtsort und –land) angeben

---

Anschrift

Beginn der Beschäftigung | Staatsangehörigkeit

Beschäftigt als

Bankverbindung

1. Ich habe noch weitere Beschäftigungsverhältnisse
   - ☐ Ja (weiter mit Frage 2)
   - ☐ Nein (weiter mit Frage 3)

2. Ich übe noch folgende Beschäftigungen aus:

beschäftigt als	seit	die Beschäftigung ist krankenversicherungspflichtig		die Beschäftigung ist rentenversicherungspflichtig		monatliches Entgelt
		ja	nein	ja	nein	EUR
		€	€	€	€	
		€	€	€	€	
		€	€	€	€	

3. Angaben zum Personenkreis

3.1. Ich bin beim Arbeitsamt arbeitslos oder als Arbeitssuchender gemeldet
   ☐ Nein ☐ Ja

3.2. Ich beziehe ein Ruhegehalt (Pension) von meinem früheren Arbeitgeber
   ☐ Nein ☐ Ja (bitte eine Kopie des Ruhegehaltsbescheids vorlegen)

3.2. Ich beziehe eine Rente aus der gesetzlichen Rentenversicherung
   ☐ Nein ☐ Ja (bitte eine Kopie des Rentenbescheides vorlegen)

3.3. Ich bin als Student an einer Hochschule oder Fachhochschule immatrikuliert
   ☐ Nein ☐ Ja (bitte Immatrikulationsbescheinigung vorlegen).

Seite 1 von 2

Erklärung für geringfügig Beschäftigte (400 EUR-Kräfte)

4. Ich bin über die Möglichkeit informiert worden, dass ich auf die Versicherungsfreiheit in der Rentenversicherung verzichten kann. Ich muss dann die Differenz zum vollen Rentenversicherungsbeitrag selbst zahlen. Die Beiträge müssen mindestens aus 155 EUR gezahlt werden.

    ☐ Ja, ich verzichte auf die Versicherungsfreiheit in der Rentenversicherung mit Wirkung ab _____ und trage die zusätzlichen Beiträge.*

    ☐ Nein, es bleibt bei der Versicherungsfreiheit in der Rentenversicherung.

5. Erklärung
   - Ich versichere, dass die gemachten Angaben den Tatsachen entsprechen und vollständig sind.
   - Änderungen in den angegebenen Verhältnissen werde ich unverzüglich mitteilen. Dies gilt insbesondere für die Aufnahme einer weiteren Beschäftigung.
   - Mir ist bekannt, dass ich bei falschen Angaben meinem Arbeitgeber gegenüber schadenersatzpflichtig bin.

Ort, Datum, Unterschrift

* Die Erklärung kann nur mit Wirkung für die Zukunft abgegeben werden

Erklärung für kurzfristig Beschäftigte (Aushilfen)

Name, Vorname (ggf. Geburtsname) | Geburtsdatum

Rentenversicherungsnummer (wenn nicht bekannt bitte Geburtsort und –land) angeben

Anschrift

Beginn der Beschäftigung | Ende der Beschäftigung | Staatsangehörigkeit

Beschäftigt als

Bankverbindung

1. Angaben zur Prüfung der berufsmäßigen Beschäftigung
   - ☐ Ich übe eine sozialversicherungspflichtige Hauptbeschäftigung (auf Dauer) aus, und zwar bei der Firma _____
     (letzte Gehaltsabrechnung beifügen!)
   - ☐ Ich bin hauptberuflich selbstständig tätig
     (Gewerbeanmeldung oder Handelsregisterauszug beifügen!)
   - ☐ Ich bin bei der Agentur für Arbeit als Arbeitssuchender gemeldet
   - ☐ Ich bin nicht berufsmäßig beschäftigt, sondern
     - ☐ Student/Schüler (Schul- oder Immatrikulationsbescheinigung beifügen!)
     - ☐ Hausfrau/Hausmann
     - ☐ Rentner (Rentenbescheid beifügen!)

2. Angaben zu weiteren Beschäftigungsverhältnissen
   - ☐ Zur Zeit übe ich keine weiteren Beschäftigungsverhältnisse aus
   - ☐ Ich übe zur Zeit folgende Beschäftigungsverhältnisse aus:

Beschäftigt als	Die Beschäftigung ist krankenversicherungspflichtig		Die Beschäftigung ist rentenversicherungspflichtig		wöchentliche Arbeitszeit	monatliches Entgelt
	Ja	Nein	Ja	Nein	Stunden	EUR
	€	€	€	€		
	€	€	€	€		

Erklärung für kurzfristig Beschäftigte (Aushilfen)

3. Angaben zu früheren Beschäftigungsverhältnissen

☐ Seit dem 1. Januar dieses Kalenderjahres habe ich keine anderen Beschäftigungen ausgeübt

☐ Seit dem 1. Januar dieses Kalenderjahres habe ich folgende Beschäftigungen ausgeübt:

Beschäftigt als	Die Beschäftigung war krankenversicherungspflichtig		Die Beschäftigung war rentenversicherungspflichtig		wöchentliche Arbeitszeit	monatliches Entgelt
	Ja	Nein	Ja	Nein	Stunden/Tage	EUR
	€	€	€	€		
	€	€	€	€		
	€	€	€	€		

4. Zum Nachweis der Versicherungsfreiheit lege ich vor:
   ☐ Gehaltsabrechnung meines Hauptarbeitgebers
   ☐ Gewerbeanmeldung/Auszug aus dem Handelsregister
   ☐ Schülerausweis / Immatrikulationsbescheinigung
   ☐ Rentenbescheid

5. Erklärung
   - Ich versichere, dass die gemachten Angaben den Tatsachen entsprechen und vollständig sind.
   - Änderungen in den angegebenen Verhältnissen werde ich unverzüglich mitteilen. Dies gilt insbesondere für die Aufnahme einer weiteren Beschäftigung.
   - Mir ist bekannt, dass ich bei falschen Angaben meinem Arbeitgeber gegenüber schadenersatzpflichtig bin.
   - Ich wurde darauf hingewiesen, dass die Höhe des Entgelts unter Umständen Einfluss auf eine bestehende Familienversicherung haben kann.

Ort, Datum, Unterschrift

Erklärung gegenüber dem Betriebsstättenfinanzamt zur Religionszugehörigkeit für die Erhebung der pauschalen Lohnsteuer nach § 40 a EStG

Finanzamt: _____

Arbeitgeber:
Name der Firma _____

Anschrift _____

Arbeitnehmer:
Name, Vorname _____

Anschrift _____

Ich, der vorbezeichnete Arbeitnehmer erkläre, dass ich

    bereits zu Beginn meiner Beschäftigung bei dem obengenannten Arbeitgeber

seit dem _____

keiner Religionsgemeinschaft angehöre, die Kirchensteuer erhebt.

Ich versichere, die Angaben in dieser Erklärung wahrheitsgemäß nach bestem Wissen und Gewissen gemacht zu haben, und werde den Eintritt in eine steuererhebende Religionsgemeinschaft dem Arbeitgeber unverzüglich anzeigen. Mir ist bekannt, dass die Erklärung als Grundlage für das Besteuerungsverfahren dient und meinen Arbeitgeber berechtigt, von der Entrichtung von Kirchensteuer auf den Arbeitslohn abzusehen.

_____   _____
Ort, Datum   Unterschrift des Arbeitnehmers

Diese und jede weitere Erklärung über den Beitritt zu einer steuerhebenden Religionsgemeinschaft sind vom Arbeitgeber zum Lohnkonto zu nehmen.

Dieser Vordruck entspricht dem amtlichen Muster nach dem koordinierten Ländererlass vom 19.05.1999, BStBl 1999 I, S. 509

Schätzung des regelmäßigen Arbeitsentgelts bei unregelmäßiger Beschäftigung

Name, Vorname (ggf. Geburtsname)   Geburtsdatum

Rentenversicherungsnummer

Beginn der Beschäftigung

Hinweise:
- Die Schätzung muss vorausschauend am Tage des Beginns der Beschäftigung vorgenommen werden. Dabei sind alle zu diesem Zeitpunkt erkennbaren Umstände zu berücksichtigen.
- Treten in der Zwischenzeit Abweichungen auf, so ist eine neue Schätzung erforderlich.
- Bei einer ordnungsgemäßen Schätzung und sozialversicherungsrechtlichen Beurteilung tritt Versicherungspflicht beim Überschreiben der Entgeltgrenze nur für die Zukunft ein.
- Mit dieser Berechnung können Sie die ordnungsgemäße Schätzung gegenüber dem Betriebsprüfer nachweisen.

Das voraussichtliche Entgelt in den nächsten zwölf Monaten wird betragen:

Monat[1]	voraussichtliches Entgelt	Anmerkungen (Gründe, Besonderheiten usw.)[2]
Gesamt:[3]		

Schätzung vorgenommen

Datum[4]   Name

---
[1] Beginnen Sie mit dem Einstellungsmonat
[2] Erläutern Sie, weshalb das Entgelt z.B. wieder geringer wird: Betriebsferien, saisonale Einflüsse o.ä.
[3] Das gesamte voraussichtliche Entgelt der zwölf Monate darf 4.800 EUR nicht übersteigen
[4] Die Schätzung muss am Tag der Beschäftigungsaufnahme bzw. bei Änderung der Verhältnisse vorgenommen werden.

HAUSHALTSSCHECK
(nur für Privathaushalte)

☐ Erstanmeldung
☐ Folgescheck (auch Abmeldung)

Arbeitgeber (Auszahlender)   Tel.:
Name, Vorname, Titel
Straße und Hausnummer
Postleitzahl   Wohnort
Betriebsnummer   § Pauschsteuer Ja/Nein   Steuernummer

Beschäftigte/r (Empfänger/in)   Tel.:
Name, Vorname, Titel
Straße und Hausnummer
(Land)   Postleitzahl   Wohnort

Versicherungs-Nr. der/des Beschäftigten   Geburtsdatum   Geschlecht männlich/weiblich
mehrfach beschäftigt   Ja/Nein
Versicherung in gesetzlicher Krankenkasse   Ja/Nein
voller Beitrag zur Rentenversicherung   Ja/Nein
Geburtsort
Geburtsname

Dauer der Beschäftigung und Arbeitsentgelt
- bei monatlich **gleich bleibendem** Arbeitsentgelt -
ab   bis auf weiteres   monatliches Arbeitsentgelt   EUR
- oder bei monatlich **wechselndem** Arbeitsentgelt oder Teilzeiträumen –
vom   bis   tatsächlich erzieltes Arbeitsentgelt   EUR   Beschäftigung dauert an Ja/Nein

Beschäftigung beendet am:

Hiermit bestätige ich die Richtigkeit der Angaben

Datum und Unterschrift Arbeitgeber   Datum und Unterschrift Beschäftigte/r

Einzugsermächtigung
*- gemäß § 28a Abs. 7 Sozialgesetzbuch Viertes Buch (SGB IV) **zwingend erforderlich** -*

Hiermit ermächtige ich die Deutsche Rentenversicherung Knappschaft-Bahn-See/Minijob-Zentrale als zentrale Einzugsstelle für geringfügige Beschäftigungen widerruflich, die Abgaben im Rahmen des Haushaltsscheckverfahrens von meinem Konto mittels Lastschrift einzuziehen. Wenn mein Konto die erforderliche Deckung nicht aufweist, besteht seitens des kontoführenden Kreditinstituts keine Verpflichtung zur Einlösung.

Name, Vorname
Konto-Nr.   Bankleitzahl
Kreditinstitut
Datum   Unterschrift

So füllen Sie den Haushaltsscheck aus:

1. Als Arbeitgeber im Haushaltsscheckverfahren kommen nur natürliche Personen in Betracht. Beschäftigungen in privaten Haushalten, die durch Dienstleistungsagenturen oder andere Unternehmen begründet sind, fallen nicht unter diese Regelung. Dies gilt auch für Beschäftigungsverhältnisse, die mit Wohnungseigentümergemeinschaften (im Sinne des Gesetzes über das Wohnungseigentum und das Dauerwohnrecht - WEG) oder mit Hausverwaltungen geschlossen werden. Eine Beschäftigung kann auch nur dann im Haushaltsscheckverfahren gemeldet werden, wenn der Arbeitnehmer für denselben Arbeitgeber keine weiteren Dienstleistungen, wie z. B. in den dem Privathaushalt angeschlossenen Geschäftsräumen, erbringt.

2. **Erstanmeldung/Folgescheck:** Bitte stets kennzeichnen, ob Sie erstmalig einen Haushaltsscheck einreichen (Erstanmeldung) **oder** ob es sich bei bereits gemeldeter Beschäftigung z. B. wegen sich ändernder Bezüge, Adresse oder Bankverbindung um einen neuen Scheck (Folgescheck) handelt. Bitte nutzen Sie den Folgescheck auch, wenn Sie uns das Beschäftigungsende unter Punkt 15 mitteilen.

3. **Telefonnummer.** Die Angabe der Telefonnummer ist freiwillig, jedoch würde sie die Arbeit der Minijob-Zentrale für eventuelle Rückfragen sehr erleichtern.

4. **Betriebsnummer eintragen.** Bitte keine gewerblichen Betriebsnummern benutzen. Sie haben keine (andere)? Die Minijob-Zentrale wird diese für Sie vergeben und nachtragen. Wenn Sie unter Punkt 2 „Folgescheck" angekreuzt haben, tragen Sie bitte unbedingt die für Ihren Privathaushalt vergebene Betriebsnummer ein.

5. **Ja.** Wenn Sie unter Verzicht auf die Lohnsteuerkarte der Haushaltshilfe die Pauschsteuer in Höhe von 2 v.H. des Arbeitsentgelts an die Minijob-Zentrale zahlen.
   Nein. Wenn Sie die anfallende Lohnsteuer entsprechend der Steuerklasse über die Lohnsteuerkarte der Haushaltshilfe erheben und an das zuständige Wohnsitzfinanzamt abführen.

6. **Steuernummer** nur eintragen, wenn Sie Punkt 5 mit „Ja" beantwortet haben. Die Steuernummer entnehmen Sie bitte dem letzten Steuerbescheid.

7. **Versicherungsnummer.** Nicht bekannt? Tragen Sie bitte das Geburtsdatum, das Geschlecht, den Geburtsort und den Geburtsnamen der/des Beschäftigten ein.

8. **Ja.** Wenn Ihre Haushaltshilfe mehrere Arbeitsplätze hat. Auch eine versicherungspflichtige (Haupt-)Beschäftigung ist hiermit gemeint.
   Nein. Wenn Ihre Haushaltshilfe keine weiteren Arbeitsplätze hat.

9. **Ja.** Wenn Ihre Haushaltshilfe in einer gesetzlichen Krankenkasse pflicht-, freiwillig oder familienversichert ist.
   Nein. Wenn Ihre Haushaltshilfe privat oder gar nicht krankenversichert ist.

10. **Ja.** Wenn Ihre Haushaltshilfe zum Erwerb vollwertiger Rentenansprüche auf die Versicherungsfreiheit in der Rentenversicherung verzichten und den von Ihnen zu zahlenden fünfprozentigen Beitragsanteil zur Rentenversicherung durch einen Eigenanteil bis zum vollen Rentenbeitrag **aufstocken** will. Falls Ihre Haushaltshilfe einen späteren Zeitpunkt für den Beginn der Rentenversicherungspflicht bestimmt, ist dieser in dem unter Punkt 10 stehenden Feld „ab. . ." einzutragen. Sollte die Haushaltshilfe bei Ihnen - bzw. bei mehreren Beschäftigungen insgesamt - weniger als 155 EUR verdienen, wird der Gesamtbeitrag mindestens von 155 EUR berechnet. In jedem Fall ist der Haushaltshilfe im Vorfeld zu empfehlen, beim zuständigen Rentenversicherungsträger nachzufragen, ob und ggf. welche Vorteile für sie mit dieser Regelung verbunden sind.
    Nein. Wenn nur die Pauschalbeiträge zur Rentenversicherung (5 v.H.) von Ihnen gezahlt werden sollen.

11. **Beschäftigungsbeginn** bei monatlich gleich bleibender Bezahlung.

12. **Beginn und Ende des Entgeltabrechnungszeitraumes** bei monatlich wechselndem Arbeitsentgelt oder Teilzeiträumen (z.B. vom 01.04. bis 18.04.200X).

13. **Arbeitsentgelt eintragen.** Das ist der ausgezahlte Betrag plus eventuell einbehaltener und über die Steuerkarte abgerechneter Steuern. Bitte den Verdienst kaufmännisch auf volle EUR-Beträge runden (bis 49 Cent abrunden, ab 50 Cent aufrunden).

14. **Beschäftigung dauert an** bitte kennzeichnen, wenn Sie Punkt 12 ausfüllen.
    Ja. Die Beschäftigung ist nicht beendet, im nächsten Monat kommt ein neuer Folgescheck.
    Nein. Mit dem unter Punkt 12 eingegebenen „bis-Datum" wurde die Beschäftigung beendet.

15. Bei **Beschäftigung beendet am** das Datum eintragen und den Folgescheck (vgl. 2) an die Minijob-Zentrale schicken.

16. **Unterschriften** sind von Ihnen und der/dem Beschäftigten erforderlich.

17. **Einzugsermächtigung** ist nur bei erstmaliger Verwendung des Haushaltsschecks oder bei Änderung der Bankverbindung zu erteilen. Hiermit ermächtigen Sie die Deutsche Rentenversicherung Knappschaft-Bahn-See/Minijob-Zentrale, die Pauschalbeiträge zur Krankenversicherung (vgl. 9) und Rentenversicherung, die Beiträge zur Unfallversicherung (ab 01.01.2006), die Umlagen zum Ausgleich der Arbeitgeberaufwendungen bei Krankheit und Mutterschaft sowie ggf. die einheitliche Pauschsteuer (vgl. 5) von Ihrem Konto einzuziehen.

KNAPPSCHAFT

Antrag auf Erstattung von Entgeltfortzahlung im Krankheitsfall U1

Betriebsnummer

Knappschaft
Arbeitgeberversicherung
Krankheit / Mutterschaft
45115 Essen

☐ Zwischenabrechnung   ☐ Endabrechnung   ☐ Korrektur

Bitte beantworten Sie die nachfolgenden Fragen ausführlich und geben Sie die geforderten Angaben vollständig an. Diese werden erhoben, damit wir unserer gesetzlichen Aufgabe nachkommen können (vgl. § 67a SGB X i.V.m. §§ 1 und 5 AAG. Ihre Auskunftspflicht ergibt sich aus § 98 SGB X i.V.m. § 3 Abs. 2 AAG). Bitte berücksichtigen Sie dabei auch die umseitigen Erläuterungen. Sie beschleunigen damit die Bearbeitung Ihres Antrags. Bei **fehlender Unterschrift** ist eine Bearbeitung nicht möglich.

1. Angaben zum Arbeitgeber

Name:
Straße:
PLZ: Ort:
Ansprechpartner/in
Telefon: Fax:
E-Mail:

2. Angaben zum/zur Arbeitnehmer/in und zum Beschäftigungsverhältnis

Name   Vorname

Versicherungsnummer (RVNR)   Geschlecht   Beginn der Beschäftigung am
                               ☐ m ☐ w

Die Zuständigkeit der Knappschaft ist für o. g. Arbeitnehmer/in aus folgendem Grund gegeben:
☐ Mitgliedschaft in der knappschaftlichen Krankenversicherung   ☐ geringfügige Beschäftigung (Minijob)

3. Berechnung des Erstattungsbetrags

Erstattungszeitraum vom   bis

Fortgezahltes Bruttoarbeitsentgelt im Erstattungszeitraum   davon 80 %
(ohne Einmalzahlungen/Überstundenvergütungen und -zuschläge) (Erstattungsbetrag)

                        EUR   EUR

Liegt für den Erstattungszeitraum eine ärztliche Arbeitsunfähigkeitsbescheinigung vor?   ☐ ja   ☐ nein
Wird die Arbeitsunfähigkeit anerkannt, obwohl **keine** ärztliche Bescheinigung vorliegt?   ☐ ja
Ist die Arbeitsunfähigkeit auf einen Unfall zurückzuführen?   ☐ ja   ☐ nein
War der/die Arbeitnehmer/in durch die Schädigung eines Dritten arbeitsunfähig?   ☐ ja   ☐ nein

4. Der Erstattungsbetrag   Kontonummer:

☐ soll auf das nebenstehende Bankkonto überwiesen werden.   Bankleitzahl:
☐ soll dem Beitragskonto gutgeschrieben werden.   Name und Sitz des Geldinstituts
☐ wird/wurde mit Beitragsnachweis   verrechnet.

5. Bestätigung, Datum, Unterschrift

Es wird bestätigt, dass die Entgeltfortzahlung für den angegebenen Erstattungszeitraum nach den Regelungen des EFZG erfolgte. Mir ist bekannt, dass die Erstattung unter dem Vorbehalt einer späteren Prüfung erfolgt und zu Unrecht erstattete Beträge zurückzuzahlen sind. Der mit der Entgeltfortzahlung auf mich/uns/meinen Mandanten übergegangene Erstattungsanspruch nach § 6 EFZG wird nach § 5 AAG an die Knappschaft abgetreten. Der Erstattungsbetrag kann mit einem bestehenden Beitragsrückstand verrechnet werden. Die Angaben sind richtig und vollständig. Sie stimmen mit den Lohnunterlagen überein. Die Teilnahme am Ausgleichsverfahren wurde für das lfd. Kalenderjahr festgestellt. Umlagen wurden an die Knappschaft und/oder die Minijob-Zentrale abgeführt.

_____   _____   _____
Ort, Datum   Unterschrift des Arbeitgebers oder Bevollmächtigten   Stempel

KNAPPSCHAFT

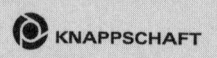

Antrag auf Erstattung von Entgeltfortzahlung bei Mutterschaft | U2

Betriebsnummer

Knappschaft
Arbeitgeberversicherung
Krankheit / Mutterschaft
45115 Essen

☐ Zwischenabrechnung ☐ Endabrechnung ☐ Korrektur

Bitte beantworten Sie die nachfolgenden Fragen ausführlich und geben Sie die geforderten Angaben vollständig an. Diese werden erhoben, damit wir unserer gesetzlichen Aufgabe nachkommen können (vgl. § 67a SGB X i.V.m. §§ 1 und 5 AAG). Ihre Auskunftspflicht ergibt sich aus § 98 SGB X i.V.m. § 3 Abs. 2 AAG). Bitte berücksichtigen Sie dabei auch die umseitigen Erläuterungen. Sie beschleunigen damit die Bearbeitung Ihres Antrags. Bei **fehlender Unterschrift** ist eine Bearbeitung nicht möglich.

1. Angaben zum Arbeitgeber

Name:
Straße:
PLZ: Ort:
Ansprechpartner/in
Telefon: Fax:
E-Mail:

2. Angaben zur Arbeitnehmerin und zum Beschäftigungsverhältnis
Name   Vorname

Versicherungsnummer (RVNR)

Die Zuständigkeit der Knappschaft ist für o. g. Arbeitnehmerin aus folgendem Grund gegeben:
☐ Mitgliedschaft in der knappschaftlichen Krankenversicherung   ☐ geringfügige Beschäftigung (Minijob)

3. Berechnung des Erstattungsbetrags

Erstattungszeitraum vom   bis
☐ Beschäftigungsverbot vom   bis
☐ Schutzfrist vom   bis

☐ voraussichtlicher ☐ tatsächlicher Entbindungstag:

3.1 ☐ **Erstattung bei Beschäftigungsverbot**   ☐ Die Bescheinigung über das Beschäftigungsverbot liegt vor.

fortgezahltes Bruttoarbeitsentgelt   Arbeitgeber-Beitragsanteil   = Erstattungsbetrag (= 100 %):   EUR
im Erstattungszeitraum

3.2 ☐ **Erstattung des Zuschusses zum Mutterschaftsgeld**

    - 13,00 EUR =   x   = Erstattungsbetrag (= 100 %):   EUR
kal.-tägl. Nettoarbeitsentgelt   Kalendertage

☐ Eine anderweitige (Haupt-)Beschäftigung liegt vor. Das kalendertägliche Nettoarbeitsentgelt aus dieser Beschäftigung beträgt: EUR

4. Der Erstattungsbetrag   Kontonummer:
☐ soll auf das nebenstehende Bankkonto überwiesen werden.   Bankleitzahl:
☐ soll dem Beitragskonto gutgeschrieben werden.   Name und Sitz des Geldinstituts
☐ wird/wurde mit Beitragsnachweis   verrechnet.

5. Bestätigung, Datum, Unterschrift
Es wird bestätigt, dass die Entgeltfortzahlung für den angegebenen Erstattungszeitraum nach den Regelungen des MuSchG erfolgte. Mir ist bekannt, dass die Erstattung unter dem Vorbehalt einer späteren Prüfung erfolgt und zu Unrecht erstattete Beträge zurückzuzahlen sind. Der Erstattungsbetrag kann mit einem bestehenden Beitragsrückstand verrechnet werden. Die Angaben sind richtig und vollständig. Sie stimmen mit den Lohnunterlagen überein. Umlagen wurden an die Knappschaft und/oder die Minijob-Zentrale abgeführt.

Ort, Datum   Unterschrift des Arbeitgebers oder Bevollmächtigten   Stempel

Berechnungshilfe für Zeiten vom 1.1. bis 30.6.2006
Beitragspflichtiges Arbeitsentgelt in der Gleitzone

Mit dieser Berechnungshilfe können Sie den beitragspflichtigen Teils des Arbeitsentgelts im Niedriglohnbereich feststellen.

2006	1,4033	(gültig bis 30.6.2006)
Kalenderjahr	Faktor[1]	

Bitte beachten Sie:
- Für die Anwendung der Formel muss das tatsächliche Arbeitsentgelt zwischen 400,01 EUR und 800,00 EUR liegen.
- Die Entgelte mehrerer Beschäftigungsverhältnisse werden dabei zusammen gerechnet.
- Das ermittelte Entgelt gilt grds. für alle Versicherungszweige.
- Für die Beiträge zur Rentenversicherung kann der Beschäftigte erklären, dass die Beiträge aus dem vollen, tatsächlichen Arbeitsentgelt zu berechnen sind.
- Liegt das Entgelt unter 400,01 EUR, wird das Entgelt direkt mit dem Faktor multipliziert.

Name, Vorname   Geburtsdatum

Abrechnungsmonat

Berechnungsformel:

tatsächlich erzieltes Arbeitsentgelt:

[   ] EUR - 400 EUR = [   ] EUR x 1,4033 = [   ] EUR

zuzüglich   238,68 EUR

beitragspflichtiges Entgelt   [   ] EUR

Bemerkungen:
_____
_____
_____
_____

Berechnet von:
_____
            Datum, Unterschrift

---

[1] Der Faktor wird vom Bundesministerium für Gesundheit und Soziales immer am Ende eines Kalenderjahres für das nächste Jahr bekannt gegeben. Den aktuellen Wert können Sie auch bei der Krankenkasse erfragen.

Berechnungshilfe für Zeiten vom 1.7. bis 31.12.2006
Beitragspflichtiges Arbeitsentgelt in der Gleitzone

Mit dieser Berechnungshilfe können Sie den beitragspflichtigen Teils des Arbeitsentgelts im Niedriglohnbereich feststellen.

2006	1,2840	(gültig ab 1.7.2006)
Kalenderjahr	Faktor[1]	

Bitte beachten Sie:
- Für die Anwendung der Formel muss das tatsächliche Arbeitsentgelt zwischen 400,01 EUR und 800,00 EUR liegen.
- Die Entgelte mehrerer Beschäftigungsverhältnisse werden dabei zusammen gerechnet.
- Das ermittelte Entgelt gilt grds. für alle Versicherungszweige.
- Für die Beiträge zur Rentenversicherung kann der Beschäftigte erklären, dass die Beiträge aus dem vollen, tatsächlichen Arbeitsentgelt zu berechnen sind.
- Liegt das Entgelt unter 400,01 EUR, wird das Entgelt direkt mit dem Faktor multipliziert.

Name, Vorname

Geburtsdatum

Abrechnungsmonat

Berechnungsformel:

tatsächlich erzieltes Arbeitsentgelt:

[EUR] - 400 EUR = [EUR] x 1.2840 = [EUR]

zuzüglich

286.40 EUR

beitragspflichtiges Entgelt

[EUR]

Bemerkungen:

_____
_____
_____
_____

Berechnet von:

_____
Datum, Unterschrift

---

[1] Der Faktor wird vom Bundesministerium für Gesundheit und Soziales immer am Ende eines Kalenderjahres für das nächste Jahr bekannt gegeben. Den aktuellen Wert können Sie auch bei der Krankenkasse erfragen.

Berechnungshilfe (neutrale Fassung zur Berechnung in jedem Kalenderjahr)
Beitragspflichtiges Arbeitsentgelt in der Gleitzone

Mit dieser Berechnungshilfe können Sie den beitragspflichtigen Teils des Arbeitsentgelts im Niedriglohnbereich feststellen.

Kalenderjahr   Faktor[1]

Bitte beachten Sie:
- Für die Anwendung der Formel muss das tatsächliche Arbeitsentgelt zwischen 400,01 EUR und 800,00 EUR liegen.
- Die Entgelte mehrerer Beschäftigungsverhältnisse werden dabei zusammen gerechnet.
- Das ermittelte Entgelt gilt grundsätzlich. für alle Versicherungszweige.
- Für die Beiträge zur Rentenversicherung kann der Beschäftigte erklären, dass die Beiträge aus dem vollen, tatsächlichen Arbeitsentgelt zu berechnen sind.
- Liegt das Entgelt unter 400,01 EUR, wird das Entgelt direkt mit dem Faktor multipliziert.

Name, Vorname   Geburtsdatum

Abrechnungsmonat   Einfügen: 2 – Faktor
                                        (z.B. für Zeiten ab Juli 2006:
                                        2 – 0,7160 = 1,2840)

Berechnungsformel:

tatsächlich erzieltes Arbeitsentgelt:

[_____ EUR] - 400 EUR = [_____ EUR] x [_____] = [_____ EUR]

zuzüglich

beitragspflichtiges Entgelt   [_____ EUR]

Bemerkungen: Einfügen: 400 EUR x Faktor
                    (z.B. für Zeiten ab Juli 2006:
                    400 x 0,7160 = 286,40 EUR)

_____
_____
_____
_____

Berechnet von:
                Datum, Unterschrift

---

[1] Der Faktor wird vom Bundesministerium für Gesundheit und Soziales immer am Ende eines Kalenderjahres für das nächste Jahr bekannt gegeben. Den aktuellen Wert können Sie auch bei der Krankenkasse erfragen.

Erklärung für Beschäftigte in der Gleitzone
(400 EUR bis 800 EUR monatliches Entgelt)

Name, Vorname (ggf. Geburtsname) | Geburtsdatum

Rentenversicherungsnummer (wenn nicht bekannt bitte Geburtsort und –land) angeben

Anschrift

Beginn der Beschäftigung | Staatsangehörigkeit

Beschäftigt als

Bankverbindung

1. Ich habe noch weitere Beschäftigungsverhältnisse
   - ☐ Ja   (weiter mit Frage 2)
   - ☐ Nein (weiter mit Frage 3)

2. Ich übe noch folgende Beschäftigungen aus:

beschäftigt als	die Beschäftigung ist versicherungspflichtig		monatliches Entgelt
	ja	nein	EUR
	€	€	
	€	€	
	€	€	

3. Ich bin über die Möglichkeit informiert worden, die Beiträge zur Rentenversicherung aus dem vollen tatsächlichen Arbeitsentgelt zu zahlen. Ich muss dann die Hälfte des vollen Rentenversicherungsbeitrag selbst zahlen. Mir ist bekannt, dass diese Erklärung für die gesamte Dauer dieser Beschäftigung gilt und nicht widerrufen werden kann. Da diese Erklärung nur einheitlich für alle Beschäftigungsverhältnisse im Niedriglohnbereich gelten kann, verpflichte ich mich meine übrigen Arbeitgeber zu informieren.

   - ☐ Ja, ich möchte, dass die Beiträge zur Rentenversicherung mit Wirkung ab _____ aus dem tatsächlichen Arbeitsentgelt berechnet werden, und trage den vollen Arbeitnehmerbeitrag.*
   - ☐ Nein, es bleibt bei der gekürzten Beitragszahlung zur Rentenversicherung.

4. Erklärung
   - Ich versichere, dass die gemachten Angaben den Tatsachen entsprechen und vollständig sind.
   - Änderungen in den angegebenen Verhältnissen werde ich unverzüglich mitteilen. Dies gilt insbesondere für die Aufnahme einer weiteren Beschäftigung.
   - Mir ist bekannt, dass ich bei falschen Angaben meinem Arbeitgeber gegenüber schadenersatzpflichtig bin.

Ort, Datum, Unterschrift

* Die Erklärung kann nur mit Wirkung für die Zukunft abgegeben werden

Simon Barrow / Richard Mosley

Internes Brand Management

Machen Sie Ihre Mitarbeiter zu Markenbotschaftern

2006. Ca. 256 Seiten. Gebunden.
ISBN-10: 3-527-50249-1
ISBN-13: 978-3-527-50249-3

Führende Unternehmen haben begriffen, dass für ihren geschäftlichen Erfolg nicht nur profitable Kunden sondern auch talentierte und motivierte Mitarbeiter wichtig sind. Ihre Tätigkeit steht in enger Verbindung mit der Marke, für die sie arbeiten. Die Mitarbeiter sind »Markenbotschafter« des Unternehmens. Sie stehen mit dem Kunden in engem Kontakt und tragen die Marke weiter. Das Brand Management von Unternehmen darf sich also nicht allein nach außen richten und auf die Produkte konzentrieren, sondern es muss konsequenterweise im Inneren bei den Mitarbeitern beginnen. So schreibt Anita Roddick, die Gründerin von Body Shop, in ihrer Biographie *Body and Soul*: »Meine Mitarbeiter sind meine ersten Kunden.«

Simon Barrow und Richard Mosley zeigen anhand von Modellen und Checklisten die praktischen Schritte bei der Umsetzung eines erfolgreichen internen Brand Managements, z. B. Analyse, Positionierung, Implementierung und Kommunikation der Marke. Sie schlagen dabei eine Brücke zwischen Human Ressource Management und Marketing. Außerdem erläutern die Autoren Fallstudien und Beispiele von führenden Konzernen, deren Mitarbeiter die Marke leben, z. B. Coca-Cola, VW, British Airways, Microsoft und Reuters.

»Viele große Unternehmen haben erkannt, dass internes Marketing genauso wichtig ist wie externes Marketing, und beide dieselben Disziplinen betreffen. Wenige lassen davon ihr Handeln bestimmen. Dieses Buch ist ein Weckruf.«

Tim Ambler, Leitender Wissenschaftler, London Business School

Jürgen Heidenreich

Kostenfaktor Mobbing

Wie Manager Ursachen erkennen und erfolgreich vorbeugen

2006. Ca. 200 Seiten. Gebunden.
ISBN-10: 3-527-50241-6
ISBN-13: 978-3-527-50241-7

Das Thema Mobbing ist immer aktuell und betrifft alle Unternehmen. Analysen bestätigen, dass Mobbing die Produktivität der Mitarbeiter verringert, Fehlzeiten verursacht und zu hohen Fluktuationen führt.

Jürgen Heidenreich analysiert die Ursachen und Formen von Mobbing im Unternehmen und leitet daraus Erkennungs- und Handlungshilfen für Führungskräfte ab. Die verschiedenen Formen von Mobbing von psychischer Bedrängnis bis hin zur körperlichen Gewalt beschreibt er detailliert und zeigt außerdem Strategien im Umgang – z.B. Mediation – und zur Vorbeugung – etwa durch Wertevermittlung – auf. Er nimmt Führungskräfte in die Verantwortung und erläutert produktive Verhaltensweisen.

Checklisten helfen dem Leser, Mobbing selbst zu erkennen und zu bekämpfen. Die Darstellung der rechtlichen Aspekte rundet das Buch ab.

Johannes M. Lehner / Walter O. Ötsch

Jenseits der Hierarchie

Status im beruflichen Alltag aktiv gestalten

2006. 264 Seiten. Gebunden.
ISBN-10: 3-527-50233-5
ISBN-13: 978-3-527-50233-2

Beeinflussen Sprechgeschwindigkeit und -lautstärke meinen Status? Geht Hilfesuchen immer mit einem niedrigen Status einher? Wie kann ich aus anscheinender Naivität einen Vorteil ziehen? Welche Rolle spielt meine Körpersprache? Warum ist Zeit ein Statuselement? Wie inszeniere ich mich richtig? Gibt es im »Statusspiel« einen Unterschied zwischen Männern und Frauen? Ist Status etwas Feststehendes oder kann ich zwischen hohem und niedrigem Status wechseln – sogar innerhalb eines Gesprächs? Und: Hat Status etwas mit Hierarchie zu tun?

Johannes M. Lehner und Walter O. Ötsch geben in ihrem Buch Antwort auf diese Fragen. Sie zeigen, wie hoher und niedriger Status entsteht und welche Schlüsse jeder Einzelne daraus für sich ziehen kann. Der Leser wird in die Lage versetzt, sein eigenes Verhalten und das der Personen in seiner Umgebung wahrzunehmen, zu reflektieren und einzuschätzen. Dabei setzen sich die Autoren in erster Linie mit den sozialen Prozessen im Wirtschaftsleben auseinander. Ihr Fazit: Status ist kein Schicksal. Jeder kann durch eigenes Verhalten seinen Status beeinflussen – und zwar jenseits von Hierarchie und festgelegten Rollen oder Positionen.

Viele der beschriebenen Situationen kommen dem Leser seltsam bekannt vor. Ein Buch zum »Wiedererkennen«, spannend und lehrreich zugleich! Aber Achtung: Ihr Wissen und ihr Blick auf den Alltag könnte verändert werden!

Mathias Schüz / Stephen Wirth / Aiko Bode

Lügen in der Chefetage

Gesammelte Unwahrheiten aus dem Management

2006. Ca. 250 Seiten. Gebunden.
ISBN-10: 3-527-50213-0
ISBN-13: 978-3-527-50213-4

»Der Beste muss mitunter lügen. Zuweilen tut er's mit Vergnügen«
(Wilhelm Busch).

Pinocchio wächst dabei die Nase und glaubt man Baron Münchhausen, dann können Kanonenkugeln fliegen. Jeder Mensch lügt bis zu 200-mal am Tag – er kann einfach nicht anders. Oft geschieht es nur aus Höflichkeit, ist eine kleine Schwindelei oder eine zurechtgebogene Wahrheit. Aber manchmal reichen Lügen auch bis zum kaltblütigen Betrug.

Mit Lügen kann man weiter kommen – auch und vor allem in der Wirtschaft. Wenn Manager lügen, dann wollen sie immer möglichst viele Leistungen der Angelogenen für möglichst wenig Gegenleistung erhalten. So soll der Mitarbeiter beispielsweise möglichst viel für wenig Lohn arbeiten oder der Kunde möglichst viel für wenig Leistung bezahlen. Die Autoren Mathias Schüz, Stephen Wirth und Aiko Bode präsentieren die »erfolgreichsten« Lügen der Manager – gegenüber Mitarbeitern, Kunden, Lieferanten, Investoren, Aufsichtsräten, Banken, Behörden, Medien, Konkurrenten und Gewerkschaften. Ohne moralischen Zeigefinger setzen sie sich mit dem allgegenwärtigen Phänomen in der Wirtschaft auseinander. Die Lügen werden humorvoll identifiziert und ihre Anwendung analysiert.